Volker Klotz:
Bürgerliches Lachtheater
Komödie · Posse · Schwank · Operette

Deutscher
Taschenbuch
Verlag

Für Aiga: zum Weiterlachen

Originalausgabe
Januar 1980
© Deutscher Taschenbuch Verlag GmbH & Co. KG,
München
Umschlaggestaltung: Celestino Piatti
Vorlage: Charakterköpfe aus David Kalischs ›Aktienbudiker‹
(Bildarchiv Preußischer Kulturbesitz)
Gesamtherstellung: C. H. Beck'sche Buchdruckerei,
Nördlingen
Printed in Germany · ISBN 3-423-04357-1

Das Buch

Was besagt es, wenn im Lachtheater der letzten 200 Jahre wieder und wieder ein Störenfried daherkommt, der ein gut eingespieltes Kollektiv durcheinanderbringt? Wenn in Possen Mundart Vertrauen, Hochsprache aber Argwohn einflößt? Wenn in Schwänken der Held beinah regelmäßig am Ende des zweiten Akts in Unterhosen erwischt wird? Wenn in Operetten verzückt zugleich und selbstironisch ein nichtsnutzig schönes Glück der Sinne umtanzt und umsungen wird? Und was besagt es, wenn wir lachend auf derlei uns einlassen?
Solchen und anderen merkwürdigen Befunden geht das Buch von Volker Klotz nach. Es gilt den populären Spielarten des bürgerlichen Lachtheaters: Komödien, Possen, Schwänken und Operetten, die oft heute noch erfolgreich über die Bühnen und Bildschirme gehen und einem großen Publikum (einschließlich dem Autor) Spaß machen. Sie werden in ihrer Kunstform, ihrem sozialpsychologischen Gehalt und ihrem komischen Weltbild erörtert. Das geschieht im übernationalen Vergleich. Französische Stücke kommen ebenso in den Blick wie deutsche, englische, irische und russische. Ausgangspunkt ist die überraschende Feststellung, daß die gesellschaftlichen Umwälzungen der Epoche, ihre Schrecknisse und Hoffnungen, ungleich stärker ins Lachtheater eingegangen sind als in die gleichzeitige ernste dramatische Literatur.

Der Autor

Volker Klotz, geb. 1930, studierte in Frankfurt, war wissenschaftlicher Assistent sowie Opern- und Schauspielkritiker in Berlin und ist seit 1971 ordentlicher Professor für Literaturwissenschaft an der Universität Stuttgart.
Wichtigste Veröffentlichungen: ›Bertolt Brecht‹ (1957; 5. Aufl. 1975); ›Geschlossene und offene Form im Drama‹ (1960; 9. Aufl. 1978); ›Bühnen-Briefe‹ (1972); ›Dramaturgie des Publikums‹ (1976); ›Abenteuer-Romane‹ (1979).

Inhalt

Die Ziffern in Klammern verweisen auf die Seitenzahlen der am Schluß des
Buches zitierten Werkausgaben.

Theater zum Lachen

Wer auf deutsch von heiterer Dramatik spricht, nennt sie vorzugsweise Komödie oder Lustspiel. Nicht nur Literaturwissenschaftler neigen zu diesen eher literarischen als bühnennahen Bezeichnungen. Auch Theaterleute und Kritiker halten sich daran. Es klingt daraus etwas Feines. Und ist es grob, so wird es immerhin verfeinert durchs Etikett. Wenn statt dessen hier von Lachtheater die Rede ist, steht mit der Bezeichnung zugleich der Gegenstand selbst in Frage. Sie weist darauf hin, wie weit oder wie eng er zu fassen sei und was an ihm bemerkenswert erscheint. Lachtheater meint mehr und anderes als Komödie oder Lustspiel.

Mehr: Daß darunter nicht nur Stücke fallen, die das Markenzeichen ›Komödie‹ oder ›Lustspiel‹ tragen, sondern auch Possen, Schwänke und Operetten. Es geht also um einen breiteren Fächer dessen, was als heitere Dramatik großen Zuspruch fand und teilweise heute noch findet. Anderes: Daß es Stücke sind, die allererst für die Bühne bestimmt sind. Ob man sie lesen kann oder mag, daran haben ihre Verfasser, wenn überhaupt, allenfalls in zweiter Linie gedacht. So sind denn auch die Schwänke sowie die meisten Operetten nur als Bühnenmanuskripte zu haben. Als Aufführungsmaterial, nicht im Buchhandel. Die Texte des Lachtheaters wurden mithin weniger unter literarischen als unter szenischen Gesichtspunkten geschrieben. Sie galten einem großen Publikum. Sein öffentliches Gelächter haben sie geweckt und wecken es gutenteils weiterhin, wenn sie in ihm immer noch unerledigte Erfahrungen durch komische Bühnenereignisse wachrufen.

Was in diesem Buch erörtert wird und wie das geschieht, unterscheidet sich daher vom Inhalt und Interesse üblicher Abhandlungen über Komödie oder Lustspiel. In den Blick werden häufig Stücke und Autoren rücken, die nur am Rand oder gar nicht in die offiziellen Literatur- und Musikgeschichten eingegangen sind. Vom Sprechtheater beispielsweise die Stücke Schönthans oder Arnolds und Bachs. Vom Musiktheater beispielsweise die Stücke Millöckers oder Leo Falls. Dabei ist zu erinnern, daß selbst ein heute unstreitig anerkannter Autor wie

Nestroy erst etliche Jahrzehnte nach seinem Tod von der Literaturgeschichtsschreibung ernst genommen wurde. Aber nicht nur einzelne Autoren, auch ganze Gattungen des Lachtheaters sind bislang wissenschaftlich mißachtet worden. So haben Posse, Schwank und Operette noch keine gründliche und verläßliche Darstellung gefunden, weder in den gängigen Handbüchern noch gar in eigenen Gattungsmonographien. (Eine rare Ausnahme wie Bernd Wilms ertragreiche Dissertation über den deutschen Bühnenschwank ist bezeichnenderweise nicht im Druck erschienen.) Die Fachwissenschaft wirft zumeist Posse und Schwank begrifflich durcheinander und in einen Topf, ohne die dramaturgischen, thematischen und weltanschaulichen Eigenarten zu beachten, die den späteren Schwank deutlich genug von der früheren Posse abheben. Solche Gleichgültigkeit entspricht dem zartsinnigen Bedürfnis, derbe Bühnenkunst in Bausch und Bogen abzusondern von dem, was man an erhabener Heiterkeit dem Lustspiel und der Komödie entnimmt.

Umgekehrt werden hier etliche Stücke und Autoren nicht vorkommen, die in der offiziellen Literaturgeschichtsschreibung bedeutendes Ansehen genießen. Zum Beispiel sogenannte Literaturkomödien der Romantik von Tieck, Arnim, Eichendorff, Brentano; desgleichen die Lustspiele Grabbes, Hebbels, Gutzkows und Hofmannsthals. Viele dieser Stücke haben auf Dauer die Bühnenprobe nur mäßig oder gar nicht bestanden. Gewiß haben sie mancherlei poetischen Reiz, interessante Problematik und feinsinnigen Witz. Sie geben auch den amtlichen Interpreten immer wieder Anlaß, tiefen Ernst darin auszuloten, was zumal in Deutschland oft als besondere Qualität und Rechtfertigung des Komischen erachtet wird. Nur, sie haben weder einst noch heute ein großes Publikum zum Lachen gebracht. So bleiben diese Komödien und Lustspiele dem Medium, dem sie zugedacht sind, Entscheidendes schuldig. Es gibt auch Ausnahmen wie *Der zerbrochene Krug* und *Weh dem, der lügt*, die gleichermaßen literarisch und szenisch haltbar sind. Wenn auch sie, mit Bedauern, übergangen werden, dann deshalb, weil auch sie inzwischen dicker germanistischer Firnis überzieht. Ihn entweder abzutragen oder darauf einzugehen würde den sonst zügigeren Gang meiner Darstellung zeitweilig ändern und beschweren.

Auf der andern Seite haben sämtliche Stücke, die in diesem Buch erörtert werden sollen, sich als bühnenwirksam erwiesen. Was sie komisch entfalten, haben sie vielfach und öffentlich den

Augen und Ohren eines erheiterten Publikums mitgeteilt. Ungeachtet dessen, ob sie hohe ästhetische und gesellschaftskritische Ansprüche stellen wie Gogols *Revisor*, Synges *Playboy of the Western World* und Fos *Zufälliger Tod eines Anarchisten* oder nur geringe, nichts als unterhaltsame wie Labiches *Florentiner Hut*, Schönthans *Raub der Sabinerinnen* und Johann Strauß' *Nacht in Venedig*.

Worum es geht beim ›Bürgerlichen Lachtheater‹, ist vorerst mehr quantitativ als qualitativ umrissen. Was hineingehören und was herausfallen soll, habe ich angedeutet. Offen blieb, was es denn überhaupt sei. Theater zum Lachen, von Bürgern für Bürger veranstaltet. Was heißt das?

Im Unterschied zu andern Künsten spielen im Theater, planvoll verabredet, Menschen vor andern Menschen zwischenmenschliche Handlungsfolgen. Sie verstellen sich, um fabulierte oder fabulös nachgebildete Gestalten darzustellen. König Kreon verbietet dem gesamten Gemeinwesen die Bestattung des gefallenen Feindes Polyneikes – Antigone, die Schwester des Toten, bricht das Verbot – Kreon bestraft Antigone und so fort. Galilei betreibt Physik und Astronomie – die katholische Kirche bangt um ihre Macht, die sich auf ein bestimmtes astronomisches Weltbild beruft – sie stellt Galilei vor die Wahl: Widerruf oder Folter und so fort. Solche Handlungsfolgen ergeben einen spannenden und schlüssigen Gesamtverlauf. Dargeboten werden sie in nachahmender Verstellung, worauf sich das Publikum von vornherein einläßt, ganz egal, ob ihm da jeweils die Gestalt und Aktion eines Muttermörders oder eines strafenden Gottes, eines unlauteren Dorfrichters oder eines sprechenden Löwen vorgeführt wird.

Auch in Romanen, in Gemälden, in Skulpturen und im Kino wird erfahrene oder ersonnene Wirklichkeit nachgeahmt, aber keineswegs so unmittelbar, umweglos und eindringlich wie auf der Bühne. Nirgends sonst kommt es zu derart sinnfälliger Vergegenwärtigung; zum leibhaftigen Treffen zwischen denen, die Kunst herstellen und denen, die sie aufnehmen. Szenische Nachahmung also – im Unterschied zu anderen Künsten – erfolgt in direkter Verkörperung. Zwar äußern sich die Leute auf der Bühne durch Sprache so sehr wie durch Bewegung, Haltung, Gebärde, Mienenspiel. Doch das dramatische Bild, das sie von der Welt entwerfen, lebt vorab von Anschauung, die sich an die Sinne wendet.

Wie verhält sich nun Theater zum Lachen und Lachen zum

Theater? Auch bei dieser Frage gibt der Vergleich mit andern Künsten etwas her. Mustert man ihren Betrag an Komik, so fällt auf: es gibt nicht allzu viele komische Romane wie etwa Scarrons *Roman comique* oder Fieldings *Joseph Andrews* oder Thomas Manns *Felix Krull;* auch nicht allzuviele komische Gedichte wie etwa Mörikes *Wispeliaden* oder Edward Lears *Nonsense*-Verse oder Morgensterns *Galgenlieder.* Während in jenen poetischen Gattungen Komik nur als beigefügtes ›komisch‹ vermerkt wird, als eine Eigenschaft von mehreren möglichen, hat das Theater eine eigene Gattung hervorgebracht, die substantivisch ›Komödie‹ heißt. Daraus spricht nicht nur Häufigkeit, sondern geradezu eingespielte, institutionalisierte Beziehung zwischen Bühne und Lachhaftigkeit. Und was für andere Gattungen der Poesie gilt, gilt erst recht für Malerei, Skulptur und Zeichnung. Der vergleichsweise bescheidene Bestand komischer Bildnerei steigert sich erst in dem historischen Augenblick, wo sie als Karikatur, über Massenmedien, aus dem Alltag in den Alltag des großen Publikums dringt. So läßt sich, grob überschlagen, behaupten: was die andern Künste im Lauf vieler Jahrhunderte zum Lachen beigetragen haben, ist bei weitem nicht so reich und nachhaltig wie die komischen Erzeugnisse der darstellenden Künste im Theater.

Offenbar besteht eine wechselseitige Anziehung zwischen dem Sachverhalt ›Komik‹, dem Akt ›szenische Vergegenwärtigung‹ und der Äußerung ›Lachen‹. Offenbar können Ereignisse, die vor gegenwärtigem Publikum unmittelbar auf der Bühne erscheinen – beziehungsweise, etwas anders, in der Zirkusarena und auf der Kinoleinwand –, heftigere Belustigung hervorrufen als Ereignisse, die, gedruckt im Buch oder gerahmt im Bild, gelesen oder betrachtet werden. Daß dem so ist, will ich durch vier simple Unterstellungen betonen, die in den folgenden Kapiteln zu bestätigen sind.

1. Belachte Komik entsteht durch Entstellung gewohnter Abläufe und Verhaltensweisen. Das Medium Theater, das besonders strikt Wirklichkeit nachahmt durch Darstellung, ist auch besonders strikt zu nachahmender Entstellung begabt. Daher findet Komik einen besonders günstigen ästhetischen Umschlagort im Theater.

2. Komische Entstellung wirkt als unmittelbar anschauliches Ereignis. Ihre Wirkung ist geringer, wo Abstand und Vermittlungsstufen zwischen das vorgebrachte Ereignis und den Empfänger rücken. Theater als sinnliche Veranstaltung hier und jetzt

kommt daher der Komik näher als etwa ein Roman, ein Gedicht oder ein Gemälde.

3. Lachen, ausgelöst durch komische Entstellung, ist eine gesellige Regung. Wer allein lacht – seis in einem Raum für sich, seis unter andern, die nicht mitlachen –, fühlt sich alsbald unbehaglich. Mit Gesicht, Stimme und ganzem Körper gibt er Äußerungen von sich, die sinnlos ins Leere gehen. Theater als öffentliche Veranstaltung vor großem Publikum fördert daher die Neigung zum Lachen. Nicht so gedruckte Romane und Gedichte oder längst verfertigte Gemälde, die vom Einzelnen gelesen oder betrachtet werden.

4. So, wie die genannten Momente ineinandergreifen, erfüllt das Lachtheater eigene Bedingungen und Aufgaben. Lachen können die Zuschauer nur, wenn das, was die Bühne im Augenblick sichtbar und hörbar entstellt, ihre persönlichen und öffentlichen Alltagserfahrungen aufrührt. Was dann bei diesem Lachen herauskommt, hängt ab von den besonderen historischen, gesellschaftlichen und psychologischen Umständen. Es kann die Lachenden beruhigen: meine und unsre Verhältnisse sind längst nicht so schief wie die vorgeführten; sie können bleiben, wie sie sind. Oder es kann die Lachenden beunruhigen: meine und unsre Verhältnisse sind ähnlich schief wie die vorgeführten; sie sollten anders werden.

Wenn hier von *bürgerlichem* Lachtheater die Rede ist, heißt das, daß es auch anderes Lachtheater gibt. Vor und nach der bürgerlichen Epoche oder auch jenseits der eurozentrischen Kulturentwicklung – beispielsweise im ostasiatischen Bühnenspiel. Theater ist weder ungeschichtlich noch außergesellschaftlich. Seine Gegenstände, Stilformen, Gewohnheiten, Produktionsweisen wechseln mit der sozialen Funktion, die es jeweils hat. Sie ist eine andere im höfischen Absolutismus als in der antiken Polis; eine andere im sozialistischen Staat als im kapitalistischen.

Aber nicht nur das Kunstmedium Theater richtet sich nach denen, für die es sich betätigt. Auch die Komik, die es vorführt und das Lachen, das dadurch hervorgerufen werden soll. Gewiß ist Lachen ein psychischer und physischer Vorgang. Und die Veranlagung dazu ist eins der Merkmale, die den Menschen von andern Lebewesen unterscheiden. Dennoch ist das, worüber von Fall zu Fall gelacht wird, großenteils gesellschaftlich vorgeprägt und eingeübt. Das gilt auch und gerade für die planvoll veranstaltete, ästhetisch herbeigeführte Komik im Lachtheater.

Die öffentliche Aufführung, vor gegenwärtigem Publikum, rechnet mit Übereinstimmungen, die auf gemeinsamen historischen und sozialen Erfahrungen beruhen. Sie legen nah und verwerfen, was belacht werden kann, darf oder muß.

Das befreite Lachen über die maßlosen Phalloi der antiken Komödien und Satyrspiele läßt sich schwerlich in Epochen hinüberholen, denen die entsprechenden kultischen Voraussetzungen fehlen: man könne das soeben erlebte tödliche Entsetzen der Tragödien durchkreuzen mit wuchtigen Sexualsymbolen. Auch die Komik körperlicher Gebrechen ist geschichtlich abgetan. Jedenfalls offiziell, während sie untergründig noch fortwirkt. Blinde, taube oder verkrüppelte Personen, die sich im normalen Alltag hilflos verheddern, haben bis zum frühen 18. Jahrhundert zum festen Bestand des Lachtheaters gehört. Unter veränderten moralischen Anschauungen mußte die unbefangene Belustigung, die damit erzielt wurde, einer zunehmenden Beklommenheit weichen. Erst recht erweist sich der Wandel komischer Sachverhalte dort, wo die Gegenstände eines satirischen Angriffsgelächters mittlerweile erledigt sind. So lachen wir heute über Malvolio anders und über anderes an ihm als Shakespeares Zeitgenossen, die an ihm das abschreckende Gebaren einer besonders unduldsamen Sekte erkannten. Sie hatten keinen Grund zu möglichen Mitleidsdämpfern.

Eingedenk dieser allgemeinen Geschichtlichkeit des Lachtheaters soll es hier um die besondere Geschichtlichkeit seiner bürgerlichen Epoche gehen. Die dauert heute noch an; jedenfalls in dem Land, wo dieses Buch erscheint. Trotzdem lenke ich die hauptsächliche Aufmerksamkeit auf die Zeit zwischen der Revolution von 1789 und der Weltwirtschaftskrise von 1930. Was sich danach zur schieren Unterhaltung auf den Bühnen oder später auch im Fernsehen abspielt, gibt keine auffällige Weiterentwicklung zu erkennen. Es hält sich grundsätzlich an die maßgebende komische Thematik und Machart der voraufgegangenen anderthalb Jahrhunderte. Wo hingegen mehr veranstaltet wird als schiere Unterhaltung, kann nur noch in vertrackter Brechung von *Lach*theater die Rede sein. Autoren wie Dürrenmatt – siehe unten – erfahren und verarbeiten eine Wirklichkeit, durch die einhellige Bühnenkomik gegenstandslos geworden ist.

Andrerseits sind außerhalb oder auch am Rand der bürgerlichen Gesellschaft etliche Ansätze zu anti-bürgerlichem Lachtheater zu verzeichnen. Sie werden hier ebenfalls zu bedenken sein. Zum Beispiel in dem, wie Majakowskij die Formel vom komischen Störenfried auf seine sozialistische Umwelt ansetzt; in dem, was heutige Mundartdramatiker aus der Lokalposse machen; in dem, wie Dario Fo auf bürgerliche und vorbürgerliche Komödiantik zurückgreift, um proletarisches Lachtheater durchzusetzen.

Neue Rolle des Lachtheaters

Europas gesellschaftliche Umwälzungen – die politischen seit 1789 sowie die wirtschaftlichen und industriellen –, haben sie sich auch auf dem Theater abgespielt?

Wer mit dieser Frage überfallen wird, wird sie gewiß erst einmal spontan bejahen wollen. Denn anders kann er sichs kaum vorstellen. Überschlägt er indes, welche passenden Bühnenstücke ihm dazu einfallen, dann gerät er unweigerlich ins Stocken und ins Stutzen. Etwas nachdenklichere Umschau haltend, was denn damals mit den Stücken und auf der Bühne los war, wird er schließlich bemerken: es trifft schon zu, daß diese Umwälzungen das Theater in Mitleidenschaft gezogen haben, aber gerade nicht auf die Weise, wie ein gradliniger Common Sense es erwarten möchte. Und ebensowenig an den Stellen, wo ers erwarten möchte. Solcher Common Sense kann von den folgenden Überlegungen ausgehen, die ohne weiteres einleuchten:

Wenn irgendeine Kunst dazu taugt, öffentliche Dinge öffentlich auszutragen, so ist es das Theater. Seit Aischylos' *Persern* hat es seine grundsätzlich politische Veranlagung bewiesen, selbst wenn sie nicht immer voll genutzt wurde. Politisch ist das Theater insofern, als es von der Polis und in der Polis handelt und auf die Polis hin. Ansprechend und einwirkend auf das, was die zeitgenössische Gesellschaft jeweils bewegt.

Wenn, andrerseits, irgendwelche politischen Ereignisse das Leben der europäischen Bevölkerungen vom späten 18. bis ins 20. Jahrhundert hinein erschüttert haben, so waren es die Revolutionen von 1789, 1830, 1848 sowie die umfassenden Veränderungen, die der Industriekapitalismus mit sich brachte.

Folglich müßte das Theater auf jene Umwälzungen und müßten jene Umwälzungen ins Theater eingegangen sein. Und zwar nachdrücklicher noch als es bei den anderen Künsten der Fall war – bei Gedicht und Roman, Malerei und Skulptur, Grafik und Lied. Denn Theater vollzieht sich in leibhaftiger Gegenwart derer, die privat und öffentlich von den Umwälzungen betroffen sind.

Hat also, erwartungsgemäß, das Theater die epochalen Erschütterungen auch zu seiner eigenen Sache gemacht, so müssen sie vor allem im ernsten Schauspiel und in der Tragödie zum Vorschein kommen. Denn bis ins 19. Jahrhundert hinein verfügen die traditionellen Dichtungsregeln, daß einzig diese vornehmen Theaterformen zuständig seien für gewichtige politische Gegenstände. Wogegen die Komödie sich an unerhebliche Alltagsereignisse unter unerheblichen Leuten zu halten habe.

Soweit die Überlegungen unsres gradlinigen Common Sense. Sie scheinen schlüssig. Dennoch werden sie durchkreuzt von dem, was sich tatsächlich im damaligen Drama und Theater tat, jedenfalls auf der offensichtlichen Schauseite, die nun einmal die entscheidende Seite der Bühnenkunst ist. Ernstes Schauspiel und Tragödie hielten gerade nicht, was von ihnen zu erwarten gewesen wäre. Sie verschlossen sich dem gewichtigsten öffentlichen Geschehen, das sämtliche Zeitgenossen bewegte. Dabei war es nicht etwa nur so, daß die bedeutenden Dramatiker aus Haß oder Begeisterung das revolutionäre Geschehen szenisch entstellt hätten. Sie ließen sich erst gar nicht darauf ein. Zumindest nicht so handfest und unmittelbar wie einst Aischylos sich auf die zeitgenössischen Kämpfe mit den Persern oder wie Shakespeare sich auf die nachwirkenden Rosenkriege einließ. Kleist und Grillparzer, Puschkin und Hugo, Hebbel und Büchner: von ihnen hat allein Büchner, auf dem Erfahrungsstand von 1830, die große Französische Revolution dramatisiert. *Dantons Tod*, dieses einzige und einzigartige Werk, haben die Zeitgenossen jedoch weder sehen dürfen noch sehen wollen. Den negativen Befund bestätigen vollends so anspruchsvolle Fehlschläge wie das dramatische Bruchwerk von Goethes *Natürlicher Tochter* und Grabbes fatalistische Geschichtsrevue *Napoleon*.

Man kann also zunächst einmal feststellen: Bis auf wenige Ausnahmen, die aber nicht auf die Bühne kamen, hat das ernste Theater es unterlassen, die zeitgenössischen politischen Umwälzungen aufzugreifen. Hat es sich damit aus den aktuellen Ansprüchen davongestohlen? Direkt schon. Indirekt aber nicht. Denn aus der Weigerung, die bürgerlichen Revolutionen auf die Bühne zu bringen, spricht sogar so etwas wie eine mittelbare Option für die Grundsätze dieser Revolutionen. Wieso? Indem

Tragödie und ernstes Schauspiel sich der traditionellen Verpflichtung entziehen, die gewichtigsten Erschütterungen der Gesellschaft öffentlich auszutragen, verwerfen sie die bislang gültigen Anordnungen einer letztlich feudalen Dichtungsregelung. Sie verzichten damit auf ihr Privileg innerhalb einer streng klassengestuften Poetik, die jeder literarischen Gattung ihre gehörigen Gegenstände und Stilhöhen zuweist. Demnach läßt sich sagen: Das ernste Theater befolgt, gewissermaßen, die Gleichheitsprinzipien der bürgerlichen Revolutionen. Freilich nur indirekt und insgeheim. Denn es verficht die Gleichheit nicht im politischen Spielraum der gesellschaftlichen Öffentlichkeit, sondern nur im ästhetischen Spielraum einer neuen regelfreien Selbstbestimmung.

Was die Dramatiker jetzt in ihrem eigenen Alltag erfahren, widerspricht ganz und gar dem, was ihre klassische Dramenform immerfort behauptet hat. Nämlich, daß es nur eine Elite hervorragender Einzelner sei, Fürsten von Geblüt und hohe Amtsträger, in deren persönlichem Schicksal das Schicksal der Gesamtgesellschaft aufgehe. Mit solch aristokratischer Dramaturgie ausgerechnet ein revolutionäres Massengeschehen anpacken zu wollen, wäre Aberwitz gewesen. Es sei denn, man zerschlug sie so gründlich, wie es eben nur dem einen Georg Büchner gelang, für den politischer und poetischer Fortschritt unteilbar waren. Die andern Dramatiker von Rang blieben auf halber Strecke stehen. Unter Vorbehalt lockerten sie den enggeschlossenen Kreis auserlesener Einzelhelden, um wenigstens vergangene oder mythologische Volksmassen aktiv an der dramatischen Handlung zu beteiligen. Schwungvoll geschah das in Puschkins *Boris Godunow*, in Kleists ›*Guiskard*‹-Fragment und in etlichen Dramen von Victor Hugo; zögernd und bedenklich in Grillparzers und Hebbels Geschichtstragödien. Szenische Durchschlagkraft hatte kaum eines dieser Stücke.

Alles in allem läßt sich feststellen: Aus guten Gründen, aber mit schlechten Ergebnissen haben Tragödie und ernstes Schauspiel vor den Herausforderungen der politischen und industriellen Revolutionen versagt. Ihre herkömmliche dramatische Technik und die darin aufgehobene Weltanschauung waren außerstande, mit den kollektiven Umwälzungen fertig zu werden.

Erneut und unverdrossen meldet sich unser gradliniger Common Sense. Und diesmal kann er sich auf die tatsächliche Entwicklung berufen. Er folgert aus der bisherigen Erörterung, daß das komische Theater einspringt, wo das ernste ausfällt. Denn das ernste gibt ja die gemeinverbindliche Gegenwartsthematik frei, indem es sein altes Monopol darauf ausschlägt. Im gleichen Maß, wie dieser Verzicht die aristokratischen Dichtungsregelungen entkräftet, fallen auch die Fesseln fürs Lachtheater. Nicht länger bleibt es fixiert auf lachende Mißverhältnisse, die – laut offiziell gesteuertem Blick von oben nach unten – nur unerhebliche Leute in unerheblichen Lebenslagen betreffen. Es kann sich jetzt mit gesamtgesellschaftlichen Mißverhältnissen anlegen. Es dringt hinaus über den beschränkten, allgemein folgenlosen Bereich von diesem und jenem.

Offensichtlich hat das Lachtheater des 19. Jahrhunderts den erweiterten Spielraum genutzt. Was freilich nicht heißen kann, es habe nun von sich aus das andernorts vernachlässigte Revolutionsgeschehen szenisch ausgeschöpft. Selbst bei den großzügigeren Gattungsgrenzen wäre das Thema ›Revolution‹ hinausgegangen übers erklärte Interesse und Fassungsvermögen von Komödie und Posse, Schwank und Operette. (Das wird sich unten zeigen lassen anhand von Nestroys *Freiheit in Krähwinkel*.) Zudem wäre es durch die politische Zensur unterbunden worden, die zumal vor 1848 das volkstümliche Lachtheater besonders argwöhnisch verfolgte. Begreiflicherweise. Denn es sprach in den Vorstädten weit mehr Unzufriedene an als das erhabene Bildungstheater bei seinem aristokratischen und großbürgerlichen Publikum. Dabei nutzte das Lachtheater, literarisch nur locker gefesselt, jede Gelegenheit, mit unberechenbar extemporierten Anspielungen auf heikle Alltagsverhältnisse einzugehen.

Was indes neuartig eindringt in den vergrößerten Spielraum komischer Bühnenstücke, das sind weitreichende Gruppenzerwürfnisse und Gruppenverbrüderungen; kollektive Haltungen und Fehlhaltungen; massenhafte Handlungen und Ersatzhandlungen; klassenspezifische Ängste, Lüste und Verblendungen. Kurzum, überpersönliche Äußerungen, die merklich herrühren von wirtschaftlichen, sozialen und politischen Umwälzungen der Epoche. Unversehens öffnet sich so das Lachtheater, nachdem sich das ernste davonstilisiert hat, tiefgreifenden Erfahrungen von allgemeinem Belang. Mehr noch, es wird nachgerade zuständig dafür – ohne es so recht zu wollen und zu wissen oder gar öffentlich dazu beauftragt zu sein. Das Lachen, das es auslöst, ist kollektiv wie in früheren Jahrhunderten, wann immer komische Verhältnisse ein Massenpublikum dazu brachten. Jedoch, nachdem im bürgerlichen Lachtheater nun auch die Anlässe des Gelächters zunehmend kollektiv geworden sind, ist es längst nicht mehr so befreiend wie zuvor, als man sich (scheinbare oder tatsächliche) Sonderfälle und Abartigkeiten vom Hals lachen konnte: den Miles gloriosus oder den Pantalone, den Malvolio oder den Eingebildeten Kranken, den Turcaret oder den politischen Kannegießer. Jetzt geht es oft genug um den Hals aller und jedes Einzelnen in der gegenwärtigen bürgerlichen Sozietät.

Wie das kommt und wohin es führt, läßt sich aus dem Längsschnitt und aus den Querschnitten ersehen, die ich hier durchs bürgerliche Lachtheater legen will. Sie sollen seinen geschichtlichen und ästhetischen Spielraum in mehreren Richtungen durchmessen. Ein aufschlußreicher Längsschnitt ergibt sich, wenn man die sehr bezeichnende thematisch-dramaturgische Formel ›Kollektiv und Störenfried‹ in ihren verschiedenen geschichtlichen Abstufungen verfolgt: innerhalb der bürgerlichen Epoche, aber auch in vergleichenden Stichproben davor und danach. Ebenso aufschlußreiche Querschnitte ergeben sich, wenn man die auffälligsten Bühnengattungen untersucht, die das Lachtheater im 19. Jahrhundert neu hervorgebracht und durchgesetzt hat, teils nebeneinander, teils nacheinander: Lokalposse, Bühnenschwank und Operette.

Wer sich mit dem Lachtheater, zumal der bürgerlichen Epoche befaßt, wird früher oder später auf eine thematisch-dramaturgische Formel stoßen, die vielen Bühnenstücken zugrundeliegt. Ich nenne sie schlagwortartig ›Störenfriedformel‹. Ist ihr markanter Umriß und ihre innere Konsistenz einmal erkannt und eingeprägt, wird man ihr bemerkenswert häufig begegnen; auch dort, wo man sie auf Anhieb kaum vermutet hätte. Überraschende Beziehungen zwischen entlegenen Stücken stellen sich her. Etwa zwischen Gogols *Revisor* und Synges *Playboy* oder zwischen Kotzebues *Deutsche Kleinstädter* und Nestroys *Talisman*. Sie müssen indes nicht länger überraschen, wenn man einerseits die szenisch-komische Brisanz der Formel bedenkt, andrerseits die gemeinsamen epochalen Erfahrungen, auf die sie anspricht. Worum gehts?

Eine geschlossene soziale Gruppe mit eingeschliffenen Verkehrsformen wird aufgewühlt durch einen Außenseiter. Seine Andersartigkeit, als Bedrohung empfunden, reizt in Überreaktionen die Eigenartigkeit der Gruppe heraus. Unverhältnismäßig auf den Fremdkörper ansprechend, gerät auch die Verhältnismäßigkeit ihres üblichen Alltagsbetriebs in überscharfes Licht. Was bislang selbstverständlich ablief, muß unverhofft sein Selbstverständnis offenbaren und rechtfertigen. Wodurch sich die Angriffsfläche des empfindlichen Kollektivs noch vergrößert. Die Störenfriedformel bietet also mehr als nur eine komödiantische Einzelfigur, sie bietet eine komödiantische Kon-Figuration. Und was sie dramatisch leistet, ist mehr als ein einseitiger, einmaliger Vorgang. Es ist eine vielseitige, fortschreitende Wechselbeziehung zwischen außerordentlichem Einzelnen und einer Gruppe, deren Ordnung dabei zunehmend verwackelt.

Zu keiner Zeit des Lachtheaters erscheint die Störenfriedformel so gedrängt und prägnant und nirgends sonst auch in der gleichen, beharrlich durchgehaltenen Spielart wie in der bürgerlichen Epoche. Darum spricht viel dafür, daß in dieser Formel die gesellschaftlichen Erschütterungen dieser Epoche besonders nachdrücklich verarbeitet worden sind. Und zwar auf doppelte Weise. Einmal bewußt und gezielt zur offensichtlichen – meistenteils satirischen – Belustigung. Dann aber auch unbewußt und insgeheim in etlichen Verdrängungen und Verschiebungen, die sich hinter diesem Vordergrund einer offiziell gebilligten Heiterkeit abzeichnen.

Daß die Störenfriedformel, wie ich meine, just den geschichtlichen Erfahrungen des 19. und frühen 20. Jahrhundert nahkommt, soll zusätzlich noch bekräftigt werden: durch Vergleich mit Stücken des vorbürgerlichen sowie des nachbürgerlichen und antibürgerlichen Lachtheaters. Stücke einerseits von Shakespeare und Molière, andrerseits von Majakowskij, Dürrenmatt und Fo zeigen an, wie die Formel unter anderen gesellschaftlichen Voraussetzungen entschieden anders funktioniert, als in all den durchaus unterschiedlichen bürgerlichen Stücken zwischen Kotzebue und Synge.

Meine Untersuchung hält sich durchweg an Werke, die großen Publikumserfolg erzielt haben. Was besagt, daß sie auch den bewußten und unbewußten Alltagserfahrungen ihrer Zuschauer entsprochen haben dürften. Es sind: August von Kotzebues *Die deutschen Kleinstädter* (1803), Adolf Bäuerles *Die Bürger in Wien* (1813), Nikolai Gogols *Der Revisor* (1836), Johann Nestroys *Der Talisman* (1840), Ernst Elias Niebergalls *Datterich* (1841), Johann Nestroys *Freiheit in Krähwinkel* (1848), Alexander Ostrowskijs *Eine Dummheit macht auch der Gescheiteste* (1868) und John M. Synges *The Playboy of the Western World* (1907).

Alle diese Stücke spielen zeitlich und räumlich ganz nah bei denen, für die sie damals geschrieben wurden. Auch gesellschaftlich kommen sie dem überwiegend bürgerlichen Publikum entgegen. Es ist in der Regel ein kleinbürgerliches Kollektiv, das aufgewirbelt wird. Adel und Proletariat tauchen allenfalls am Rand auf. Und der Störenfried, obwohl er vom kollektiven Verhaltensmaß abweicht, entstammt gleichfalls dem Bürgertum. Somit sind die Zeitgenossen zu umwegloser Einfühlung geladen, wenn ihnen das Lachtheater im Für und Wider ihre eigenen Bewandtnisse vorführt. Anders steht es mit der Störenfriedformel im vorbürgerlichen und mehr noch im nach- und antibürgerlichen Lachtheater. Das wird sich erweisen an Stücken von Shakespeare und Molière, von Majakowskij, Dürrenmatt und Fo.

Bürgerliches Lachtheater:
Kotzebues *Die deutschen Kleinstädter* (1803)
Was Kotzebue bewußt und offensichtlich veranstaltet, ist eine
szenische Satire. Aus der Warte aufgeklärter Lebensart zielt sie
auf verhockten Provinzialismus. Kotzebues Krähwinkel, seitdem sprichwörtlich geworden, zeichnet sich aus durch inzüch-
tige Abriegelung von der Welt, dümmliche Selbstgefälligkeit,
widernatürlich konventionalisierten Lebensstil. Diese Kleinstadt also, verdichtet im halben Dutzend ihrer Honoratioren,
spielt den komischen Pluralhelden des Stücks. Aufgescheucht
wird er durch den Großstädter Olmers, der über alle Krähwinkler Hürden hinweg sich die Bürgermeisterstochter Sabine
erobert. Unverhofft packt die Verwirrung alle und jeden Einzelnen in einer für ihn bezeichnenden Haltung und Tätigkeit.
So meldet, atemlos, die Muhme des Bürgermeisters, wie die
bestürzende Nachricht sie traf: »Mit Erlaubnis zu reden, ich
war noch fast im Hemde, singe mein Morgenlied und kämme
den Mops.«
Die Rolle des Störenfrieds Olmers zeigt an, daß es weniger
darum geht, was er für sich unternimmt, als was er bei den
andern auslöst. Noch bevor er leibhaftig auftritt, wirft er schon
seinen beunruhigenden Schatten auf die Krähwinkler. In vor-
beugenden Maßnahmen stellen sie sich auf seine fälschlich er-
warteten Aktionen ein und verurteilen sie so von vornherein zu
Reaktionen auf Reaktionen. Ergebnis ist ein zwischenmenschli-
ches Verkehrschaos, das nicht etwa aus dem Mangel, sondern
aus dem Übermaß von Verkehrsregeln entsteht. Derart wird
Olmers, unfreiwillig, zum unberechenbaren Reiz- und Verwirr-
faktor der Krähwinkler, die sich überanstrengen, ihm angemessen zu begegnen und eben dabei ihren besonderen Einheitscharakter zum Vorschein strampeln.
Ihr Einheitscharakter äußert sich gleichermaßen im öffentlichen wie im privaten Leben, die ohnehin heillos ineinander
verheddert sind. Im Geschäft: Vetternwirtschaft. In der Rechtsprechung: Unverhältnismäßigkeit, Unmenschlichkeit und Un-
wirksamkeit (am Beispiel einer jahrelang eingekerkerten Kuhdiebin, die letztlich doch entkommt). In der Kultur: eine Leih-
bücherei des Gewürzkrämers, bestückt mit Räuberschmökern.
Im Nachrichtenverkehr: Rundum – Klatsch, der die Informa-
tionen nicht nur verstümmelt, sondern auch erzeugt. In der
Eheanbahnung: möglichst unter Verwandten mit nachbar-
schaftlich überwachtem Balzritual.

Was dem Störenfried Olmers am nachhaltigsten aufstößt, sind zwei Eigenheiten, die Kotzebue offenbar besonders symptomatisch erscheinen. Einmal der bedürfniswidrige Benehmenskodex und sodann die krankhafte Titelsucht. Es fragt sich nur, wofür sie Symptom sind. Genau hier nämlich treffen wir auf eine heikle Stelle, wo Kotzebues bewußte satirische Spitze nur oberflächliche Mängel ritzt. Tiefer vorzudringen zu epochalen sozialpsychologischen Ursachen dieser Mängel war ihm untersagt. Durch die staatliche wie durch seine eigene innerpersönliche Zensur.

Schauen wir genauer hin, was er da anprangert. Der pingelige Benehmenskodex der Krähwinkler befestigt die Kluft zwischen natürlichem Bedürfnis und den offiziellen, inzwischen verinnerlichten Umgangsformen. Man ißt ohne Hunger; trinkt ohne Durst; setzt sich, ohne müde zu sein. Einzig und allein darum, weil man dazu genötigt wird von Leuten, die das Nötigen für unerläßlich halten. Olmers, der in dieser Sache beim Krähwinkler Kollektiv Anstoß nimmt und erregt, beurteilt sie, im Namen des Autors, als ebenso altmodischen wie kleinkarierten Verstoß gegen die freizügige Lebensart in der Residenz. Mit diesem Urteil bleiben beide im Rahmen von Sitte und Geschmack. Sie entfernen sich also nur gradweis, nicht aber grundsätzlich vom Standpunkt ihres Angriffsobjekts.

Dabei verkennen sie die sozialpsychologischen Triebfedern, jemanden zum Essen und Trinken zu nötigen. Wer das Bedürfnis hat, im geselligen Kreis den Austausch von Nahrung in ein Zwangszeremoniell zu überführen, der will ebenso zwanghaft die Niederungen materieller Bedürfnisse vergessen. Speise spenden und zu sich nehmen, aus diesem natürlichen Vorgang soll alle Erinnerung an Hunger und Notdurft, aber auch an Angebot und Nachfrage getilgt werden. Solches Verhalten ist symptomatisch für die kleinbürgerliche Schicht. Aber nicht deswegen, weil sie – laut Kotzebue – dem feineren Großstadtleben modisch hinterherhinkt. Sondern deswegen, weil sie dem noch zu nah ist, was sie strikt zu verdrängen sucht. Wenn Kleinbürger einander zum Feiertagskuchen vergewaltigen, beschwören sie krampfhaft den Überfluß. Dahinter soll der Kampf ums tägliche Brot verschwinden, den jene führen, die ihre Arbeitskraft dafür verkaufen müssen.

Solche Ängste und Abwehrmaßnahmen kann Kotzebue nicht vorsätzlich zum Sprechen bringen. Doch sie rumoren, ungehört, noch im verrücktesten Gebaren der Krähwinkler. Das gilt auch für die zweite Unart, die ihnen so heftig angekreidet wird, für ihre fanatische Titelsucht. Sämtliche tonangebenden Bürger der Stadt führen ebenso wohlklingende wie inhaltlich dürftige Titel – nach Art des Bau-, Berg- und Weg-Inspektors-Substituten Sperling. Nur Titelträger gelten etwas, und sie pochen darauf, selbst bei flüchtiger Begegnung, einander mit vollem Ornat anzureden. Auch Olmers, der, mit nacktem Namen daherkommend, nachgerade Ekel erregt, muß am Ende seinen zurückgehaltenen Titel bekanntgeben. Andernfalls hätte ihm die mater elegantiarum des Orts – die Mutter des Bürgermeisters – den Segen zum Bund mit ihrer Enkelin versagt. Wirksam inszeniert Kotzebue das schrille Mißverhältnis zwischen Anspruch und Fähigkeit, zwischen prunkvoller Gebärde und mickriger Gestalt. Und läßt treffend feststellen: »Ein Titel ist hier die Handhabe des Menschen, ohne Titel weiß man gar nicht, wie man ihn anfassen soll. Hier wird nicht gefragt: hat er Kenntnisse? Verdienste? Sondern, wie tituliert man ihn?« (68)

Auch hier nimmt der aufmerksame Szeniker Kotzebue, unbewußt, mehr wahr, als sein bewußtes satirisches Programm erklären kann. Erneut machen sich sozialpsychologische Gründe und Abgründe bemerkbar. Sie werden jedoch sogleich hastig überspielt. Auch Olmers nämlich, der vernünftige Gegenpol zum unvernünftigen Kollektiv, teilt grundsätzlich das Verlangen nach dem höheren Imprimatur eines Titels. Er ist, so gibt er am Ende zu wissen, Geheimer Commissionsrat. Freilich, in solch erhabenem gar noch feudalhöfisch gekürten Rang hat er gut spotten über die albernen Titel, die man von eigenen kleinbürgerlichen Gnaden in Krähwinkel sich selbst verleiht. Fazit des Autors, bündig verkörpert in seinem positiven Störenfried: Der Mann von Welt hat selbstverständlich einen Titel (und zwar einen, der sich lohnt), aber er trägt ihn nicht vor sich her. Kotzebues Satire kann dennoch nicht restlos zur törichten Schrulle herunterdeuteln, was in erschreckend komischen Szenen geradezu manisch um sich greift. Die Krähwinkler sind auf Titel ja nicht nur versessen, sie sind geradezu besessen davon. Sie tragen sie nicht lediglich aus Ziererei, sie klammern sich daran wie Ertrinkende.

Was diese Leute bewegt – dort, wo die satirische Sonde des Autors nicht hinabreicht – , wird greifbarer, wenn man ihre Titelsucht nicht für sich betrachtet, sondern zusammen sieht mit anderen auffälligen Lebensäußerungen. Die Krähwinkler sind ebensowenig imstande, mit dem Außenseiter Olmers von

Person zu Person zu reden, wie er mit ihnen. Sie reden nur *über* ihn, in seiner Abwesenheit. Und er redet nur *über* ihre Köpfe hinweg, doppelsinnig mit Sabine, oder gar gebrochen durch den Hohlkopf des geprellten Liebhabers Sperling hindurch, der arglos mitplappert. Besonders sinnfällig wird dieser Mangel an Individualität beim grotesken Familienrat, wo Olmers' Werbung erörtert werden soll. Reihum gefragt, traut sich keiner mit der eigenen Meinung heraus. Erstens, weil keiner eine hat. Zweitens, weil jeder fürchtet, selbst eine nichtssagende Äußerung könnte der noch nicht herausgefundenen Gruppenmeinung widersprechen. So läßt die Angst vor persönlicher Haftung zunächst nur ein Gemurmel leerer Floskeln entstehen, die nicht einmal die vage Richtung einer Ansicht erkennen lassen. Redensartliches Gestammel als Geburtswehen einer verqueren communis opinio.

BÜRGERMEISTER. Obbesagte, meine Tochter Sabina, gedenket nunmehro der Herr Bau-, Berg- und Weginspectors-Substitut Sperling als sein eheliches Gemahl heimzuführen.

HERR STAAR. Ist zur Genüge bekannt. Nur weiter.

BÜRGERMEISTER. Es findet sich aber, daß, ehe noch die *sponsalia* vollzogen worden, ein Mitbewerber auftritt, welcher gleichfalls christliche Absichten heget.

ALLE. Wer, wer?

BÜRGERMEISTER. Es ist solches der mir von Sr. Excellenz dem höchst zu verehrenden Herrn Minister auf das dringlichste empfohlene Herr Olmers.

FRAU STAAR. Der?

HERR STAAR. Hm!

FRAU BRENDEL. Ey!

FRAU MORGENROTH. Seht doch!

FRAU STAAR. Wirklich?

HERR STAAR. Kurios.

FRAU BRENDEL. In der That.

FRAU MORGENROTH. Unvermuthet.

BÜRGERMEISTER. Was meinen nun die lieben Angehörigen nach reiflicher der Sache Erwägung?

FRAU STAAR. Je nun –

HERR STAAR. Ich meine –

FRAU BRENDEL. Was mich betrifft –

FRAU MORGENROTH. Ich habe so meine eigenen Gedanken.

(54)

Von daher läßt sich deuten, woher die krankhafte Titelsucht rührt. Sie entspringt einer epochalen Unsicherheit, die auch in der Krähwinkler Überzeichnung noch bezeichnend ist für den zeitgenössischen Mittelstand in Deutschland. Diese Unsicherheit macht, daß man weder sich selbst noch irgendjemand anderem Individualität gestattet. Unverwechselbare Eigenart, unbekümmert ins öffentliche Leben gereckt, kann nur Schaden nehmen und Schaden bringen. Bedingt ist solche Selbstverstümmelung einer ganzen sozialen Schicht, querweg Europa, durch die zeitgenössische gesellschaftliche Entwicklung zu Anfang des 19. Jahrhunderts.

Das fortschrittliche bürgerliche Prinzip einer freien Entfaltung der Persönlichkeit wurde in der großen Französischen Revolution nur sehr beschränkt durchgesetzt. Beschränkt aufs ökonomische Gebiet und beschränkt auf eine Minderheit innerhalb der bürgerlichen Klasse. Denn die Persönlichkeitsentfaltung der Großbourgeoisie gedeiht nur zu Lasten der Masse von Proletariern und Kleinbürgern. Was im wirtschaftlichen Bereich als Nicht-Mehr erfahren wird, ist im politischen Bereich ein Noch-Nicht. Das heißt: Einerseits ist die Entfaltung des freien Individuums, die einmal gleich und brüderlich für alle ausersehen war, durch die Entfaltung des freien Markts bereits erstickt worden. Andrerseits verwehrt der Absolutismus der mitteleuropäischen Staaten, in den sogar Frankreich zeitweilig zurückfällt, immer noch dem Bürger als Einzelperson wie als Klasse, im politischen Leben aus sich herauszugehen. Aus dieser zwiespältigen Lage erwächst die durchgängige Ich-Verklemmung der Krähwinkler. Nicht ausnahmsweise sondern exemplarisch: für Abertausende von Zeitgenossen, die, minder krud und lächerlich, in den gleichen kleinbürgerlichen Bedrängnissen stecken. Sie alle ziehen den Kopf ein, wann immer ihre einmalige Person gefragt ist. Eigene Persönlichkeit herauszulassen aus dem Schutzkreis des gleichgerichteten Kollektivs heißt, sie dem freien Spiel der Kräfte auszusetzen, das ihresgleichen allemal mehr Wunden als Gewinn beschert. Ebenso gefährlich ist es, sich auf andere einmalige Personen einzulassen. Auch deren unberechenbare Individualität hat zu verschwinden unterm öffentlichen Ausweis eines Titels. So nur wird der Andere, mit dem man zu tun hat, geheuer. Denn wenn er einen Titel trägt, hat eine höhere Instanz das Risiko einer treffenden Einstufung bereits vorgenommen.

Geht man derart dem Krähwinkler Gebaren auf den Grund,

dann kommt man zu anderen Wertungen, als Kotzebue sie anbietet. Dann bildet sein Störenfried keine Alternative zu dem Kollektiv, das er aufwirbelt. Unverkennbar nämlich gehören beide Parteien zur gleichen historisch eingeschüchterten, angeschlagenen Schicht der Kleinbürger. Nur, Olmers ist aus dem Schaden klug geworden. Er hat, privat, das Beste daraus gemacht, indem er beim Adel unterschlüpft und von dorther lässige Lebensart bezieht. Die Krähwinkler hingegen sind aus dem Schaden dumm geworden. Sie haben, politisch, das Schlechteste daraus gemacht. Sie versuchen vergeblich, ein bürgerliches Gemeinwesen sinnvoll in Gang zu halten, ohne die persönliche Eigeninitiative dieser Klasse und ohne ihren Entwurf einer allgemeinen Handlungsmoral auch nur ansatzweise zu verwirklichen. Durch Olmers freilich wäre ihnen nicht zu helfen. Der weiß – wie sein Autor – nur ein Rezept fürs private Leben, wohin er denn auch zum Schluß die Geliebte schleunigst entführt.

Immer deutlicher wird: Der objektive Druck der zeitgenössischen Verhältnisse zusammen mit dem subjektiven Druck der eigenen Erfahrungen, die Kotzebue damit macht, ist ungleich stärker als das satirische Programm des Autors. Das Stück selber widerlegt den simplen Befund, die Krähwinkler litten lediglich an chronischem Provinzialismus und brauchten sich zwecks Heilung nur an die Lebensweise der Residenz zu halten. Das Stück selber spricht dagegen, indem es das Vorbild nur in dem Einzelexemplar Olmers heranholt. Hätte Kotzebue, was er geflissentlich unterließ, die beiden Kollektive – Residenzstadt und Provinzstadt – als unterschiedlich funktionierende Gemeinwesen einander gegenüberstellen wollen, so wäre ihm die Schwarz-Weiß-Malerei alsbald in einem allgemeinen Grau zerflossen.

Denn: Krähwinkel ist nicht anders. Es ist nur auffälliger, weil kleiner und somit übersichtlicher. Als übertriebene Miniatur bringt es allgemeine, durchgängige Verstörungen ins Bild. Vor allem die schizoiden Regungen der bürgerlichen Klasse, nachdem sich ihr unbedingter Freiheitsschwung im späten 18. Jahrhundert zersplittert hat. Schizoid versucht sie sich gleichzeitig dem auslaufenden feudalen wie dem anlaufenden kapitalistischen Getriebe anzupassen. Dabei starrt sie bewundernd auf den abdankenden Adel, als könne sie so den Anblick des kommenden Proletariats vermeiden. So verhält sich eine Klasse, die ihr Selbstbewußtsein früh verloren und noch nicht wiedergefunden hat. Ins Krähwinkler Alltagsgebaren übersetzt: Man verkrümelt sich hinter quasi-adeliger Etikette und Etikettierung, um nicht gradstehen zu müssen fürs eigene Handeln. Man verpanzert sich hinter Titeln, die ein beliebiges Amt, aber keine persönliche Leistung bezeichnen. Man unterdrückt in bedürfniswidrigen Nötigungszeremonien die Natur. Mithin genau jenes Prinzip, wofür sich eben noch das freiheitliche Bürgertum stark gemacht hat im Kampf gegen feudale Willkür. Daß zehn Jahre später der Stückeschreiber Adolf Bäuerle sowie nach ihm die gesamte Gattung Lokalposse ihr komisches Personal geradezu gegenläufige Konsequenzen ziehen lassen, wird weiter unten zu erörtern sein.

Nochmals ist zu betonen: Kotzebue bringt den epochalen Zwiespalt sichtbar auf die Bühne, ohne ihn selber so recht zu durchschauen. Er findet einleuchtende szenische Formulierungen für etwas, das ihm und seinen Zeitgenossen – unbegriffen – zu schaffen macht. Es zeugt von seinem gewitzten Theatersinn, daß er das schlagkräftigste Symptombild bis zum letzten Akt aufspart, um es dem Publikum zur Schluß-Folgerung für den Heimweg zu verabreichen. Hier nämlich spricht das Milieu sinnfällig für sich selbst. Der szenische Raum und was sich in ihm rührt gibt wortlos Auskunft über die zwiespältige Verfassung des Krähwinkler Kollektivs. Nachdem das Geschehen zuvor ausschließlich in den bürgermeisterlichen Stuben ablief, mündet es jetzt ins Freie. Auf die nächtliche Straße, wo Olmers und Sabine sich endlich einmal zeugenlos aussprechen wollen. Dieses Freie jedoch macht die Unfreiheit der Betroffenen nur noch spürbarer. Seine weiteren Abmessungen steigern nachgerade die Enge, die von den Innenräumen ausging. Denn die Häuser sind wie ihre Bewohner. Ineinander verschränkt, bilden sie einen dichtgeschlossenen Halbkreis, wo einer dem andern die weitere Aussicht verbaut. Diese Gebäude sind die steingewordene Inzucht der Krähwinkler. Man braucht nicht einmal den Nachbarn daheim aufzusuchen, um zu erschnüffeln, was gerade bei ihm los ist. Der Blick- und Redekontakt geht mühelos von Fenster zu Fenster.

Kotzebues boshafter Raum-Witz erreicht seine Pointe in dem Augenblick, wo die verschiedenen Parteien den Häuserklüngel von innen heraus beleben. Reihum leuchtet ein Fenster nach dem andern auf, woraus jeder auf seine Art akustische Lebenszeichen von sich gibt. Der Substitut Sperling rezitiert Balladenverse, der Gewürzkrämer murrt, die Mutter des Bürgermeisters

Abb. 1 *Die deutschen Kleinstädter* von August von Kotzebue. Berliner Theater, 1900

stimmt ein gottgefälliges Lied an, während der Nachtwächter in sein Horn bläst. So wird Krähwinkels Zustand nun auch zum sinnträchtigen Klangbild. Lauter traute Einzelidyllen, die jede für sich genommen rührend stimmungsvoll anmuten, die vereint jedoch zum verstimmten Dissonanz-Geplärre ausarten.

Der szenische Raum dieses letzten Akts besagt aber noch mehr und Wichtigeres über die Verfassung seiner Bewohner. Er bringt noch einmal den epochalen Zwiespalt des Bürgertums zum Vorschein. Diesmal die aufgezwungene, vorläufig auch hingenommene Spaltung des Lebens in private und öffentliche Tätigkeiten. Daß der Bürger – beschnitten um die politische Rolle, die seiner wirtschaftlichen gleichkäme – in seinen häuslichen Bereich verbannt ist, den er darum auch desto dichter nach draußen abschirmt: diese gespaltene Lebensform verdrehen die Krähwinkler ins Aberwitzige. Sie familiarisieren die Öffentlichkeit und veröffentlichen das Familienleben.

Die Schlußbilder zeigen, wie sich das Interieur nach außen stülpt; wie sich der Familienbetrieb ins Öffentliche hinauswölbt. Platz und Straße haben das Gepräge einer Privatwohnung. Entsprechend andersrum geht es in den vorherigen Akten zu. Da entspringt jedes politische Ereignis dem Familienschoß der querweg versippten Stadtvetternschaft im bürgermeisterlichen Wohnzimmer, um letztlich auch dort wieder einzumünden. Solche Verkehrung von privatem und öffentlichem Bereich zerstört beide. Zumal die neu entwickelte Familienkultur des Bürgertums, ihre herzlichen, vertraulichen, unbekümmerten Gefühlsgehalte: sie muß verkümmern, wo die Außenwelt jede Regung verfolgt und beurteilt. Umgekehrt verfehlen die politischen Handlungen die Belange des Gemeinwesens, wenn sie nichts weiter sind als die Auswüchse innerfamiliärer Interessenhändel.

Auch den süß-sauren Schluß der Komödie prägt das Durcheinander privater und öffentlicher Belange. Nochmals verrät dabei Kotzebues Dramaturgie unversehens mehr als sein satirisches Programm vorsieht. Sie offenbart, wiederum, die Zwiespältigkeiten nicht nur des verlachten Kollektivs, sondern auch des lachenden Störenfrieds. Folgendermaßen: Den unverzichtbaren offiziellen Segen des Verwandtschaftsklüngels zum künftigen Eheglück von Olmers und Sabine erzwingt ein doppelter Skandal. Ein privater: das Liebespaar wird auf der nächtlichen Straße erwischt. Und ein öffentlicher: die lang schon eingelochte Kuhdiebin, die demnächst an den Pranger hätte kommen sollen, ist entflohen und hat sogar noch einen höhnischen Schmähbrief auf die Stadtoberen hinterlassen. Weil die Krähwinkler just auf diese Anprangerung als einen gewaltigen patriotischen Festakt hingelebt und ihn allenthalben angekündigt haben, sind sie von der Schreckensnachricht niedergeschmettert. Sie fürchten, daß ihnen nun kollektiv widerfährt, wozu sie lustvoll ihr verschwundenes Opfer ausersehen hatten: erbarmungslose öffentliche Blamage. Diese Wunde macht sie erpreßbar. Olmers tauscht den Segen zum Ehebund gegen das Versprechen, die schmachvollen Auswirkungen in der Residenz zu unterbinden. So schickt sichs für einen bürgerlichen Liebhaber: daß er sein Glück nicht erkämpft, sondern erhandelt. Sein bürgerlicher Handlungsraum reicht freilich nicht weit. Daß Olmers Erfolg hat, verdankt er Umständen, die jenseits seiner persönlichen Leistung liegen: dem augenblicklichen Bewußtsein der Krähwinkler, daß sie verwundbar sind, sowie den ebenso zufälligen feudalen Beziehungen und Titeln, die er aus der Residenz mitbringt.

Kotzebues Störenfried, so bestätigt sich abermals, weicht ab vom Kollektiv und reizt es damit auf. Aber er widerspricht ihm nicht. Die entscheidenden Widersprüche stecken in beiden Parteien. Die Satire des Autors zielte nur aufs närrische Kollektiv und erzielte bei den Zeitgenossen viel Gelächter. Ob die auch über Olmers gelacht haben, und ob es überhaupt ein unbefangenes Lachen war, steht dahin. Lachhaft ist zwar die perverse Weise der Krähwinkler, wie sie die zwiespältige bürgerliche Lebensform bewältigen. Zugleich reißen sie damit grundsätzlich die Perversität dieses Zwiespalts ins Licht. Und die ist nicht zum Lachen.

Daß Kotzebues *Deutsche Kleinstädter* gewichtigere und allgemeinere Sachverhalte anrührten als bloß die deutsche Kleinstädterei, bekräftigt der internationale Erfolg des Stücks. Er dauerte bis tief ins 19. Jahrhundert hinein. Dabei gibt zu denken, daß Autor und Stück in den gesellschaftlich fortgeschrittenen Ländern Frankreich und England höher eingeschätzt wurden als zuhaus. In Deutschland, als verfüge man über eine reiche und bedeutende Komödienproduktion, hakte man Kotzebue rasch ab als flinken Dutzendschreiber.

Bäuerles *Die Bürger in Wien* (1813)

Dieses Stück hatte als ortsgebundene Posse zwangsläufig einen geringeren Wirkungskreis. Trotzdem hat es als solche noch weit über die patriotisch umjubelte Uraufführung hinaus – im Oktober 1813, unmittelbar nach dem Sieg bei Leipzig – das Entzükken der angesprochenen Wiener Bürger hervorgerufen. Anders nämlich als bei Kotzebue wird hier der Pluralheld nicht geschmäht, sondern verklärt. Zu diesem Zweck verwendet Bäuerle die Formel vom Störenfried mit umgepolter Wertung. Nach wie vor wird ein Außenseiter ins Treffen geschickt, um den Charakter des Kollektivs herauszureizen. Doch diesmal ist der Außenseiter schlimm, während das wackere Kollektiv recht wacker mit ihm fertig wird.

Anlaß für den komischen Wirbel des Stücks ist der Werbungsangriff des Bösewichts auf Käthchen, die Tochter des Handwerkermeisters Redlich, der den wohlhabenden Mittelpunkt der Wiener Bürgergruppe bildet. Der Angriff, gipfelnd in einer Entführung über die Donau, wird abgewehrt durch die Gruppe und durch Käthchens braven Liebhaber Karl, der sich damit ihre Hand verdient. Es ist aufschlußreich, daß man diesen Karl, im Gegensatz zum Störenfried Müller, schließlich in den mittelständischen Kreis aufnimmt, obwohl er weder Handwerker noch begütert ist. Spricht daraus die soziale und politische Neigung der Bürger in Wien, so klammern sie sich ans überkommene patriarchalische Zunftleben, das sich ins gleichfalls überkommene feudalabsolutistische Staatsgefüge einpaßt. Das heißt, auch als selbstbewußte Handwerker schauen sie, jedenfalls in Wien, am Adel hinauf. Deshalb billigen sie die keineswegs wertschaffende Stellung, die Karl als Sekretär bei einem Grafen bekleidet.

Umgekehrt verkörpert sich in Müller alles Übel, das sie mit der gegenwärtigen Entwicklung heraufziehen sehen. Wirtschaftlich: den unberechenbaren kapitalistischen Warenverkehr. Politisch: die ebenso unberechenbare Gleichberechtigung für viele. Redlich und seinesgleichen haben ihren Besitz auf greifbare Weise erarbeitet und erheiratet. Dagegen weiß man bei Müller nicht, wo er, woher er und ob er überhaupt Vermögen hat. Er ist auch nicht seßhaft wie jene, das heißt, lokalisierbar am festen, nachbarschaftlichen Ort seit Generationen. Er ist vielmehr unstet wie die Kursschwankungen der Börse, wo er seine dunklen Geschäfte macht. Zudem vergeht er sich auch noch politisch an der verfügten und gelebten Norm. Somit bedroht er nicht nur – als Kapitalist – die hergebrachte Staatsordnung, deren Hüter in Müller einen erkennen, der »wegen seiner schlechten Gesinnungen uns einigemale angezeigt wurde«. (45) Angesichts dessen, daß Müller schließlich als Hochstapler und heimtückischer Mädchenentführer entlarvt wird, nimmt Bäuerles untertänige Staats-Gefälligkeit schon bösartige Züge an. Immerhin legt er dem Publikum den Schluß nah, Kriminalität und mißliebige politische Einstellungen gehörten zusammen.

Hier geraten wir, wie bei Kotzebue, an einen Punkt, wo sich die bewußte Konstruktion des Stücks offenbar mit unbewußten Beweggründen kreuzt. Gewiß läßt sich dramaturgisch rechtfertigen, gerade der stationäre, behäbige Charakter von Bäuerles Kollektiv benötige einen besonders wuchtigen Anstoß, um genügend markant hervorzutreten. Und deshalb müsse eben als Störenfried ein möglichst vielseitiger Übeltäter herhalten. Also nicht nur ein moralischer und ökonomischer, sondern auch ein politischer Tunichtgut. Unbegründet bleibt dann immer noch, warum sich Müllers Verwerflichkeit so und nicht anders zusammensetzt. Diese unbewußten Beweggründe seien vorerst nur dahingestellt. Denn Müllers Lasterliste ist noch nicht zuende.

Genauso, wie er die staatliche Obrigkeit mißachtet, mißachtet er die der mittelständischen Familie. Um Käthchen zu gewinnen, wendet er sich nicht ans Familienoberhaupt, sondern an die Mutter, die er mit allerlei Blendwerk auf seine Seite bringt. Hiermit verstößt er nicht nur gegen die innerfamiliäre Rangord-

nung, wie sie Meister Redlich mehrfach klarstellt und durchsetzt. Er beweist auch, im Verstoß, ihre Berechtigung. Denn
Mama Redlich, die ihm ums Haar die Tochter überantwortet,
hat dadurch ein für allemal ihren angemaßten Gleichheitsan-
spruch verwirkt. Prompt geht sie in sich und bestätigt die überlegene Zuständigkeit ihres Mannes.

Verwerflicher Störenfried versus rechtschaffenes Kollektiv.
Bös und gut sind säuberlich verteilt. Sie ergänzen einander im
possenhaften Hickhack zwischen fortlaufenden Ordnungsver-
stößen durch den Außenseiter und deren umgehende Korrekturen durch den Pluralhelden, das Wiener Bürgerkollektiv. Dieser
Prozeß entwickelt allmählich ein Bild von dem, wie Bäuerle
durch seine inszenierten *Bürger in Wien* die Erschütterungen
der Epoche zu verarbeiten sucht. Teils bewußt, teils unbewußt.
Hauptsächlich zwei Maßnahmen sind da zu beobachten: Eine
sehr buchstäbliche Domestikation. Und eine ebenso buchstäbliche Elimination. Zweifellos folgen sie keinem ausgeklügelten
Programm. Denn es gibt keine Anzeichen, daß Bäuerle, über
den nirgends aneckenden Unterhaltungszweck hinaus, sich
über die Gründe und Ziele seiner Dramaturgie Rechenschaft
gegeben hätte.

Domestikation meint hier, im eigentlichen Wortsinn, daß etwas gezähmt wird, indem man es ans Haus bindet; daß es um-
gänglich gemacht wird für den Hausgebrauch. Bäuerle tut das
ebenso simpel wie anschaulich. Wir haben vermerkt, wie er den
kapitalistischen Angriff auf jegliche patriarchalischen Einrichtungen in dem einzigen Störenfried Müller verkörpert. Dadurch
zieht er die zeitgenössischen Auseinandersetzungen der gesamten Gesellschaft zusammen und zurück auf solche innerhalb des
Mittelstands. Und deren Kampfplatz verkürzt er dann noch
einmal auf das Haus des Meisters Redlich. Ergebnis dieser Domestikation: Was der bedeutungsträchtige Störenfried überhaupt stört, ist der häusliche Friede der Familie. Und wenn sich
Müller insbesondere über die Erbin hermacht – erst mit unech-
tem Schmuck lockend, dann gewaltsam –, so verkörpert er erst
recht keine nur einmalige, zufällige Gefahr. Er verkörpert vielmehr eine allgemein aktuelle Gefahr, die hier im häuslichen
Kleinformat gebannt werden soll: den Einbruch undurchsichti-
gen Fremdkapitals ins bislang selbständige Handwerk.

Derart kommen gleichermaßen Angst und Abwehr zum Zug
in griffigen Bühnenereignissen. Bäuerle braucht dabei bloß den
stolz defensiven Bildervorrat zu inszenieren, den ihm die klein-

bürgerliche Alltagssprache zuliefert. Demgemäß ist das bürgerliche Heim bedroht. Und diese Bedrohung wird im Lauf der Handlung beigelegt. Daß Redlich das Haus als seinen allumfassenden Lebensbereich betrachtet, den es zu schützen gilt, betont er gleich zu Anfang des Stücks, und er besiegelt es nochmals beim festlichen Happy End: »Alles ist heute mein Gast, was es gut mit den Wiener Bürgern meint. (...) In meiner Familie ist Eintracht und Frieden. Meine Kinder sind glücklich, ich bin ein zufriedener Hausvater.« (52) Die Bezeichnung Haus-Vater trifft genau den Nagel auf den Kopf, der hier die wankende gute alte Handwerkswelt befestigen soll. Bäuerle krönt den Meister Redlich zum sorgenden Oberhaupt des Familien-Hauses, worin der ganze Mittelstand, nachdem der Störenfried abgetan ist, festlich sich selbst zelebriert. *Alle* sind Redlichs Gäste, soweit sie es gut meinen mit seinesgleichen. Daß es ausnahmslos sämtliche Personen des Stücks sind, mithin die ganze Welt, die es auf die Bühne bringt, dafür hat der Außenseiter Müller gesorgt, indem er ihren gemeinsamen Widerstand wachrief. Sind sie dann im entstörten Haus beisammen und unter sich, so singen sie sich allesamt zum Kehraus ein redliches Selbstvertrauen an: »Wenns *draußen* auch stürmet und blitzet/ wir zagen und fürchten uns nie.« (53) Keine Frage – so lang sie drinnen sind und bleiben. Wider Bäuerles Absicht bekennen sie da, daß sie selber, nicht die Gefahren der Epoche, die wahrhaft und erfolgreich Domestizierten sind. Sie sind liebenswerte Haustiere: wie die sieben Geißlein, von Gnaden des Autors, der den bösen Wolf mit Kreide überfüttert hat.

Derart zähmt Bäuerle die bedrohlichen Umwälzungen, die ihn und seine Wiener Bürger, beiderseits der Bühnenrampe, verstören. Indem er sie nach draußen abschiebt, verkehrt er die wirklichen Verhältnisse. Seine Lokalposse gaukelt darüber hinweg, daß die Umwälzungen gerade vom und im Bürgertum aus eigenem Interesse angestrengt worden sind. Nachdrücklichst unterstellt Bäuerle dem inneren Gären, es sei nicht von dieser Wiener-Bürger-Welt. Denn der hochdeutsch redende Müller wird nicht nur im Haus, er wird auch in der Stadt und im Lande Redlichs als Fremdkörper befunden. Was der aufgeregten Obrigkeit ebenso zur Entlastung gereichen mag wie ihren aufgeregten Kleinbürgern.

Domestikation und Elimination. Die zweite Maßnahme, womit der Autor – mehr unwillkürlich als bedacht – die gegenwärtigen Bedrängnisse zu verkraften sucht, ist von der ersten kaum zu trennen. Seine Eliminationen bilden sowohl die Voraussetzung wie auch die Fortsetzung seiner Domestikationen. Voraussetzung: Damit der Störenfried als der einzelne, charakterlich bösartige Spekulant Müller alle kapitalistische Unbill verkörpern kann und sich dergestalt domestizieren läßt, muß er erst eliminiert werden aus dem großen Ganzen der wirtschaftlichen, sozialen und politischen Verhältnisse im zeitgenössischen Österreich. Eben daraus ist auch das handwerkliche Mittelstandskollektiv herauszulösen, worauf Bäuerle die Gesamtheit der Wiener Bürgerschaft eingrenzt. Dies sind die zwangsläufigen, dabei unsichtbaren Voraussetzungen der Domestikation. Sie kommen bei der Entstehung, nicht aber bei der Aufführung des fertigen Stücks zum Zug.

Ungleich interessanter verläuft die Elimination als Fortsetzung der Domestikation. Denn sie vollzieht sich, ebenso buchstäblich wie diese, als handgreiflicher Vorgang auf der Bühne. Wo gesamtgesellschaftliche Bedrohnisse hintergeschraubt sind auf die Belästigung des mittelständischen Hauses, dort kann die logische und die szenische Konsequenz nur lauten: Rausschmiß. Eliminieren, in seinem ursprünglichen Wortsinn, heißt nichts anderes, als jemanden über die Schwelle setzen, aus dem Haus werfen. Genau dies widerfährt dem Störenfried. Augenscheinlich und noch dazu in einer bedeutsamen Stufenfolge. Beim ersten Aktschluß – man weiß noch nichts von seinen Verbrechen – wird Müller, der sich ungeladen zu einer Feier in Redlichs Haus gedrängt hat, mit Billigung des Haus-Vaters von den Gästen gepackt und hinaus befördert. Was hier die Bürger selber in die Hand nehmen, besorgen dann im dritten Akt die staatlichen Ordnungskräfte mit dem nunmehr Verhafteten. Seiner Beschwerde, ihn als reichen Mann »vor diesen Leuten« nicht so zu demütigen, gibt der Polizeikommissar die Abfuhr: »Wissen Sie, wo Sie sind? Auf diesem Ehrenplatz sind Sie noch nie gestanden, mitten unter den Bürgern von Wien, das ist eine große Auszeichnung, die keinem Mann ihrer Art zuteil werden darf. Also marsch, fort von hier! Fort! (...) Meine Herren, eskortieren Sie ihn! Er hat öffentliches Skandal gemacht, er soll öffentlich gedemütigt werden.« (45) Der amtliche Mund bekräftigt: was da störte, war nur ein Fremdkörper, der aus dem Bürgerhaus zu entfernen ist. Was störte und nunmehr befreit aufatmen läßt – so suggeriert Bäuerle dem Publikum – war also nicht mehr als eine vorübergehende Verstimmung.

Abb. 2 *Die Bürger in Wien* von Adolf Bäuerle. III. Akt: Der Hochstapler Müller in der Gewalt der Bürgerwehr (Bildarchiv Österr. Nationalbibliothek)

Und wers nicht glaubt, dem kann es die einzige Gelegenheit versichern, wo das Reizwort »Revolution« fällt. Der es ausspricht, ist kein Geringerer als Staberl, die durchschlagende Lieblingsfigur der *Bürger in Wien*, die alsbald eine Unmenge weiterer Staberl-Stücke nach sich zog. Dieser verschmitzt-vertrottelte Parapluiemacher, den Bäuerle als raunzenden Publikumsagenten am Rand des dramatischen Geschehens entlangführt, bezieht das Wort »Revolution« auf eine physische Unpäßlichkeit. Von einem Besäufnis berichtet er, das ihm schlecht bekommen ist, weil er zu viel durcheinander getrunken hat: »Gerechter Himmel, sag ich zu mir, was ist mit meinem Körper für eine Revolution (...) und mein Magen ist das Schlachtfeld, wo die Bataille vor sich geht.« (28) Noch im schalen Witz also werden politisches Geschehen und kämpferische Aktion verschluckt, um sich ihrer zu entledigen. Nach innen, ins kleinbürgerliche Haus und in den kleinbürgerlichen Magen, die darauf eingestellt sind, alles, was sie belästigt, ganz einfach auszuscheiden.

Gogols *Der Revisor* (1836)

Gogol setzt die Formel vom Störenfried erneut als Satire ein. Im Rußland der dreißiger Jahre sieht er weder Grund noch Handhabe, die Verhältnisse seines kleinbürgerlichen Kollektivs zu verharmlosen oder gar zu verklären. Obwohl er bei der Anlage seiner Komödie merklich ausgeht von den *Deutschen Kleinstädtern*, zielt er tiefer und weiter als Kotzebue mit seinem satirischen Programm. Zwar handelt es sich auch hier ums Gebaren einer kümmerlichen Provinzgemeinde. Doch ihre Mißstände werden nicht als verhockte Rückständigkeit gegenüber einer grundsätzlich richtigen Lebensweise in der Großstadt erklärt. Im Gegenteil. Gogol pocht darauf, daß die Gebrechen seines Pluralhelden durch die Provinzmaske hindurch als Gebrechen der Gesamtgesellschaft begriffen werden. Deshalb durchlöchert er gegen Ende sogar die sonst streng gewahrte szenische Illusion. Schwer getroffen von der öffentlichen Blamage, springt da der Stadthauptmann aus dem Rahmen des Stücks und brüllt das Publikum an: »Und nicht genug damit, daß unsereins zum Gespött der Leute wird – es findet sich auch noch ein Tintenkleckser, ein Skribent, der dich in einer Komödie vorführt. (...) Und alle blecken die Zähne und klatschen Beifall. Über wen lacht ihr denn? Über euch selbst.« (142) Das Publikum der Petersburger und Moskauer Theater ist somit einbeschlossen in jene, denen die Komödie soeben den Prozeß macht. Gogol verlegt ihm den bequemen Ausweg, sich von oben herab satt zu lachen an den Provinztröpfen. Lachen soll es durchaus, noch und noch. Rückhaltlos soll es sich auslachen, wenn es schließlich merkt, wie seinesgleichen auf der Bühne das Lachen vergeht.

Daraus gewinnt auch der Titel im Lauf der Komödie ungeahnte Tragweite. Zunächst kann es verwundern, warum *Der Revisor* den einen Störenfried hervorhebt, wo doch offenbar das aufgestörte Kollektiv die Hauptrolle spielt. Denn Charakter und Benehmen, Tun und Reden des beliebigen Durchreisenden Chlestakow zählen nur in dem Maß, wie er das korrupte Gemeinwesen dazu bringt, Farbe zu bekennen. Nicht einmal absichtlich tut er das, und es dauert ziemlich lang, bis dieser mittelmäßige Schluri freudig dahinterkommt, was all die schrecklich zuvorkommenden Menschen denn von ihm wollen. Daß sie nicht ihn bedrohen, sondern, irrtümlich, sich von ihm bedroht glauben.

Daher ist es nicht so sehr dieser Chlestakow, der zufällige Träger einer aufgezwungenen falschen Rolle, den der Titel an-

Abb. 3 Zeichnung von Nikolai Gogol zu seiner Komödie *Der Revisor*, 1835 (Theater-Museum München)

kündigt. Es ist vielmehr die Angstvorstellung vor einer strengen Urteilsinstanz, die seit einem heimlichen Warnungsschreiben aus der Hauptstadt alle Würdenträger befallen hat; die jeden von ihnen umtreibt und zu den absonderlichsten Verteidigungskapriolen anstachelt. Die Angst vorm Revisor befördert den nächsten besten dazu. Und zuvor schon befördert sie jeden, der Dreck am Stecken hat – und das sind ausnahmslos alle – zum insgeheimen Revisor seiner selbst. So rechnet und mustert jeder für sich durch, welche eigenen Vergehen ihm denn angelastet werden könnten. Vom Stadthauptmann bis zum Postmeister, vom Schulleiter bis zum Klinikdirektor: alle machen sie Revision und bringen ihre Vergehen an den Tag. Vorbeugend handeln sie sich Nachteile ein. Indem sie sich abzappeln, zu verkleinern, zu begründen und abzuwälzen, was gegen sie vorliegen könnte, legen sie es überhaupt erst vor. Indem sie Nachsicht erwinseln und mehr noch mit ihren Sündenrubeln erkaufen wollen, offenbaren sie erst, was straffällig ist. So machen sie nicht nur den ahnungslosen Chlestakow, sondern auch das Publikum zum unfreiwilligen Revisor.

Denn es kann nicht umhin, zu sichten und zu werten, was alles hier ans öffentliche Licht der Bühne quillt: die erbarmungslose Geldschröpferei und Willkürjustiz des Stadthauptmanns; die Unterschlagung von Briefen auf der Post; den verschlampten Schulbetrieb und die verluderte Krankenversorgung; die unabsehbare Verschmutzung der Straßen und Plätze. Ebensowenig kann das Publikum umhin, zu prüfen und zu beurteilen, mit welchem Recht die Kaufmannschaft den erpresserischen Stadthauptmann verklagt, wo sie sich von jeher mit ihm in die fetten Staatsaufträge teilt. Und ist es einmal darauf gekommen, daß Gogol die Bühne als Zerrspiegel nimmt, dann wird es auch noch zum Revisor der eigenen persönlichen und gesellschaftlichen Gepflogenheiten. Unweigerlich. Denn selbst der empörte oder auch achselzuckende Befund des Zuschauers X, ihm und den Seinen läge derlei Treiben fern, setzt zumindest eine kurze, verstohlene Revision voraus.

Damit verliert der Titel des Stücks endgültig seine scheinbar solistische Enge. Er umgreift alle drei Parteien. Den Störenfried Chlestakow und die beiden Kollektive auf und vor der Bühne, die er miteinander und gegeneinander aufbringt. Indem Gogol diese Dreierbeziehung überdeutlich ausspielt, erweitert er die Komödienformel vom Störenfried, und er verschärft sie. Daß er dem Publikum die Ehrenmitgliedschaft aufdrängt in diesem unehrenhaften Ensemble, zeigt an, wieviel ihm an dessen schockhafter Betroffenheit liegt. Schematisch betrachtet und jenseits von Gogols Absicht (der *Die Bürger in Wien* gewiß nicht kannte), entsteht diese Wirkung aus einer Kombination der jeweils gegenläufigen Spielarten von Kotzebue und Bäuerle. Das klingt widersinnig, weil eine Kombination von Harmlosigkeiten schwerlich ein schockhaftes Ergebnis erwarten läßt. Jedoch, es entlädt sich dabei die bereits beschriebene untergründige Sprengkraft jener Spielarten, die von ihren Autoren eifrig verdeckt wurde.

Dies geschieht folgendermaßen. Bei Gogol verschränkt sich Kotzebues satirische Durchleuchtung des Bühnenkollektivs mit Bäuerles Anstrengung, das Publikum im Bühnenkollektiv zu verkörpern. Diese Kombination ergibt die schockhafte Rolle eines vielfältigen Revisors im Parkett, der mit sich selber ins Gericht gehen soll. Der Unterschied zwischen der offenen Sprengkraft von Gogols Spielart zur verdeckten Sprengkraft bei den Vorgängern erschöpft sich indes nicht in der ungemütlichen Aufwertung der Publikumsrolle. Er erweist sich auch in den dramaturgischen Maßnahmen, die das Publikum überhaupt und sinnvoll in diese Rolle versetzen sollen. Sie dienen dazu, die Formel vom Störenfried so auszuformulieren, daß sie die zeitgenössischen Erfahrungen möglichst ungeschwächt erfassen kann. Tatsächlich antwortet Gogols Komödienkonstruktion ungleich empfindlicher auf die epochalen Erschütterungen als die von Kotzebue und Bäuerle. Dort waren die dramatischen Fronten klar und die Lösungen der Konflikte glatt. Bei Kotzebue: ein übles Kollektiv, aufgestört durch einen rechtschaffenen Außenseiter, der es erfolgreich durchquert und hinter sich zurückläßt. Bei Bäuerle: ein rechtschaffenes Kollektiv, aufgestört durch einen üblen Außenseiter, den es erfolgreich abwehrt und ausstößt. Beidemal kommt die rechtschaffene Partei ungeschoren davon. Sie lernt aus dem Zusammenstoß ebensowenig wie die üble. Sie hatte es eben, laut komisch dramatischem Verlauf, nicht nötig; denn ihr Standpunkt war von Anfang an der richtige.

Solche Konfrontation zwischen Störenfried und Kollektiv offenbart lediglich zwei Lebenshaltungen, die als ebenso unverrückbar wie unvereinbar hingestellt werden. Ihre komödiantische Reiberei macht sichtbar, wie sie aufeinander ansprechen; nicht aber, wie sie einander bedingen oder gar beeinflussen könnten. Schon gar nicht steht die grundsätzliche Triftigkeit der aufgebauten Fronten in Frage. Kurzum, so verschieden Kotzebue und Bäuerle die Störenfriedformel jeweils handhaben, sie treffen sich letzten Endes doch in einem entscheidenden Punkt. Beide nutzen die Formel zur Feier des Status quo. Innerdramatisch, indem das muntere Geschehen nichts hervorbringt, was nicht schon dagewesen wäre. Außerdramatisch, indem alles ausgesperrt ist, was den gesellschaftlichen Bestand verletzt. Daß das Ausgesperrte gleichsam hinterm Rücken der Autoren dennoch eindringt und die Munterkeit beklemmt, haben wir von Fall zu Fall beobachten können.

Gogol nun kann diesem Status quo nichts abgewinnen. Er greift ihn an. Darum verharmlost er sein bösartiges Provinznest nicht zur rückständigen Enklave in einer sonst annehmbaren, weil andersartigen Umwelt. Er meint es vielmehr als – komisch verzerrtes – Beispiel der russischen Gegenwartsgesellschaft. Sie ist schlimm genug. Korrumpiert im engen wie im weiten Sinn einer wirtschaftlichen, sozialen und moralischen Zerrüttung. In Stichworten: Ungebundene zaristische Willkürherrschaft, die rechtlich und organisatorisch noch hinter dem mitteleuropäischen Absolutismus des vorigen Jahrhunderts zurückbleibt. Erst 1785 erhält als einzige Gesellschaftsklasse der Adel staatsbürgerliche Freiheiten und Eigentumsrecht. Was sich desto ärger auswirkt auf die nunmehr völlig schutzlosen Bauern. (Aufhebung der Leibeigenschaft erst 1862.) Weiter: Überwiegende Agrarwirtschaft, mißerntenanfällig, am unteren Rand damals möglicher Produktivität. Stockende und verstreute Industrialisierung durch den Unternehmer Staat, der jedoch bald die Kontrolle verliert über das unabhängige Finanzkapital. Mißtrauen zwischen Obrigkeit und Bildungsschicht seit dem blutig zerschlagenen Dekabristenaufstand von 1825. Ein schwerfällig zentrales Gefüge von Oberbeamten und Unterbeamten: bestechlich, weil unterbezahlt; untauglich, weil überrannt von der arbeitsteiligen Entwicklung.

Nicht allein dieser letzte Umstand der korrupten Bürokratie prägt die zerrüttete Welt des *Revisor,* auch die andern spielen, mittelbar, hinein. Sie begründen Gogols mehrfach bekundete Absicht, daß es um keine besondere Ständesatire geht, etwa auf die Beamtenschaft. Was seine Komödie in Gang setzt, sind vielmehr die schiefen, umwegigen und abwegigen Beziehungen der Menschen in der zeitgenössischen Gesellschaft. Im Reden und Handeln wie im Denken, Fühlen und Bewerten. Daß Geld dabei insgeheim und offen das Kommando übernimmt – in aktiver und passiver Bestechung, Unterschleif, Erpressung bis hin zu Zechprellerei und Glücksspiel – ist unübersehbar. Diese Machtergreifung des Geldes innerhalb rückständiger, vorkapitalistischer Zustände wird auf Gogols Bühne Ereignis. Kotzebue hat sie überhaupt nicht, und Bäuerle hat sie, im abseitigen Spekulanten Müller, nur als korrigierbare Ausnahme erscheinen lassen.

Aber auch dramaturgisch widerlegt Gogol die Status-quo-Konstruktion dieser Vorgänger. Er durchbricht ihre starren Fronten von übel und rechtschaffen. Und er sorgt dafür, daß keine der Parteien unerschüttert in ein Ziel einläuft, das die vormals ruhige Ausgangslage wiederherstellt. Denn im *Revisor* bietet das Komödienende nur eine endlose Steigerung der Unruhe. Man möchte meinen, daß Gogol die szenische Spannung schwächt, wenn er den vormals unausgleichbaren Gegensatz zwischen Störenfried und Kollektiv zusammenschnurren läßt. Wenn er also den rundum korrupten Ortsklüngel sich wundscheuern läßt am beinah ebenso skrupelschwachen Gecken Chlestakow. Dennoch fällt die Spannung nicht ab, sondern sie steigt an. Und zwar gerade dadurch, daß Gogol die Gegenspieler einander angleicht.

Wieso? Als strikt andersartiger Widerpart müßte Chlestakow in hohem Maß haben, was dem Klüngel in hohem Maß fehlt. Vor allem Klugheit und Lauterkeit. Wäre er aber klug, fände er nicht erst bei Halbzeit der Komödie heraus, wozu ihn diese Leute so hartnäckig umschmeicheln. Wäre er lauter, müßte er, sobald er sie durchschaut, gegen sie vor- oder von ihnen weggehen. Und wäre er gar beides in einem, klug und lauter, so käme es gar nicht erst zu diesem kunterbunten, hakenschlagenden, dummschlaudummen und demzufolge spannungsvollen Spiel, das alle Beteiligten (einschließlich Publikum) bis zuletzt in Atem hält.

Die Spannung liegt eben darin, daß die Gegenspieler objektiv beinah gleichartig sind, während subjektiv einer im andern den andersartigen sieht. Diese unerkannte Gleichartigkeit entfacht ihre erschreckende Komik schon beim ersten Treffen zwischen Störenfried und Kollektiv. Der Stadthauptmann, sozusagen als Chef der kommunalen Verwahrlosung, sucht im Gasthof den vermeintlichen Revisor auf, um zu erkunden, was der von den Mißständen weiß. Vorsichtig nähert er sich dem Herd der Gefahr. Chlestakow, andererseits, sieht im Stadthauptmann die Gefahr nahen. Seit Tagen beim Gastwirt in der Kreide, fürchtet er, wegen Zechprellerei eingelocht zu werden.

Gleich also ist der Zustand, der jeden der beiden befangen hält: zitternde Ungewißheit, was der andere wohl im Schild führt. Ebenfalls gleich ist der Grund für diese Ungewißheit: Angst vor Strafe. Nochmals gleich ist der Anlaß dieser Angst: jeder der beiden – der eine öffentlich, der andere privat – hat sich auf anderer Leute Kosten gütlich getan. Und gleich ist schließlich noch die Art, wie diese gleichen Voraussetzungen die Rösselsprünge der Unterredung steuern, worin die beiden einander in Schach zu halten versuchen. Sie wird zu einer Kettenreaktion von Fehldeutungen. Eine Angst liest aus den Äußerungen der andern Angst Anzeichen der drohenden Strafe, stellt sich noch ängstlicher darauf ein und erscheint so dem verängstigten Gegenüber desto bedrohlicher. Und so fort.

Objektive Annäherungen der Parteien bei subjektiver Ferne. Dieses Verhältnis zwischen Störenfried und Kollektiv gilt vom ersten Treffen bis zur Trennung gegen Ende des Stücks. Auch wenn sie zwischendrin lockerer miteinander verkehren, weil sie sich wechselseitig nun genauer einzuschätzen glauben, ändert sich daran nichts. Der Störenfried, nachdem er Bescheid weiß, betrügt die Betrüger und merkt nicht, wie er sich ihnen dabei angleicht. Und das Kollektiv, nachdem es erfolgreich seine Bestechlichkeit erprobt hat, investiert in den falschen Mann. Derart erwächst die Spannung der Komödie nicht aus dem Widerspruch unvereinbarer Charaktere, Standpunkte oder Interessen, sondern aus den Umständen. In der Gasthofszene ist es der Umstand einer beiderseitigen Angstblockade, die sich in zwei Stufen auswirkt. Indem jeder von vornherein im andern nur Bedrohliches gewärtigt; und indem keiner imstand ist, diese wechselseitige Fehldeutung zu erkennen.

Die Angst, die ihnen und den andern im Stück unentwegt Fehldeutungen und Mißverständnisse aufzwingt, hat ihrerseits zu tun mit den Umständen des zeitgenössischen Rußlands. Sie machen das Zusammenleben unsicher und undurchsichtig. Wo früher Zusammenhänge erkennbar waren zwischen Vergehen und Strafe, muß man sich jetzt daran gewöhnen, daß viele straflos Unrecht tun und viele zu Unrecht bestraft werden. In Gogols Provinznest und anderswo. Allenthalben Willküakte, die für die Leibeigenen noch die persönlichen Züge des Gutsherrn tragen, während sie in den bürgerlichen Schichten anonym um sich greifen. Solche Umstände schüren die Neigung, in jedem fremden Menschen oder Ereignis alles Mögliche, zumal Schädliche, kommen zu sehen. Ein schwer erträglicher Zustand, der sich in einer zügellosen Vergewisserungsgier austobt.

Genau diese Gier setzt und hält das turbulente Komödiengeschehen in Bewegung, das von einem Mißverständnis ins nächste purzelt. Sie ist es, die den falschen Revisor – zunächst nur ein Stein des Anstoßes – ins Rollen bringt, bis hernach eine ganze Lawine über dem verschreckten Klüngel niederprasselt. Besessen von dieser Gier sind allererst die beiden zappligen Landwirte Dobtschinski und Bobtschinski, die nimmermüd wie junge Schweißhunde umherhecheln, wittern, jappen und apportieren. Sie leben vor, was auch die andern Mitglieder des Klüngels umtreibt: Wer in zunehmend unberechenbarer Welt allzu oft bangen muß, wen oder was er vor sich hat, der macht sich auf die Jagd nach sicheren Indizien. Die unscheinbarsten Details müssen die Gewißheit erbringen, die ein Fremdling als Gesamterscheinung verweigert.

Übererregt und wechselseitig eifersüchtig auf die gemeinsame Nachricht wetteifern die beiden Landwirte, mit ihren hastigen Beobachtungen und Schlüssen die andern infizieren zu dürfen:

BOBTSCHINSKI: Kaum kommen wir in den Gasthof, sehen wir – ein junger Mann ...

DOBTSCHINSKI (unterbricht ihn): ... von angenehmem Äußeren und in Zivil ...

BOBTSCHINSKI: ... von angenehmem Äußeren und in Zivil, geht in der Gaststube auf und ab, und im Gesicht so eine Art Überlegung ... eine Physiognomie, ein Auftreten ... und hier (er fuchtelt mit der Hand vor seiner Stirn herum) sehr, sehr viel Allerlei. Mir ahnte etwas, und ich sagte zu Pjotr Iwanowitsch: »Da steckt etwas dahinter.« Jawohl! Und Pjotr Iwanowitsch winkte mit dem Finger und rief den Gastwirt herbei, den Gastwirt Wlas – seine Frau ist vor drei Wochen niedergekommen, mit einem äußerst aufgeweckten Jungen; der wird bestimmt die Gastwirtschaft unterhalten wie der Vater. Pjotr Iwanowitsch also winkte den Gastwirt herbei und erkundigte sich mit leiser Stimme: »Wer ist dieser junge Mann?« Und Wlas erwiderte darauf: »Das ist ... « Hach, Pjotr Iwanowitsch, unterbrechen Sie mich nicht, bitte, unterbrechen Sie mich nicht! Sie kriegen es ja doch nicht hin. Bei Gott, Sie kriegen es nicht hin – Sie zischeln doch; der eine Zahn bei Ihnen, weiß ich, pfeift. ... »Das ist«, sagte also der Wirt, »ein junger Mann, ein Beamter, jawohl, ein Beamter aus Petersburg, mit Namen Iwan Alexandrowitsch Chlestakow; er befindet sich«, sagte er, »auf dem Weg in das Gouvernement Saratow und legt ein höchst sonderbares Benehmen an den Tag – lebt schon die zweite Woche im Gasthof und zieht nicht aus, läßt alles anschreiben und zahlt keine Kopeke.« Bei diesen Worten überkam es mich wie eine Erleuchtung von oben. »Oho!« sagte ich zu Pjotr Iwanowitsch ...

DOBTSCHINSKI: Nein, Pjotr Iwanowitsch, *ich* habe »Oho!« gesagt.

BOBTSCHINSKI: Erst haben Sie es gesagt und dann ich. »Oho!« sagten Pjotr Iwanowitsch und ich. »Und wieso sitzt er hier herum, wenn er ins Gouvernement Saratow will?« Ja, so war das ... Und eben er ist dieser Beamte.

STADTHAUPTMANN: Wer, was für ein Beamter?

BOBTSCHINSKI: Na, der Beamte, über den Sie benachrichtigt worden sind, wenn's beliebt. Der Revisor. (24f.)

So lauern erst die beiden Landwirte, später dann die ganze Honoratiorenschaft dem reingeschneiten Chlestakow jede Geste, jedes Blinzeln und Räuspern ab auf mögliche Symptomatik: ob dies namenlose Bündel aus unbekannten Zügen nicht vielleicht den einen oder andern vertrauten Wink enthält, den man im eigenen bewährten Erfahrungshaushalt unterbringen kann. Großes Frohlocken: Der Fremde bietet einige Anhaltspunkte, die nach einheimischer Auffassung den hohen Regierungsbeamten kennzeichnen. Todsicher. Denn je rarer die Indizien, desto unerschütterlicher der Glaube an ihre Triftigkeit. Und wo ein Wille, ist auch ein Abweg. Den grimmigen Witz der gemeinsamen Vergewisserungsjagd zündet Gogol in einer rückbezüglichen Pointe. Sie messen den Fremden mit ihrer eigenen Elle der Bestechlichkeit. Die Maßnahme mißlingt, weil sie Substanz (notwendige Tätigkeitsmerkmale des Amts) verwechseln mit Akzidenz (mögliche moralische Merkmale des Amtsinhabers). Begreiflicherweise. Denn sie selbst erleben dieses Akzidenz von jeher als Substanz. Drum wird Chlestakow folgerichtig für sie zu einem Beamten, der hoch über ihnen steht, weil seine Bestechungsbeträge die ihren übersteigen.

Die Komik dieser Komödie entfaltet sich also in einem Prozeß von Mißdeutungen zwischen Störenfried und Kollektiv. Jede Partei mißdeutet die Rolle der Andern, die eigene Rolle und was sich dazwischen abspielt. Das Kollektiv schafft, häuft und verwertet seine Irrtümer bis zum Schluß. Dem Störenfried dagegen klärt sich nach Halbzeit der Komödie das meiste auf. Ihm fällt sogar noch eine nachträgliche Rolle zu, als er sich bereits aus dem Staub gemacht hat. So unfreiwillig, wie er zum Blender des Kollektivs geworden war, macht es ihn jetzt zum Aufklärer, indem es seinen Brief abfängt, der die häßliche Wahrheit enthüllt. Hochbelustigt hatte er einem Petersburger Freund von der einträglichen Verwechslung geschrieben und dabei schonungslos die korrupten Würdenträger porträtiert.

Nun gehören seit eh und je Überreaktionen, Mißdeutungen, Verwechslungen zum unverzichtbaren Bestand europäischer Komödien. Also schon längst vor Gogol und dem bürgerlichen Lachtheater, wovon hier die Rede ist. So mag die Frage aufkommen, ob es nicht angemessener sei, Gogols Stück aus dieser Theatertradition zu begreifen statt aus den zeitgenössischen sozialen Umständen. Beides ist unumgänglich. Die Theatertradition wie die sozialgeschichtliche Situation erklären erst, eins im andern, was da geschieht. Denn Gogol macht, aufgrund seiner gegenwärtigen Erfahrungen, etwas anderes aus dem alten Bestand. Von Plautus über Shakespeare und Marivaux bis Kleist: In ihren Komödien waren es immer Einzelpersonen, die als Subjekt oder Objekt von Überreaktionen, Mißdeutungen, Verwechslungen den Ablauf bestimmten. Und was dabei als komischer Zwiespalt ausgetragen wurde, hatte dementsprechend persönliche Gründe und Auswirkungen. Hier zeigt sich das geringe öffentliche Gewicht komischer Konflikte im *vorbürgerlichen* Lachtheater. Sie wiegen grad so wenig, wie die aristokratischen Dichtungsregeln es fordern, denen die Bühnen folgsam nachkommen. Just in diesem Punkt bricht *Der Revisor* mit der Tradition. Und anders als sozialgeschichtlich läßt sich schwerlich erklären, wie Gogol dazu kommt, nunmehr einen Gruppenhelden überreagieren, mißdeuten, verwechseln zu lassen. Noch dazu, wenn dessen überpersönliche Irrtümer ausgerechnet die Rechenfehler einer überpersönlichen Vergewisserungsgier sind, die wiederum einer ebenso überpersönlichen Angst und Orientierungsnot entspringt.

Das Schlußbild des *Revisor* erhärtet nochmals die kollektive, aber auch die ernste Bewandtnis dieser geschichtlich fortgeschrittenen Komödie der Irrungen. Es prägt sich dem – mitbetroffenen – Publikum als Siegel ein. Bühnenanmerkung: »Die ganze Gruppe ändert plötzlich die Haltung und erstarrt zu Stein.« Die Betriebsamkeit des Pluralhelden wird, bewegungslos, zum Denkmal ihres Umsonst. Die Bühnenanmerkung lautet weiter:

In der Mitte, gleich einer Säule, der Stadthauptmann mit ausgebreiteten Armen und in den Nacken geworfenem Kopf. Rechts davon seine Frau und seine Tochter, die mit allen Fasern auf ihn zuzustreben scheinen; dahinter der Postmeister, der sich in ein dem Publikum zugewandtes Fragezeichen verwandelt hat; hinter ihm Luka Lukitsch (der unbedarfte Schuldirektor, V. K.), der in unschuldigster Weise seine Fassungslosigkeit verrät; weiter zurück, am äußersten Rande der Bühne, drei Besucherinnen, aneinandergeschmiegt, mit äußerst schadenfrohem Gesichtsausdruck, der sich unverhohlen auf die Familie des Stadthauptmanns bezieht ... (144)

Pünktlich gibt Gogol an, wie jeder Einzelne, der dazugehört, in einer für ihn bezeichnenden Haltung dasteht und dennoch in Geste und Blickkontakt sich mit den andern verhakt. Genauso, wie sie ineinandergreifend das korrupte Getriebe aufrechterhalten. Als eine öffentliche Quersumme von privatem Eigennutz.

Was hat sie erstarren lassen? Mitten in ihr Gezänk, wer haftbar sei für die massive Täuschung und Ent-Täuschung durch den falschen Revisor, platzt die Meldung: der echte Revisor ist eingetroffen und befiehlt die Ortsspitze in den Gasthof. Ironisch stößt Gogol das Kollektiv in die gleiche Situation wie am

Anfang des fruchtlos aufwendigen Abwehrgerangels. Ein neuer Störenfried ist zur Stelle. Nun könnte alles von vorn beginnen. Solche endgültige Ironie reicht noch weiter, übers Stück hinaus. Ohne Absicht des Autors, aber objektiv zielsicher, trifft sie die Status-quo-Dramaturgie der Vorgänger. Was jene zur Besänftigung der gesellschaftlichen Konflikte veranstaltet haben, wird, wo der Störenfried unabwendbar nachwächst, zur Schreckvision: die Wiederherstellung der Ausgangslage. Sie ist – das dürfte allen Beteiligten in die Glieder gefahren sein – weder möglich noch wünschenswert. Erst recht nicht die Wiederholung des soeben gescheiterten Selbstbetrugsmanövers.

Nestroys *Der Talisman* (1840)

Wiederherstellung der Ausgangslage? Flüchtig betrachtet, ist das bei Nestroy erneut der Fall. Er schmückt sie sogar noch verschönernd aus. Denn sein Kollektiv ist am Ende unerschüttert das gleiche wie am Anfang. Und sein Störenfried Titus – der erst ausgerissen ist vor der mißgünstigen Gesellschaft, dann von ihr aufgenommen und wieder ausgestoßen wird – steht schließlich besser da als je zuvor. Zuguterletzt erlöst ihn der reiche Vetter aus der Armut. Er ermöglicht ihm so, gemeinsam mit der gutartigen Salome, seine verbitterte Abkapselung zu sprengen.

Ein Musterbeispiel von Status-quo-Komödie. So scheints. Näher besehen freilich kommt das Gegenteil heraus. Wie in anderen Possen entwertet Nestroy auch im *Talisman* die glückliche Lösung, indem er sie unverhohlen herbeizwingt. Er zeigt sie feixend vor als dramaturgischen Zaubertrick, der schlagartig aus dem Nichts beschafft, was man sich wünscht. Schließlich kann der heillose Schlamassel auf der Bühne nicht so unerledigt bleiben wie im wirklichen Leben. Stück und Publikum brauchen einen erfreulichen Schluß. Bitte sehr.

Nestroy muß nicht erst zum Schluß kommen. Von vornherein ist zu spüren: das Durcheinander, das der Störenfried hervorruft, läßt sich nicht im Handumdrehen beheben. Schon gar nicht das, was ihn selber durcheinanderbringt. Damit deutet sich schon an, wie Nestroy die Formel vom Störenfried abwandelt. Er bestimmt die Beziehung der beiden Parteien völlig neu. Sein Außenseiter kommt zwar wie bisher lokal, nicht aber sozial aus der Ferne. Er ist nicht fremd, sondern entfremdet. Er ist kein Auswärtiger, aber ein inwärtig Isolierter. Der arbeitslose Barbiergeselle Titus Feuerkopf, von der Umwelt wegen seiner roten Haare ins Abseits getrieben, hat sich davongemacht an einen andern Ort, wo indes die gleichen Vorurteile gelten. Im neuen Milieu versucht er einen neuen Anlauf mit Hilfe einer Perücke, die den Makel verdeckt. Flugs steigt er auf vom Gärtner übern gräflichen Jäger bis zum Privatsekretär der Gräfin höchstselbst: um nur noch schneller, sobald man den kosmetischen Betrug entdeckt, wieder abzustürzen in die Gosse.

Wie Kotzebues Olmers, wie Bäuerles Müller, wie Gogols Chlestakow reizt auch dieser Störenfried, indem er sich daran reibt, die alltäglichen Verkehrsformen des Kollektivs heraus. Seine jäh abgeknickte Erfolgskurve erschließt, im Aufstieg so grell wie im Absturz, die Bedingungen, unter denen einer in diesem Kollektiv gewinnt und verliert. Vor allem: daß die Wenigen dann nur gewinnen, wenn sie den Vielen Verluste zufügen. Derart wirkt Titus, wie die Störenfriedfiguren vor ihm, als Mittel, die sonst unauffälligen Eigenschaften des Kollektivs zu verdeutlichen.

Trotzdem ändert Nestroy dieses Verhältnis in einem entscheidenden Punkt. Und damit gleichermaßen die soziale wie die dramatische Rolle des Störenfrieds. Der entspricht nicht länger dem Katalysator in der Chemie, der Reaktionen hervorruft, selber aber unbetroffen bleibt. Titus tritt betroffen schon an und wird im Lauf des Prozesses noch stärker in Mitleidenschaft gezogen. Unweigerlich. Denn das Kollektiv hat ihn so zugerichtet, wie er ist. Es hat ihn zum Außenseiter gemacht. Zum internen Außenseiter. Was wie Marotte erscheint, der Haß aufs rote Haar, begründet Nestroy Zug um Zug als gesellschaftliches Zwangsverhalten. Dem Kollektiv wird die außerordentliche Haarfarbe zum Kennzeichen dessen, der sich auch moralisch und sozial der Ordnung widersetzt. Man begrüßt es mit dankbarem Ekel, als Kainsmal des Bösen, das sich solchermaßen lokalisieren und belangen läßt. Auf diesen Sündenbock, gezeichnet von Gott und der Natur, kann jeder und können alle miteinander die Widerwärtigkeiten ihres Lebens abladen. Was aber passiert, wenn das Kollektiv seinen Sündenbock – ahnungslos, weil er die Hörner tarnt – zum Gärtner macht, das offenbart der weitere Hergang der Posse.

Dramatisch jedenfalls zählt, daß Nestroy ebensoviel Aufmerksamkeit für seinen Störenfried beansprucht wie für sein Kollektiv. Er befördert ihn vom Instrument zur Person mit eigenem Schicksal. Was dem Kollektiv die Hauptrolle nicht schmälert, sondern letztlich sogar erweitert. Denn es rührt sich nicht nur, indem es auf Titus reagiert. Es rührt sich auch in diesem selbst, wenn er der Gesellschaft heimzuzahlen sucht, was er von ihr einstecken muß. Zwar ist auch Gogols Chlestakow kein reiner Katalysator mehr in dem Augenblick, wo die Korruption des Klüngels auf ihn übergreift. Doch das schert ihn nicht. Der überempfindliche Titus hingegen merkt nicht nur, was das Kollektiv mit ihm anstellt. Er bedenkt und äußert es auch in seinen bissigen Couplets und Monologen. Und er stellt sich seinerseits grimmig darauf ein: »Meine Stellung hier im Hause gleicht dem Brett des Schiffbrüchigen; ich muß die andern hinunterstoßen, oder selbst untergehen.« (470)

Der Störenfried kommt also nicht von ungefähr. Er kommt vom Kollektiv. Doppelt unterstreicht Nestroy diesen wichtigen Umstand, indem er noch ein zweites rothaariges Opfer ins Spiel bringt. Es ist die Gänsemagd Salome, die gleich zum Auftakt des Stücks von der Dorfjugend beschimpft und aus dem fröhlichen Tanztreiben ausgeschlossen wird. Sie spielt die passive Variation der Außenseiterrolle, die Titus aktiv durchzukämpfen versucht. Während er, als Mann, zurückschlagen darf und kann; während er dem allgemeinen Egoismus mit dem eigenen begegnet und dabei in Unehren scheitert: verweigert Salome sich den gängigen Verhaltensregeln. Auch unterm Druck der Armut und Ächtung handelt sie selbstlos. Obgleich sie Titus mag, läßt sie ihn sein Glück im Schloß versuchen, wo er ihrer Sphäre entschwinden muß. Und gegen Ende legt sie sich ihm zulieb, ohne Eigeninteresse, ins Zeug, um den reichen Vetter für Titus einzunehmen.

Salome ist Gänsemagd wie die im Märchen. Nicht einmal beim überanstrengten Glücksschluß wird sie so ganz aus ihrer treuherzigen Dulderstellung erlöst. Titus entscheidet sich für sie, was sie freudig verwundert annimmt. Und hinnimmt. Denn seine Entscheidung schmeckt nach gönnerhafter Huld. Ärger noch, sie ist eine betonte Nicht-Sondern-Wahl, innerhalb der öffentlichen Lossagung des Störenfrieds vom Kollektiv. Daß dies Kollektiv innerlich in Titus weiterwirkt, läßt genau dieser Akt spüren, der sich gerade nicht vom geltenden Konkurrenztreiben losreißen kann. Ostentativ wählt Titus nicht die geachteten Bürgersfrauen, die jetzt die roten Haare mit dem Geld in Kauf nähmen, sondern die verachtete Magd. Es steht dahin, was ihn in diese Ehe lockt: die Liebe zu der einen oder die Rache an den andern.

Nestroy entfernt sich also noch weiter als Gogol vom Schematismus Kotzebues und Bäuerles, von der starren Aufteilung der dramatischen Parteien in rechtschaffen und übel. Derlei kann nicht länger verfangen, wenn allenthalben ersichtlich wird, daß die Eigenschaften der einen das Produkt der andern sind. Denn unweigerlich ist Titus' böses Verhalten nicht aus ihm selbst, sondern aus der kollektiven Umwelt entstanden. Die bürgerliche Klasse hat sich seit den Zeiten der *Deutschen Kleinstädter* und der *Bürger in Wien* heftig fortbewegt und dabei ihre ursprünglichen Prinzipien der Gleichheit und Brüderlichkeit noch rücksichtsloser heruntergewirtschaftet als damals schon. Ihre Erfahrungen, handelnd und leidend, strafen jenen dramatischen Schematismus Lügen. Sie machen ihn auch und gerade vor dem gewitzten Publikum der Vorstadttheater unmöglich.

Wenn Nestroy die Rolle des Störenfrieds und dessen Verhältnis zum Kollektiv ändert, muß er erst recht das Kollektiv selber verändern. Schauen wir genauer hin, was er aus diesem Pluralhelden macht. Und zwar, wie seine Vorgänger auch, als Bühnenautor. Als einer, der sich vordringlich ans Auge wendet, um die inneren Ansichten des Publikums zu erreichen. Und der ebenso nachdrücklich beim Publikum optische Erinnerung wachruft, um auch unübersichtliche und unanschauliche Sachverhalte zur Schau zu stellen.

Bildlich betrachtet, beschreibt das Kollektiv von Kotzebue bis Gogol einen geschlossenen Kreis, scharf abgegrenzt gegen das Drumherum, den der Störenfried von außen zu durchmessen hat. Diese flächige Figur wird bei Nestroy zu einer räumlichen. Statt Kreis: eine Treppe, eine Stufenreihe. Sie gewinnt zur waagrechten Dimension die senkrechte hinzu. Dafür verliert sie die ein- und ausgrenzende Peripherie. Denn wie es im hiesigen Kollektiv zugeht, geht es auch andernorts zu. Sonst könnte Titus seinen zuhaus abgebrochenen Leidensweg nicht bruchlos genauso am neuen Ort weitergehen. Derart durchlässige Grenzen vermindern die Verdichtung des Milieus. Zugleich vermindern sie den Innendruck inzüchtigen Verkehrs, der in den früheren Störenfried-Komödien zu den tollsten Benehmensexzessen des Kollektivs geführt hatte. Entscheidend ist jedoch der Gewinn, den die Treppen-Figur einbringt. Elementare Alltagserfahrungen machen sie unmittelbar sinnfällig und sinnträchtig. Dieses Raumgebilde hat dem flächigen Kreis viel voraus, was gerade der Bühnenevidenz zugute kommt. Es dient nicht nur der Fortbewegung. Es beschwört Fortbewegung auch dann herauf, wenn sich gerade niemand darauf bewegt. Stufe um Stufe waagrecht und senkrecht sich erstreckend, drückt es eine entschiedene Richtung aus, bei der aufwärts zugleich vorwärts, abwärts zugleich rückwärts bedeutet. Beziehungsweise umgekehrt, je nachdem, wohin einer will oder muß. In jedem Fall bietet sich die Treppe sachlich und bildlich an als ein Gerät, das dazu da ist, Höhenunterschiede zu überwinden, die einer aus eigener Kraft nicht überwinden kann. Damit bringt die Treppe noch eine weitere schlichte Alltagserfahrung ins Bild. Hinauf gehts schwerer als hinab. Aufwärts brauchts mehr Zeit, Mühe und wuchtigen Druck auf die einzelnen Stufen, als wenn einer im Schwung der eigenen Schwerkraft oder eines brutalen Stoßes abwärts springt oder stürzt.

Zweifellos, der Assoziationsgehalt der Treppe ist so reich wie eingängig. Und die Richtung, in die er weist, läßt absehen, warum und wie Nestroy sein Kollektiv mit diesem Sinnbild charakterisiert. Sicherlich auch, um die Klassen- und Standes-Schichtung der Gesellschaft als einen Stufenbau zu verbildlichen. Ein Verfahren, das sich spätestens seit dem Barocktheater bewährt hat. Doch den Nestroy im Jahr 1840 beschäftigt nicht so sehr jene hierarchische Staffelung vom Bauern oder Arbeiter bis hinauf zum höchsten Fürsten. Er will vielmehr dem statischen Stufenbau auf die dynamischen Sprünge kommen. Er führt vor, was sich zwischen den Stufen abspielt; wie man von der einen zur nächsten gelangt oder mehrere auf einmal nimmt; und worauf die Statik dieses Treppengebäudes denn überhaupt beruht.

Sein Störenfried versetzt es in Schwingungen. Hals über Kopf, treppauf, treppab, erschließt er die Verkehrsformen des Kollektivs. Wenn Titus ankommt, abgerissen und ausgehungert, bewegt er sich zunächst auf der untersten Stufe. Arglos verkehren kann er nur mit seinesgleichen, mit der a-sozialisierten Salome, nachdem ihm soeben der Gärtnergehilfe Plutzerkern die Proletarierstufe grob und hochmütig verwehrt hat. Weiter runter gehts nicht mehr. Und nach oben allenfalls durch Zufall und säkularisierten Zauber. Nämlich so: Zufällig kann Titus einem Frisör beistehen, der sich mit einer Perücke bedankt, dem Talisman für den Aufstieg. Sie tilgt das anstößige Mal des Außenseiters, in dem das Kollektiv sein eigenes Erzeugnis straft. Umgekehrt weiß dieser geschundene, überempfindliche Außenseiter die Schwächen seiner Schinder besser als sie selbst. Jetzt, kraft Talisman scheinbar dazugehörig, ist er ihnen überlegen. Er spürt, was gehört werden will und heuchelt jedesmal die Sprache des nächsten Besten, den er trifft, bis der übernächste noch Bessere auf den Plan tritt. Stufe für Stufe im immer gleichen, zynisch erkannten und einbekannten, Verhaltensmechanismus zwischen Titus und den jeweiligen Vertretern des Kollektivs. Er weckt die Begierden, Ängste und Gemeinheiten, in denen und von denen sie leben. Und hat Erfolg.

Stufe eins: Die gräfliche Gärtnerswitwe stellt und kleidet Titus ein als Gartenaufseher und möglichen Gatten – bis die Kammerfrau auftaucht. Stufe zwei: Die Kammerfrau stellt und kleidet ihn ein als Jäger und möglichen Gatten – bis die Gräfin auftaucht. Stufe drei: Die Gräfin stellt und kleidet ihn ein als Privatsekretär und möglichen Gatten. Nun wäre Titus oben, wenn er sicher wäre. Zur Absicherung muß er nur noch die Stufen abschlagen, über die er hochgestiegen ist. Die Mitwisser, die er nur kurzfristig loswurde, indem er sie gegeneinander hetzte. Eine Rundum-Denunziation soll sie aus dem Schloß räumen, auch wenn sie brotlos werden. Unter solchem Druck raufen sich die zerstrittenen Opfer zusammen und zerschlagen seine erschlichene Macht. Nur mittels Talisman hat er sich hinaufmogeln können im Stiegenhaus der anständigen Gesellschaft. Titus, enttarnt als Asozialer, stürzt ab.

Abb. 4 *Der Talisman* von Johann Nepomuk Nestroy. Stich von Andreas Geiger (Bildarchiv Österr. Nationalbibliothek)

Sein Ungestüm – zynisch, weil geschunden; tollkühn, weil nichts zu verlieren war – hat die Treppe je höher desto ärger in Schwingungen versetzt, bis er sich nicht mehr halten konnte. Ihre Statik, so zeigt Nestroy, beruht auf dem gestaffelten, sehr labilen Ausgleich ihrer widerstreitenden Einzelkräfte. Im tagtäglichen Zusammenleben des Kollektivs heißt das: Wer was hat, der will und kriegt auch mehr, als wer nichts hat. Er muß nur die andern benutzen, um weiterzukommen. Jede menschliche Verbindung, persönlich und geschäftlich, ist nur ein Zweckbündnis, das sofort zerbricht, wenn ein besseres ansteht.

Nestroy bringt diesen Befund immer wieder auf einen griffigen szenischen Nenner. Als die Kammerfrau ein Aug auf ihn wirft und ihn ins Schloß zur gnädigen Frau bringen will, reißt Titus die Lieblingsblumen der Gärtnerin aus dem Topf und bindet sie gar noch mit ihrem neuen Haarband. So putzt er sich heraus auf Kosten der einen, um über die nächste zur übernächsten zu steigen. Nur, was Titus hier in Reinkultur betreibt, ist nichts als die sonst verschalte Umgangsweise des Kollektivs. Wenn Titus winkt, serviert – wiederum szenisch ausgespielt – die Gärtnerin den Gehilfen Plutzerkern ab, mit dem sie sonst zu speisen pflegt. Wenn Titus winkt, läßt die Kammerfrau ihren bisherigen Geliebten fallen; kündigt die Gräfin ihrem Angestellten.

Bleibt noch die Frage, wie der Störenfried sich überhaupt Eingang und Geltung verschaffen kann im Stiegenhaus des Kollektivs. Nun: durch den Talisman. Aber, was ist damit gesagt? Das Wiener Vorstadtpublikum um 1840 kennt oder hat zumindest Erinnerungen an die Märchendramen und Zauberpossen von Raimund und seinen Vorgängern Meisl und Gleich, die vor knapp zwanzig Jahren die Bühne beherrschten. Feen, Elementargeister und Magier gaben da ihrem menschlichen Günstling Zaubermittel an die Hand, um schwierige Lebenslagen zu meistern. Schon damals wurde die Kluft zwischen Alltagsnot und Wunderlösung ab und an spöttisch belächelt. So läßt Meisl im *Lustigen Fritz* (1818), seinem ›Märchen aus neuerer Zeit‹, verlauten: »Seit die zauberischen Talismane aus der Welt verschwunden sind, ist das Geld an ihre Stelle getreten – das zaubert alle Augenblicke, als wenn wir in einem Feenreich lebten.« Nestroy, der schon im *Lumpazi Vagabundus* (1833) dem naiven Bühnenmärchen den Gnadenstoß versetzte, holt nun dessen vornehmste Reliquien hervor. Als szenische Waffe. Freilich nicht noch einmal gegen das schöne Irrationale des Märchens, sondern gegen eine irrationale Gesellschaftsform, die von Märchenschönheit nichts hat.

Gezielt banal läßt er den Zauberer wiederaufleben, der in erhabener Willkür einen Talisman vergibt und später wieder einzieht, sobald der Held zu übermütig damit umgeht. Die Banalisierung trifft, wie gesagt, nicht das Märchen, sondern was daraus geworden ist. Ein Frisör, zu geizig, seinem armen Retter mit Geld zu danken, schenkt ihm eine Perücke, die er ihm hernach aus erotischer Konkurrenzangst wieder entwendet. Die schräge Märchenparallele reicht noch weiter. Der Talisman nämlich ist eine Tarnkappe, die den Makel des Asozialen verdeckt, so daß der Held ungehindert Einlaß findet in die Gesellschaft. Aber, im eigentlichen Märchen macht die Tarnkappe die gesamte Person unsichtbar. Hier dagegen braucht sie nur einen anstößigen Teil zu verbergen. Denn im Kollektiv, dem sich Titus gesellt, gilt der ganze Mensch wenig oder nichts. Es gilt nur, was er hat und anhat. Wo das entfällt, ist der Träger wertlos. Er wird ausgeschieden. Hieraus gewinnt der Talisman als Visum fürs Stiegenhaus der Sozietät eine doppelte Bedeutung. Erstens: daß es nicht persönliche Eigenschaften, Verhaltensweisen und Handlungen sind, was hier den menschlichen Verkehr ankurbelt, aufrecht erhält und abbricht, sondern ein totes Ding, eine Perücke. Zweitens: daß die äußere Aufmachung, obwohl sie jederzeit auswechselbar ist, den Einzelnen und seine öffentliche Geltung bestimmt.

Besonders diesen zweiten Umstand rückt Nestroy ins Licht. Um ihn dem Publikum einzuprägen, pointiert er ihn im sprachlichen und szenischen Leitmotiv des Kleids. Schon am Anfang kennzeichnet Titus damit seine Ausgangslage. Und zwar vor Salome, dem einzigen Menschen, mit dem er unverkleidet spricht, von Außenseiter zu Außenseiter: »Da hab ich alle Verhältnisse abgestreift, wie man einen wattierten Kaput auszieht in der Hitz, und jetzt steh ich in den Hemdsärmeln der Freiheit da.« (428) So die Startposition des Helden. Gleichsam nackt und mit inneren Wunden versehrt. Auf diesen umweltgeschälten, sozial gehäuteten Außenseiter fällt die Perücke und damit das Los, einzugehen ins Kollektiv. Von da ab wechselt er Stufe um Stufe den Anzug, der ihn jeweils für die nächst höhere Frau grad noch annehmbar macht. Und mit dem Anzug auch das rhetorische Gewand, das er Frau für Frau genau nach dem Munde entwirft, aber um einen Grad feiner ausführt. So daß der gesprochene Text wettmacht, was dem getragenen Textil noch mangelt. Die deftige Gärtnerin Flora kann Titus noch in seinen alten Klamotten gewinnen, die Kammerfrau dann im Gärtnerhabit, die Gräfin in der Leibjägeruniform. Umgehend kleidet jede ihn zu sich hinauf an ihre Seite. Nicht nur diese soziale Kleiderklimax fällt auf. Ebenso die regelmäßige Investitur im Anzug des verstorbenen Gemahls. Dieser Akt vereinigt also jedesmal zwei Interessen, ein geschäftliches und ein privates. Die Einweisung ins Amt des Gärtners zieht die ins – vorerst – kommissarische Amt des Ehepartners mit sich. So erjagt man eine Fliege mit zwei Klappen. Wenn nun gar noch dem Titus die hinterbliebene Garderobe jedesmal wie angegossen sitzt, dann läßt sich die Unpersönlichkeit des menschlichen Umgangs mit Händen greifen. Nicht nur der Anzugs- und Rolleninhaber, auch der Gefühlsinhaber wird beliebig austauschbar.

Beweggrund, diese ertragreichen Kleider-Fallen zu betätigen, ist weniger Fleischeslust als Machtgier. Der Mann, der einzufangen ist, soll Geld und Ansehen mehren, damit man die andern besser ausstechen kann. Der Konkurrenzkampf, von Titus munter geschürt, tobt besonders heftig zwischen Gärtnerin und Kammerfrau (während die Gräfin, standesgemäß, feiner und wirksamer zuschlägt). Gerade die Wechselbeziehung zwischen Geld und Ansehen rückt dabei in den Vordergrund. So wetteifern die beiden, wer dem Titus Geld zustecken darf, damit er sich mit Freibier beim niederen Gesinde Respekt verschafft. Diese Investitionen sollen sich auszahlen im Reputationszuwachs derjenigen, die den Amts- und Hochzeitsfrackträger heimführen wird. Finanziell heben sie ihn auf den Thron des fürstlichen Trinkgeldspenders, wohin er sie dann nachziehen soll.

CONSTANTIA (zu Titus): Bei dieser Gelegenheit müssen Sie sich bei den Leuten in Respekt setzen, etwas zum besten geben; ich finde es wenigstens am Platz.

TITUS: Ich find' es auch am Platz – aber – (in der Westentasche suchend) es ist ein anderer Platz, wo ich nichts find'.

CONSTANTIA: Ich mache mir ein Vergnügen daraus, nehmen Sie hier –! (Will ihm eine Börse geben.)

FLORA (es verhindernd): Erlauben Sie, das geht mich an. (Zu Titus) Hier nimm der Herr! (Will ihm Geld geben.)

CONSTANTIA (es verhindernd): Halt! Das duld' ich nicht. Es ist eine Sache, die die Ehre des Hauses betrifft und folglich die gnädige Frau durch mich bestreitet.

FLORA: Ich kann's auch der Gnädigen in Rechnung bringen,
aber mir kommt es zu –
TITUS: Erlauben Sie, diese Sache kann man rangieren, ohne daß
jemand dabei vor den Kopf gestoßen wird. Ich bin so frei –
(nimmt das Geld von Constantia) geben'S nur her! (Nimmt
das Geld von Flora.) So! Nur in solchen Fällen niemanden
beleidigen! (Zu den Gartenknechten.) Heut' werd't's alle
traktiert von mir.
KNECHTE: Juhe'! (447)

Daß alle drei Frauen den Titus fallen lassen, wenn die Perücke
fällt, und daß sie ihn wieder aufnehmen, wenn der Erbvetter
kommt, bestätigt noch einmal: hier gehts um keine erotische
Eifersucht und erst recht nicht um diesen bestimmten Mann. Es
geht um Machtpositionen, wie sie auch der Frisör und Plutzerkern mit aller Kraft und Tücke wenigstens zu halten trachten.
Angesichts dieses durchgängigen Konkurrenztreibens gibt Nestroy zu verstehen, wie in seinem Kollektiv ein szenisches Sinnbild das andere bedingt und ergänzt. Einerseits der stufenweis
durchkämpfte Treppenbau, andererseits der Zwang, sich darin
nicht als Person zu bewegen, sondern als Funktion im jeweils
passenden Kleid. Auch dieses Ineinander ist nichts, was der
Zuschauer mühsam herauszugrübeln hätte. Er kriegt es um-
standslos zu sehen.
Dies vollzieht sich besonders schlagkräftig in der Szene, wo
Flora, die soeben ihren gewohnten Tischgast Plutzerkern vertrieben hat, am schön gedeckten Gartentisch auf Titus wartet.
Seitlich im Vordergrund das *niedrige* Gärtnerhaus, seitlich im
Hintergrund ein Flügel des *hohen* Schloßgebäudes. Sie harrt
und schmollt: »Der war mir zum letztenmal da *droben*.« Da
erscheint Titus am Schloßfenster, einen Fasanenbiegel in der
Hand, und teilt ihr kauend mit, daß er schon gespeist und überhaupt eine bessere Gelegenheit gefunden hat. Bevor Flora sich
noch recht ereifern kann, ist er schon verschwunden. Kurz darauf läßt er sich nochmals am Schloßfenster blicken: »Da sind die
ehemaligen Kleider, die ich gegenwärtig nicht mehr brauch'.
Mein Kompliment!« (Wirft den Kleiderbündel herab). (451) Titus hat sie satt, diese Frau und diese Kleider. Nützlich waren sie
nur auf der ersten niederen Stufe. Als »ehemalige« läßt er sie
hinter und unter sich zurück, da er, »gegenwärtig«, nützlichere
gefunden hat. Um zu steigen, wirft er mit dem Anzug das abge-
tragene Amt als Ballast ab. Das Kollektiv flößt Titus solchen

Hoch-Mut ein. Und das Kollektiv bringt ihn auch zu Fall. Wer aber gefallen ist, gehört nicht mehr dazu. Nur noch per Diener verkehrt man mit ihm, um ihm den letzten – eben erst aufgedrängten, jetzt aber angemaßten – Anzug wegzunehmen. Und zwar sofort: »Er wird da sein Vagabundeng'wand wieder anziehen und die honetten Kleider da lassen.« (480)

Nestroys Ironie, wie erwähnt, schickt in der tiefsten Not den deus ex machina. Einen Gott aus dem Braukessel. Den stinkreichen, gutmütig-stupiden Bierversilberer Spund, der dem erledigten Vetter finanziell aufhelfen wird. Wie sichs für einen Maschinengott ziemt, kommt er aus dem Jenseits. Weder lokal noch sozial gehört er zum Kollektiv. Denn er ist Kapitalist wider Willen, Können und Zutun. Nicht durch Ausbeutung anderer, noch in konkurrierenden Kämpfen auf dem Markt hat er sein Vermögen erworben. Abgründig dumm, hat er nur geerbt und geerbt und dann auch noch in der Lotterie gewonnen. Nochmals beruft Nestroy feixend die gute alte Zauberposse. Seht her: hier hilft nur ein Märchen-Unternehmer, der würdig ist, Hand in Hand mit der herzensguten Gänsemagd Salome, den Störenfried Titus zu beruhigen. Vorläufig.

Nestroys *Freiheit in Krähwinkel* (1848)

Acht Jahre später war die Achtundvierziger Revolution. In Österreich eine kurzfristige und halbe Sache. Ebenso halbfertig fiel aus, was sie durch den Autor Nestroy der Formel vom Störenfried entlockte. Die *Freiheit in Krähwinkel* hatte kaum Zeit, ausgedacht und aufgeführt zu werden, da war es mit der Freiheit in Wien schon wieder vorbei.

Das Stück bezeichnet einen Krisenpunkt der Formel vom Störenfried. Für die Erörterung des bürgerlichen Lachtheaters ist es besonders aufschlußreich in dreierlei Hinsicht. Erstens spannt es selber den Bogen zurück zum ersten Beispiel, wenn es vorzuführen verspricht, wie sich Krähwinkel hätte mausern können. Denn Nestroy durfte fest mit der Popularität von Kotzebues Komödie rechnen, zumal sie seit ihrem ersten Erscheinen in Wien nicht nur vielfach gespielt, sondern auch vielfach nachgebildet, fortgesetzt und variiert wurde. Die erfolgreichste dieser »Krähwinkeliaden« war Bäuerles höchst witzige, aber ganz und gar unpolitische Posse *Die falsche Primadonna* (1818), die Nestroy dramaturgisch ebenso ausschlachtet wie das Original. Zweitens bedeutet sein Achtundvierziger-Stück so etwas wie eine Fortentwicklung des *Talisman,* zumal im Verhältnis zwischen Störenfried und Kollektiv. Drittens zeigt es an, daß diese Komödienformel zerfällt, sobald Revolution geradewegs thematisiert wird. Ich will diese drei Gesichtspunkte der Reihe nach umreißen.

Eingezwängt in die politische Entwicklung seit Kotzebues frühem Stück, die mit wachsender Unterdrückung der Freiheit auch das Bewußtsein dieser Unterdrückung wachsen ließ, könnte – laut Nestroy – Krähwinkel seiner zuvor unerkannten Regelzwänge inne werden. Die neuen Krähwinkler könnten das verkehrte Durcheinander von öffentlichen und privaten Regungen begreifen, wie es einerseits in der Vetternwirtschaft, andrerseits in der zerstörten Intimität durchschlug. Desgleichen die rituell gelebte Unnatur, das Nötigen zum Essen und Trinken und sonstigem Verhalten. Desgleichen die Angst vorm unberechenbaren Individuum in Titelsucht und unterdrückter eigener Meinung. Die neuen Krähwinkler also könnten dahinterkommen, daß derlei weder selbstverständlich noch selbstverordnet ist. Daß da vielmehr übergreifende Prozesse wirken, diesseits wie jenseits der eigenen provinziellen Gemarkung. Zu beeinflussen wären sie freilich nur, wenn die Mehrheit der Krähwinkler unterhalb von Kotzebues Honoratiorenschicht zum Zug und damit erst einmal in den Blick käme. Also nicht bloß eine eingelochte Kuhdiebin und ein Nachtwächter, der mit Übereifer die verquere öffentliche Ordnung verficht.

Um Krähwinkel umzukrempeln, brauchts die Massen. Der pfiffige Nestroy, dem sie nicht geheuer sind, setzt sie frei und fesselt sie zugleich: in Form der Allegorie, die er im Griff behalten kann. Er nimmt und wertet den Kotzebueschen Nachtwächter auf. Widers Klischee vom trauten Hornbläser und Hüter jeglicher Besitzstände, macht er ihn zum positiv freiheitlichen Pol der Krähwinkler Volksstimmung. Zwischen ihm und dem stockreaktionären Ratsdiener Klaus erstreckt sich die Spanne der politischen Haltungen. Von kämpferischer Aktivität, über Radaufreude an den Barrikaden, bis zu schläfriger Gleichgültigkeit. Immerhin, es ist zunächst einmal im Volk, wo, nicht allzu stürmisch, der Unmut losbricht. Daraufhin erst greift der freiheitsdurstige Journalist Ultra ein, der schon lang darauf wartet. Er leitet den Angriff auf den Status quo, prominent vertreten im Bürgermeister, der nach etlichen Rückschlägen samt seiner politischen und klerikalen Clique davongejagt wird. In der neuen Verfassung soll unteilbares Recht und Frei-

heit nicht länger in gruppeneigene Sonderrechte und Sonder-
freiheiten zersplittert sein.

ULTRA: Recht und Freiheit sind ein paar bedeutungsvolle
Worte, aber nur in der einfachen Zahl unendlich groß, drum hat
man sie uns auch immer nur in der wertlosen vielfachen Zahl
gegeben (...) Was für eine Menge Rechte haben wir g'habt,
diese Rechte der Geburt, die Rechte und Vorrechte des Standes,
dann das höchste unter allen Rechten, das Bergrecht, dann das
niedrigste unter allen Rechten, das Recht, daß man selbst bei
erwiesener Zahlungsunfähigkeit und Armut einen einsperren
lassen kann (...) Und trotz all diesen unschätzbaren Rechten
haben wir doch kein Recht g'habt, weil wir Sklaven waren. Was
haben wir ferner alles für Freiheiten g'habt! (...) Wir haben
sogar Gedankenfreiheit g'habt, insofern wir die Gedanken bei
uns behalten haben. Es war nämlich für die Gedanken eine Art
Hundsverordnung. Man hat's haben dürfen, aber am Schnürl
führen! – Wie man s' loslassen hat, haben s' einem s' erschlagen.
Mit einem Wort, wir haben eine Menge Freiheiten gehabt, aber
von Freiheit keine Spur. (72 f.)

So könnte und sollte – im Sinn dieser politischen Posse – Krähwinkel über sich hinauswachsen. Allerdings nicht zu hoch.
Denn worauf Nestroy pocht, ist die Freiheit der Gesinnung und
Meinungsäußerung. Und was er preist, ist im nationalen Rahmen das gleiche Recht aller österreichischen Lande. An die un-
gleichen Freiheiten und Rechte im Arbeits- und Erwerbsleben
rührt er nicht. Dazu hätte er sich anlegen müssen mit dem
obengesteuerten Besitzdenken seines weithin kleinbürgerlichen
Publikums. Eine einzige zunächst kritisch erscheinende Szene
wird prompt entschärft und umgebogen. Es geht da um eine
authentische Maßnahme im gegenwärtigen Wien von '48, die
Nestroy auf die Bühne zitiert. Mit der Bemerkung »So, das wär
in Ordnung« schreibt der reaktionäre Ratsdiener Klaus die
Worte »Heilig sei das Eigentum!« an die Eingangstür eines Bür-
gerhauses. Hierauf der Revolutionsanführer Ultra: »Wenn diese
Worte den Arbeitern nicht ins Herz g'schrieben wären, was
nutzet denn auf allen Türen das Geschmier?« (127) Das heißt
nicht etwa politisch: die Arbeiter hätten wahrlich Grund und
Recht, auch an den Besitzverhältnissen zu rütteln. Es heißt vielmehr moralisch, ohne alle Nestroysche Ironie: die Arbeiter
seien nicht so schlimm, wie man ihnen böswillig unterstellt.
    Tatkräftig zwar wird die unheilige Allianz zwischen geldgie-

rigem Bürgermeister und geldgierigem Klerus vertrieben, die das Vermögen der liberalen Witwe Frankenfrey an sich reißen wollte. Denn solche Allianz würgt die Freiheit des Geistes. Anders stehts mit dem Kapital, das sich dem freien Geist vermählt. So verkündet am Schluß der allegorischen Veranstaltung die reiche Witwe Frankenfrey dem wackeren Journalisten Ultra: »Von den Trophäen der Freiheit, von den Barrikaden reich' ich Ihnen meine Hand.« (133) Ein Nachspiel, wo der freie Geist namens Ultra womöglich zum Pantoffelhelden des Kapitals wird, hat Nestroy nicht geschrieben.

So, wie Ultra, im Possenrahmen, seinen politischen Kampf wider die Reaktion führt, erscheint er als ein fortentwickelter Titus Feuerkopf. Selbstverständlich nicht in seinen persönlichen Verhältnissen, aber in seiner Rolle und in seinem Widerspiel mit dem Kollektiv. Nestroys szenische Sinnbildnerei weist anschaulich darauf hin.

Titus, so haben wir festgestellt, paßt sich zynisch den unpersönlichen Verkehrsregeln des Kollektivs an, indem er von Stufe zu Stufe Anzug und Redeweise wechselt. Auch Ultras Umgang mit den Machthabern des Kollektivs läuft ab als eine Folge von Verkleidungen, die auf das jeweilige Gegenüber genau zugeschnitten sind. Beim reaktionären Ratsdiener verkleidet er sich als Ordensmann, um ihn über die unterschlagene Konstitution auszuhorchen. Als russischer Großfürst, finsterste Knutenherrschaft verkörpernd, naht er dem geschmeichelten Bürgermeister, um ihm die Konstitutions-Urkunde zu entwenden. Und nochmals dann als Würdenträger des Ancien régime, um den Aufmarsch der reaktionären Truppen zu bremsen. Schließlich tritt Ultra auf als europäischer Freiheits- und Gleichheitskommissär, der vorm begeisterten Volk von Krähwinkel die Verfassung ausruft.

Wie im *Talisman* also eine wechselnde Maskerade des Störenfrieds gegenüber dem Kollektiv oder dessen maßgebenden Vertretern. Der gleiche Vorgang hat jedoch in der politischen Posse andere Bewandtnisse. Sie bezeichnen, wie und wohin sich der neue Titus entwickelt hat. Der alte Titus ergreift mit seinem Kleider- und Redewechsel die Gelegenheiten, die das Kollektiv ihm anbietet. Reagierend schlachtet er sie aus zum persönlichen Vorteil, getreu den geltenden Regeln vom Eigennutz. Dementsprechend bleibt er in jedem Anzug sichtbar er selbst. Ultra dagegen, wenn er sich maskiert, verfolgt einen Plan, der nicht auf sein privates, sondern aufs öffentliche Wohl abzielt. Denn

Abb. 5 *Freiheit in Krähwinkel* von Johann Nepomuk Nestroy. Szenenbild mit Nestroy als Ultra, verkleidet als russischer Fürst. Unsignierter Kupferstich als Titelbild der ersten Buchausgabe des Stücks, Wien 1849

sein persönliches Interesse – Leben in Freiheit – geht auf im allgemeinen Interesse. So verschwindet sein Ego unauffällig hinter der jeweiligen taktischen Maske. Dergestalt nutzt er die Schwäche des Kollektivs, die Titus für sich nutzt, gegen das Kollektiv selbst: zugunsten von dessen besseren Möglichkeiten. Insofern ist im Krähwinkel-Stück die Folge der Verkleidungen zwar ebenfalls eine Stufenfolge, aber in anderer Richtung. Nicht vertikal ansteigend, wie im *Talisman,* sondern horizontal fortschreitend. Die Folge der Verkleidungen durchmißt keinen fest gestuften gesellschaftlichen Raum, sondern zeitigt stufenweise eine gesellschaftliche Entwicklung. Ultras Verkleidungsstrategie wirkt somit nicht im, sondern am Kollektiv. Von Maske zu Maske wird es gezwungen, seinen Charakter zu verändern. Im Sinn des Fortschritts.

Just dies spielt sich ab auf dem allegorisch-possenhaften Weg, eine demokratische Verfassung zu erobern und sie durchzusetzen. Wie sich das Kollektiv umschichtet unterm Einfluß von Ultras Aktion, selbst dies gibt die Kostümfolge zu erkennen. Solang die alten Kräfte noch überwiegen, werden sie mit ihren eigenen Waffen und ihren eigenen Rollen unterlaufen. Mit den Waffen der Intrige und in den Rollen von Autoritätsfiguren der Reaktion. Bei Ultras letzter Maske schließlich haben sich die

Machtverhältnisse bereits so verlagert, daß er in einer Freiheits-rolle auftreten kann. Unterm Beifall von Krähwinkels Mehr-heit. Die aber war nicht zu gewinnen durch einen isolierten Einzelgänger wie Titus. Sondern nur durch einen, der mit dem wacheren, anfangs freilich noch schwächeren Teil des Kollek-tivs zusammenging.

Die sinnbildliche Maskerade verrät indessen mehr noch als Nestroy will. Jenseits seines beredten Programms unterstreicht sie nun auch visuell den schmalen Revolutionsspielraum, der vom heiligen Eigentum begrenzt ist. Wir haben vermerkt, daß Ultra, getarnt, die Waffen und Rollen des alten Kollektivs wider das alte Kollektiv einsetzt. Und daß er sogar noch in diesem geheimpolitischen Mummenschanz die Verfassung ausruft. In-dem er derart umwegig statt geradewegs vorgeht, paßt er sich unwillkürlich dem Kampfstil und der Kampfstätte des Gegners an. Wenn dem so ist, ersetzt Ultras und Nestroys Freiheitsbe-wegung den alten Stufenbau des *Talisman* durch keinen grund-sätzlich anderen Entwurf. Sie bleibt bei dessen – ökonomischem – Grundriß. Sie wills nicht anders, nur besser haben. So gese-hen, hat sich die Fortentwicklung des *Talisman* in diesem Stück eher verharmlosend ausgewirkt. Hier werden zwar die zu-kunftsträchtigen günstigen Möglichkeiten des Kollektivs aufge-rufen, doch sie erscheinen zu maßvoll, verglichen mit der maß-losen Unmenschlichkeit des Kollektivs dort. Der aufklaffenden Frage des früheren Stücks wird durch das spätere allenfalls eine halbe Antwort erteilt. Die Provokation bleibt.

Freiheit in Krähwinkel ist ein beachtliches und wagemutiges Experiment in der Geschichte des bürgerlichen Lachtheaters. Alles in allem scheint es mir gescheitert zu sein. Nicht nur an Nestroys klassen- und berufsbeschränkter Sicht, die das revolu-tionäre Geschehen zu einem Kampf um die Geistesfreiheit ver-kürzt. Auch an der Formel vom Störenfried. Einerseits hält Nestroy daran fest, so wie im *Talisman*. Ultra ist Störenfried des Krähwinkler Gemeinwesens. Sein regelwidriges Verhalten lockt den reaktionären Charakter der alten Machthaber beson-ders kraß hervor und bringt die Reibereien in Gang. Andrerseits ist es dem Autor klar, daß er den Gegenstand ›Revolution‹ auf den Kopf stellen würde, wollte er ihn zwischen einem solisti-schen Außenseiter und einem geschlossenen, einmütigen Kol-lektiv abwickeln. Darum geht er daran, die Störenfried-Formel durch zwei weitere Kunstmittel zu unterstützen und zu erwei-tern.

Zunächst durchs allegorische Figurenspiel. Es soll dafür sorgen, daß die beteiligten überpersönlichen Mächte auf der Bühne zu Namen, Gestalt und Wort kommen: das fortschrittswillige Kapital in Frau von Frankenfrey, das überlebte Ancien régime im Staatssekretär Reakzerl von Zopfen und so fort. Ferner durch den simplen Possen-Dualismus von verfeindeten Vätern und deren heiratslustigen Kindern. Er soll für den nötigen Antagonismus innerhalb des Kollektivs sorgen. So haben der freiheitliche Nachtwächter und sein reaktionärer Widersacher, der Ratsdiener, je eine Tochter, die in kreuzweisen Intrigen über allerlei Barrikaden hinweg in die Arme ihrer Liebhaber finden.

Diese zusätzlichen Kunstmittel passen weder zueinander noch zum Gegenstand ›Revolution‹. Sie belegen nur Nestroys vergebliche Anstrengung, die Störenfriedformel umzurüsten für die Aufgabe, die sie hier übernehmen soll. Die Formel verliert dabei die Schlüssigkeit, die sie sonst hat, wenn allein sie den dramatischen Ablauf bestimmt. Wo allegorische Figuren die Szene besetzen, verliert der Außenseiter fürs Kollektiv, aber auch fürs Publikum, seine aufreizende Andersartigkeit. Denn sie sind, da jede einen andern Begriff verkörpert, bereits untereinander so verschiedenartig, daß sich eine greifbare Abweichung zwischen Kollektiv und Störenfried nicht mehr sichtbar durchsetzen kann. Andrerseits erzeugt der Possen-Dualismus weniger soziale als ästhetische Widersprüche. Zwischen dem harmlosen privaten Hickhack und den wichtigen politischen Auseinandersetzungen. Darüber zerbricht das ganze Stück. Schuld daran ist nicht nur die Art, wie Nestroy die Störenfried-Formel anwendet, sondern mehr noch der Umstand, daß er sie angesichts seines Gegenstands überhaupt anwendet. Inwiefern?

Nachdrücklich, aber allemal nur mittelbar sind die zuvor erörterten komischen Stücke geprägt durch epochale Zwiespältigkeiten. Mehr unbewußt als bewußt bei Kotzebue und Bäuerle; mehr bewußt als unbewußt bei Gogol und Nestroy. Das Widerspiel zwischen Störenfried und Kollektiv, jedesmal anders gewichtet, bringt gesamtgesellschaftliche Fehlverhältnisse, Ersatzhandlungen, Irrläufe hervor, die weiter reichen und massiver wirken als die komischen Mißgeschicke einzelner Helden im vorbürgerlichen Lachtheater. Was jetzt heftig verlacht, spaßig umgangen oder zum Gegenstand vordergründiger Satire verengt wird, rührt her von tieferen Verwirrungen der bürgerlichen Klasse. Denn sie betreibt zwar selber die wirtschaftlichen und politischen Umwälzungen, kann sich aber weder sozial noch moralisch damit zurechtfinden. Diesem halbgaren, zudem unbegriffenen Erfahrungsstand kommt die Formel vom Störenfried entgegen. Eine Kompromißformel, die es ermöglicht, den epochalen Zwiespalt herunter- und dennoch anzuspielen, so daß er sich dramatisch und ideologisch handhaben läßt. Bündig erfaßt sie Vorgang und Wirkung überpersönlicher Zerwürfnisse. Doch daß es die eines ganzen Gesellschaftsgefüges sind und darinnen wiederum die einer ganzen Klasse, das kann und soll die Formel nicht erfassen. Der geschichtliche Zweifrontenkampf des Bürgertums – rückwärts gegen den Adel und vorwärts gegen nachdrängende Unterschichten, die, bislang noch ohne eindeutiges Klassenprofil, nur desto unheimlicher erscheinen – und zugleich der klasseninterne Gegensatz zwischen handelnder Großbourgeoisie und leidenden Kleinbürgern: beides wird zum Anlaß, nicht aber zum Gegenstand der Komödienformel.

Das ist vorbei in Nestroys *Krähwinkel*-Posse. Hier wird versucht, im Brennpunkt der Achtundvierziger Revolution die epochalen Umwälzungen unmittelbar anzusprechen. Die Komödienformel vom Störenfried taugt offenbar nur unter bestimmten sachlichen und geschichtlichen Bedingungen. Dort nämlich, wo das Lachtheater sie hernimmt als faßliches Klärungsmodell für noch nicht hinlänglich erfaßte gesamtgesellschaftliche Erschütterungen. Dabei sind die Grenzen ihrer Form zugleich die Grenzen ihrer Leistungsfähigkeit. Was heißt das? Wir haben gesehen, sie hat scharfe innere und äußere Konturen. Die inneren umreißen das streitbare Widerspiel zwischen Störenfried und Kollektiv. Die äußeren grenzen alles aus, was sich gegen eine szenische Vergegenwärtigung sperrt. Also nicht nur die weitergreifende Vor- und Nachgeschichte des streitbaren Widerspiels; sondern auch dessen eigentliche Beweggründe, die zu allgemein und komplex sind, als daß sie prompter, noch dazu komischer Anschauung zugänglich wären. Diese inneren und äußeren Konturen der Störenfried-Formel kommen ihrer dramatischen Spannung ebenso zugut wie der bündigen Schlagkraft ihrer Sinnbilder. So beschaffen spricht sie an auf extreme sozialpsychologische Belastungen des Publikums. Desto strikter blendet sie deren Ursachen, Voraussetzungen und Gesetzmäßigkeiten aus.

Hier liegt der entscheidende Punkt der Formel. Es ist gerade die Ratlosigkeit über Ursache und Herkunft der epochalen Erschütterungen, die nach der Formel verlangt. Diese dunkle

Stelle, dies unbekannte X wird besetzt durch die Einzelfigur des Störenfrieds, den man sehen und hören kann. In ihm läßt sich dingfest machen, was man sonst nicht zu greifen vermag oder nicht zu greifen wagt. Aber eben nur als szenische Ersatzinstanz. Sobald Ursache und Herkunft der Erschütterungen ins Bewußtsein dringen, kann das Lachtheater den Störenfried in dieser Form nicht mehr gebrauchen. Wird die Formel trotzdem mechanisch weiter verwendet, wie in Nestroys Revolutionsposse, so versagt sie nicht nur. Sie zerbricht und mit ihr das ganze Stück, dem sie zugrunde liegt. Soll sie statt der Resonanzen deren wirkliche Auslöser, statt der Folgen gesellschaftlicher Umwälzungen diese selber auf die Bühne bringen, so wird die Störenfriedformel gleich doppelt überfordert. In ihrer szenischen wie in ihrer politischen Treffsicherheit. Denn sie gehört zur geschichtlichen Übergangsstufe des Bürgertums, wo es noch abstandslos den selbstverursachten Turbulenzen ausgesetzt ist. Wo es sich also noch kein nüchtern abgesichertes, sondern vorerst nur ein metaphorisch tastendes Bild davon machen kann.

Niebergalls *Datterich* (1841) und Ostrowskijs *Eine Dummheit macht auch der Gescheiteste* (1868)

Es ist also nicht die einmalige Person des jeweiligen Störenfrieds, die das dramatische Geschehen bestimmt und das Interesse des Publikums auf sich zieht. Sondern der überpersönliche Wirrwarr, der durch ihn, an ihm und in ihm ausbricht. Kotzebues Olmers und Bäuerles Hochstapler Müller sind, unverkennbar, schematische Figuren, die völlig aufgehen in ihrem Zweck als Reizauslöser. Sie wären ohne weiteres ersetzbar durch andere Figuren. Aber auch Gogols Chlestakow und erst recht Nestroys Titus, obwohl sie Eigenart und Eigengewicht haben, sind zuallererst dazu da, ihre Umwelt aufzuregen. In ihrer Person setzt sich das Kollektiv fort und gegen sich selbst zur Wehr.

Das gilt sogar für jene Stücke des bürgerlichen Lachtheaters, die dem Störenfried noch mehr individuellen Spielraum geben. So Niebergall seinem drauflos schnorrenden und schwindelnden Datterich, der die biederen und kleinstrebsamen Darmstädter Handwerkerkreise irritiert. Oder auch Ostrowkij seinem gerissenen Glumow, der innerhalb eines verlogen selbstgefälligen Bürgerklüngels als einziger sich selbst nichts vormacht, dafür aber den anderen durch gezielte Schmeichelei Vertrauensposten, politischen Einfluß und – beinah – eine reiche Braut abquetscht.

Am Ende wirft man beide, den glatten Glumow und den abgewetzten Datterich, vor die Tür. Das erboste Kollektiv spuckt sie aus in dem Moment, wo sie ihm die Wahrheit ins Gesicht sagen, weil Lüge nichts mehr einbringt. Es fühlt sich doppelt gekränkt und erkannt. Durch die häßliche Wahrheit und durch den schönen Ertrag, den der Störenfried lang genug mit der Lüge erzielt hat. Glumow ungleich mehr als Datterich, der nur ein paar Naturalien ergattert hat: Trank und Speis und Kleidungsstücke. Entsprechend harmlos klingt die Darmstädter Posse aus. Mit der launigen Duldsamkeit der Biedermänner, die von oben herab einen solchen Abweichler verkraften können, weil sie sich selber gegen seine Ansteckung gefeit fühlen. Dagegen bekräftigt die abschließende Versöhnlichkeit des Moskauer Bürgerklüngels das unversöhnliche Urteil, das die Komödie diesem Klüngel spricht. Hier gehts nicht darum, ob die anderen den zynischen Gleisner Glumow verkraften, sondern ob sie ihn entbehren können. Sie brauchen ihn, zumal nachdem er und sie enttarnt sind, für den Fortbestand ihrer Korruption, von der sie leben.

Ostrowskij spitzt zu, was dreißig Jahre früher im *Talisman* schon sichtbar wird. Die herkömmliche Lebensweise des Kollektivs ist derart festgefahren, daß es geradezu nach dem Störenfried lechzt. Diese Weiterentwicklung, die den Alltagserfahrungen im späten 19. Jahrhundert nachkommt, läßt eine bestimmte Tendenz erkennen. Synges *The Playboy of the Western World*, nochmals vierzig Jahre später, bestätigt sie: Je stärker das Kollektiv selber insgeheim begehrt, seine erstarrten Verkehrsformen aufzurühren, desto größer wird der individuelle Spielraum des Störenfrieds.

Synges *The Playboy of the Western World* (1907)

Im Lauf des bürgerlichen Lachtheaters bildet der *Playboy* dramaturgisch und geschichtlich einen Endpunkt. Denn noch extremer als hier läßt sich die Störenfriedformel kaum mehr auslegen. Sonst müßte sie entweder ihren Gegenstand verpassen: das verkrampfte bürgerliche Zusammenleben; oder ihr Ziel: das bedenkliche Gelächter über eben diesen Gegenstand.

Synges Störenfried, das ist der verschüchterte, vom Vater unterdrückte Bauernsohn Christy Mahon, der unversehens zurückschlägt, als Vatermörder sich davonmacht, weit weg in einer fremden Dorfschenke unterkriecht und seine Untat ausplaudert; der daraufhin überraschend als Held gefeiert wird und unterm Eindruck seines gewaltigen Widerhalls über sich hinauswächst; der alle Siegespreise im Sportkampf und die Liebe der Wirtstochter Pegeen erringt; der allen Ruhm wieder verliert, sobald sein nur scheintoter Vater auftaucht; und der nunmehr Abscheu erregt, als er durch erneuten Totschlag sein Ansehen zurückgewinnen will. Am Ende sucht er munter das Weite, samt dem abermals auferstandenen Vater, den er nun seinerseits unterjocht.

Synges Kollektiv, das sind die Einwohner eines abgelegenen irischen Dorfs, die, eingepfercht in ein ödes Dasein, sich im Suff und im eigenen Redeschwall berauschen; die große Taten aus entlegenen Zeiten und Räumen in die ereignislose Gegenwart hereinträumen; die daher den vermeintlichen Vatermörder als eine mythische Offenbarung alles dessen begrüßen, was sie entbehren; und die das verhuschte Bürschlein durch ihre Verklärung auch wirklich in einen tatkräftigen Kerl verwandeln. Am Ende stehen sie nur umso kümmerlicher da: wenn die ferne heroische Tat hier und jetzt nichts weiter ist als zänkischer Totschlag; und wenn der, den sie sich zum Helden aufgeblasen haben, nichts weiter beweist als ihre eigene Atemnot.

Die Verkehrsformen, die dieser Störenfried im Kollektiv aufwirbelt, sind ohnehin gestört. Insofern zieht Synge nur eine Summe dessen, was schon seine Vorgänger durch die Komödienformel erschlossen haben. Und womit die Autoren wie die Zuschauer des bürgerlichen Lachtheaters sich ihrer einschlägigen Alltagserfahrungen lachend erwehrt haben. Dabei behaupten sich durchgängig, von Kotzebue bis Ostrowskij, zwei einschneidende Eigenschaften des jeweils aufgestörten Kollektivs, die Synge schließlich auf die Spitze treibt: Konkurrenzgebaren und Unsicherheit.

Konkurrenzgebaren. Von Krähwinkel über Wien und Moskau bis zum irischen Kaff: Das Kollektiv hält nur zusammen, wenn von außen her seine Interessen bedroht sind, seine materiellen wie seine moralischen, seine weltanschaulichen wie seine politischen. In sich und unter sich kennt es kaum Solidarität. Gemeinsamkeit beschränkt sich weithin auf Gemeinheiten, die jeder jedem antut. Neidisch und eifersüchtig sucht einer den andern zu übervorteilen und ihm den Rang abzulaufen. Sie schwärzen sich gegenseitig an und frohlocken, sobald einer von ihnen, je ärger desto schöner, öffentlichen Schaden nimmt *(Re-*

visor). Sie ziehen Gewinn aus den Schwächen ihrer Nächsten *(Eine Dummheit ...).* Sie schmeicheln ins Gesicht, um hinterrücks zu schmähen *(Kleinstädter).* Noch lieber als das, was sie für sich erjagen, genießen sie, was sie den andern abjagen *(Talisman).* Nicht einmal der scheinbar so einhellige Kreis der *Bürger in Wien* ist frei von bösartigem Wettbewerb. Frau Redlich, die des Gatten familiäre Befehlsgewalt unterhöhlt, muß zerknirscht klein beigeben. Und das muntere Festgelage, im gleichen Stück, ist nur eine gezwungene Geselligkeit, die jeden bedroht, der nicht pünktlich einstimmt ins verordnete Unisono: »Merk dir's, wenn man rechtschaffenen Leuten ihre Gesundheit trinkt, dann mußt Vivat schreien, sonst kriegst eins auf's Dach.« (16)

Hier macht sich zugleich die zweite durchgängige Eigenschaft geltend: *Unsicherheit.* In diesen sehr unterschiedlichen bürgerlichen Kollektiven ist niemand, der angstlos und unverklemmt auf seine persönliche bürgerliche Leistung und Tugend setzt; niemand, der in festem Selbstvertrauen geradewegs so vorgeht, wie er und seinesgleichen es für richtig erklären; niemand, der nicht irgendwas zu verbergen hätte, was den offiziell verfochtenen Werten widerspricht. Unsicherheit äußert sich in der Titel- und Nötigungssucht der Krähwinkler wie im Groll der Darmstädter Handwerksleute, denen *Datterichs* pekuniäre Wurschtigkeit die Eigentumsprinzipien anknackst: »Ich hatt nix, ich hob nix, und ich wer nix hawwe«. Sie äußert sich in der ständig irrläufigen Vergewisserungsgier von Gogols Klüngel wie in den unerotisch mannstollen Frauen, die den Titus haben wollen, weil sie ohne Mann nichts vorstellen. Sie äußert sich in der unterschwelligen Aggressivität der Wiener Bürger wie in der Abhängigkeit der Moskauer Bürger von Glumow, der ihnen als Prothese ihrer eigenen verstümmelten Persönlichkeit unentbehrlich wird.

Die Unsicherheit jedes Einzelnen im Konkurrenztreiben Aller: daß in dieser durchgängigen Verfassung des Kollektivs – von Lachstück zu Lachstück anders – die Erfahrungen der fortschreitenden bürgerlichen Gesellschaft durchschlagen, ist unverkennbar. Desto verblüffender, wie Synge diese Verfassung noch verschärfen kann, wenn er den Störenfried ausgerechnet dort ansetzt, wo Kapitalisierung und Industrialisierung unmittelbar noch gar nicht hingedrungen sind. Bei einem hinterwäldlerischen Dorf, wo bäuerlicher Umgang, religiöse Regelungen, althergebrachte Bräuche und Werte gelten, und wo man großenteils noch mit Naturalien Tausch betreibt.

Just hier jedoch hakt Synge ein: beim schrillen Anachronismus zwischen derart rückständigen Verhältnissen und dem allgemeinen Stand der bürgerlichen Entwicklung. Ohne eins durchs andere abzuwerten, spielt Synge die Spannung aus zwischen der gelebten Gegenwart seines zeitgenössischen Publikums und der überlebten Gegenwart seiner Dörfler, die sich wie gelebte Vergangenheit ausnimmt. Mehr noch. Er überspannt diese Spannung vollends zu einer zwischen Gegenwart und Vor-Vergangenheit. Denn seine Dörfler erleben nicht eigentlich sich selbst und ihre überholte Gegenwart. Sie reden und träumen sich ständig noch weiter zurück in legendäre Zeiten, wo wuchtige Persönlichkeiten gewaltige Abenteuer von öffentlicher Wirkung vollbracht haben. Und sie schnuppern überall nach Anzeichen, ob derlei ersehnte Großtaten nicht wiederkehren möchten.

Ihr epidemischer Helden- und Mythenhunger ist lediglich eine besondere Reaktion auf den allgemeinen epochalen Mangel. Sie leiden, ohne es zu ahnen, durchaus auf der bösen Höhe ihrer Zeit. Denn was Synges Dörflern widerfährt und worüber sie sich hinwegphantasieren, das sind die grundsätzlichen Zustände der fortgeschrittenen bürgerlichen Gesellschaft: die den Einzelnen anonymisiert; die ihn weithin zu Handlungsohnmacht verdammt; die ihn behindert, seine Kräfte so einzusetzen, daß ihm und der Allgemeinheit größtmögliches Glück daraus erwächst. Hier schlägt der grimmige Witz durch, der dem scheinbar nur deftig folkloristischen Treiben im *Playboy* aktuelle Schlagkraft gibt. Er rührt eben daher, daß Synge den epochalen Mangel vertracterweise an einem Gemeinwesen offenbart, das von der verursachenden Kapitalisierung und Industrialisierung unmittelbar noch gar nichts mitbekommen hat. Es könnte sich vielmehr in seinem idyllisch unentfremdeten, sehr persönlichen Verkehr und seinem ganzen, unzerstückelten Dasein einigermaßen wohl sein lassen. Stattdessen fühlt es sich unwohl und unvollständig.

Mit dem inszenierten Anachronismus erreicht Synge zweierlei. Einerseits verlegt er einem konservativen Publikum den gewohnten Ausweg nach rückwärts. Es muß zuschauen, wie das patriarchalische, schollenverhaftete Leben schon gestern nicht mehr lebensfähig war und erst recht heute den allgemeinen Umwälzungen keinen Widerstand leisten kann. Andrerseits gewinnt Synge aus dem Mißverhältnis zwischen alter Verkehrsform und neuem Mangel ein groteskes Bild, das den

Blick auf beide und auf ihre geschichtlichen Bedingungen lenkt.

Es ist zweifellos grotesk, wenn kapitalistische Handlungen mit vorkapitalistischen Mitteln durchgeführt werden. Der feige, aber reiche Bauer Shawn, der sich nicht leisten kann, Mann gegen Mann seine abspenstige Braut Pegeen zurückzuerobern, versucht es mit Rückkauf, unmittelbar bei seinem Nebenbuhler Christy. Vergeblich. Danach schlägt er den mittelbaren Weg ein. Er kauft sich die Witwe Quin, die Christy erotisch abziehen soll von Pegeen. Statt gradlinig handgreiflicher Auseinandersetzung sucht Shawn die umwegig geschäftliche. Kaufkraft soll körperliche Kraft ersetzen. Hier wirds nun grotesk. Denn diese kapitalistische Machenschaft, die dem Kaufkräftigen den Einsatz von Leib und Leben ersparen soll, setzt kein Geld ein. Vielmehr Dinge, die unmittelbaren Gebrauchswert haben für den ausersehenen Geschäftspartner. Dem abgerissenen Christy, der vor der Polizei ausgerissen ist, wird ein neuer Anzug und eine Schiffskarte nach Amerika angeboten; und der unbegüterten Kleinbäuerin Quin zwei Stück Vieh, Wegerecht und eine Ladung Mist.

Noch grotesker geht es zu, wo das kapitalistische Prinzip des Wettbewerbs auf vorkapitalistische Weise ausgetragen wird: mit leibhaftigem, persönlichen Einsatz. Wenn Christy Mahon als umjubelter Sieger beim Sportfest hervorgeht, führt das bürgerliche Lachtheater erstmals die Metapher von der Konkurrenz auf ihren ursprünglichen Bildsinn zurück. Einer überrundet die andern, die auf der Strecke bleiben. Christy rennt sie über den Haufen und macht so das Rennen. Auf der stoppeligen Bahn, aber auch, beinah, auf dem Heirats- und Arbeitsmarkt des Dorfes. Wobei er, anders als der reiche Schwächling Shawn, die Konkurrenten eigenkräftig aus der Bahn wirft. Genauso eigenkräftig, wie vorher und nachher Pegeen ihre Nebenbuhlerinnen um Christy ausschaltet. Synges szenische Ironie sorgt indes dafür, daß sich im gleichen Augenblick, da Christy den Gipfel seiner Erfolgskurve erreicht, bereits der Absturz ankündigt. Während der Sohn draußen rennt und springt und Trophäen einheimst, schleppt sich, mit verbundenem Schädel, der Vater in die Stube. Er läuft herum als falsche Hypothek von Christys Ruhm. Als lebender Beweis von Christys einstigen Fehl-Schlägen. Sobald der Alte den Mund aufmacht, ist Christys öffentlicher Kredit zerstört. Der bejubelte Hochspringer wird nachträglich zum

Abb. 6 *The Playboy of the Western World* von John Millington Synge.
Szenenfoto aus der Aufführung des Abbey Theatre, Dublin 1911

geschmähten Hochstapler. Sein Konkurrieren endet mit Konkurs.

Synges extreme Auslegung der Störenfried-Formel läßt sich nun besser greifen. Sie äußert sich nicht allein im grotesken Anachronismus des Kollektivs. Sie äußert sich auch, wie schon vermerkt, im erweiterten Spielraum des Störenfrieds, der nun zur individuellen dramatischen Person geworden ist.

Die auffällige Einläßlichkeit, die seinen persönlichen Werdegang begründet und entfaltet, hat mit überkommener Charakterkomik des Lachtheaters nur noch wenig zu tun. Stattdessen mit zeitgenössischer Psychoanalyse. Denn die schürft umso beharrlicher nach den frühkindlichen (zumal vatermörderischen) Regungen und Wunden im Innern des Einzelnen, je mehr er, nach außen, mit der Gesellschaft zerfallen ist. Anders freilich als die Psychoanalyse um 1900 bezieht Synge, wenn er den gestörten inneren Frieden seines Störenfrieds verfolgt, die Umwelt mit ein. Dabei stöbert er soziale Antriebskräfte auf, die wiederum mit überkommener Situationskomik des Lachtheaters nur noch wenig zu tun haben. Es geht, gerade noch komisch aufgefangen, um Mord und Totschlag.

Von klein auf hat Christy Mahon die Schinderei des Vaters hingenommen und gespeichert. Als ihm der Alte aus egoistischer Gewinnsucht gar noch eine reiche Matrone aufzwingen will und ihm damit auch die Zukunft verbaut, haut sich der Sohn mit der Hacke den Weg frei. Am andern Ort wird die unwillkürliche Tat als willkürliche verstanden und bewundert. Verzückt feiert das Kollektiv, was es selbst nicht wagt. Oder wozu es keine Gelegenheit sieht – wie der kümmerliche Shawn, der neidvoll seine Moral von der Geschicht auf ihre Pointe jammert: »Oh, es ist hart, wenn du eine Waise bist und hast keinen Vater, an den du gewöhnt bist, daß du ihn leicht umbringst, und kannst dich leicht zum Helden machen in den Augen all der andern.« (94 f.) Die andern also machen Christy zum handlungsfähigen Helden, der er weder war noch ist. Doch er wächst durch das, wofür sie ihn fähig halten. Das Vertrauenskapital, das sie in ihm anlegen, macht seine unterdrückten Kräfte flott. Er handelt und siegt beim Sportfest.

So ließe sich fein weiterleben, träte nicht abermals der Vater zwischen ihn und die Zukunft. Mitten im Schwung hemmt er den Erfolgslauf. Ihn noch einmal, aber endgültig, aus dem Weg zu räumen, müßte er einen doppelten Treffer erzielen. Das Hindernis wäre beseitigt, und zugleich wäre der verlorene Kredit beim Kollektiv wieder zurückgewonnen. Diesmal handelt Christy willkürlich. Damit tut er tatsächlich, was ihm vorher das Kollektiv wohlwollend nur unterstellt hat. Doch statt Wohlwollen erntet er Abscheu. Jemanden totzuschlagen, der den eigenen Erfolgsweg abschneidet, diese Heldentat schrumpft, aus unmittelbarer Nähe betrachtet, zur ekelhaften Schlächterei. Hier hätten nun die Dörfler, mitten unter sich, das ersehnte schrankenlose und wirksame Handeln, das ihnen die Gegenwart sonst versagt. Nur, so gegenwärtig wollen sie es nicht haben. Wirklichkeit und Mythe sind zweierlei.

Synge führt unmißverständlich vor: Die beiden Gewaltakte, die den Kurs von Christys Lebenslauf zweimal jäh herumreißen, entspringen keiner eigensinnigen Privat-Dynamik. Daß und wie da Innendruck auf Außendruck antwortet, ist auch kein zeitlos allgemeines Umsichschlagen der gequälten Kreatur. Wenn der Sohn, zunehmend außengesteuert, zweimal den Vater niedermacht und für tot liegen läßt, vollzieht er in Reinkultur wiederum die Durchsetzungskämpfe der Konkurrenzgesellschaft. Was noch ärger befremdet: Am empörten Kollektiv auf der Bühne und vorm empörten Kollektiv im Parkett (beim wüsten Skandal der Uraufführung) entblößt dieser Störenfried zugleich einen grundlegenden Selbstbetrug bürgerlicher Lebensweise. Die doppelte Buchführung von gehätschelten Werten und handfestem Tun. Und erst recht die doppelte Buchführung von häuslichen und öffentlichen Gepflogenheiten. Wer im Berufsleben gewohnt ist, seiner Familie zulieb über Leichen zu gehen, muß stutzen, wenn hier einer sich selbst zulieb über die Leiche seines nächsten Anverwandten geht. Nichts anderes tut Synges Störenfried. Wo er im Familienband einen bürgerlichen Höchstwert zerhackt, befolgt er nur unerbittlich die Verkehrsregeln des freien Markts, den solche bürgerlichen Höchstwerte lediglich ausschmücken.

Das Lachtheater verlangt, daß der Vater schließlich davonkommt und der Sohn die Minderwertigkeitsgefühle, die ihm die Umwelt eingegeben hat, wohlgemut überwindet. Die Dörfler aber, restlos enttäuscht in ihren Träumen wie in ihrem wachen Alltag, sind bedürftiger als zuvor. Ob unwahrer Held oder wahrer Unheld, ein Einzelner kann ihnen nicht mehr helfen – wie das noch bei Ostrowskij der Fall war. Störenfried und Kollektiv haben sich nichts mehr zu sagen. Sie trennen sich. Damit hat die Formel fürs bürgerliche Lachtheater eine Endstation erreicht. Soll es das Lachen nicht verscherzen, kann es sie so nicht noch weiter fortsetzen.

Zwischenbilanz

Von den *Deutschen Kleinstädtern* bis zum *Playboy* sind acht Bühnenstücke in den Blick gekommen, die als Beispiele dienen können für viele ähnliche Fälle aus dem gleichen Zeitraum. Sehr unterschiedlich variieren sie die durchgängige Formel vom Störenfried. Rückblickend zeichnet sich jetzt noch schärfer ab, was die Formel leistet: Fürs bürgerliche Lachtheater, aber auch für unsere Einsicht in seine szenischen Möglichkeiten, komisch einzugehen auf eine Welt, deren Ernst mehr und mehr verspürt, doch nach wie vor überspielt wird. Die Spannweite der Formel ist groß. Ästhetisch und historisch.

Ästhetisch fördert sie Bäuerles biederen Possenulk ebenso wie Gogols beklemmende Groteskkomik; das vierschrötige Verhaltensgezappel von Kotzebues Karikaturen ebenso wie Synges heikles Widerspiel zwischen seelenwundem Einzelnen und seelenwunder Gruppe. Und historisch erfaßt die Formel eine beträchtliche, dabei ungemein eng gedrängte Fortentwicklung des bürgerlichen Selbstbewußtseins. Was alles diese Klasse im Lauf des 19. Jahrhunderts anzurichten, auszukosten und zu verdauen hatte, läßt sich ermessen an den Grenzpunkten der *Deutschen Kleinstädter* von 1803 und des *Playboy* von 1907. Der komisch abschreckende Fall vom Residenzler bei den Krähwinklern ist dazu angetan, einem bürgerlichen Publikum Mut zu sich selbst zu machen. Und der komisch abschreckende Fall vom Helden im irischen Dorf ist dazu angetan, einem bürgerlichen Publikum Angst vor sich selbst zu machen.

Daß das Lachtheater in jener Zeit überhaupt von der Störenfriedformel so ausgiebigen, beharrlichen und ertragreichen Gebrauch macht, und wie es sie jeweils durchspielt: aus beiden Befunden, so habe ich es gedeutet, spricht das Verlangen der betroffenen Klasse, mit ihrem doppelten Zwiespalt szenisch zurande zu kommen. Mit ihrem Zweifrontenkampf im 19. Jahrhundert, rückwärts via Adel und vorwärts via Unterschichten; sowie mit dem klasseninternen Gegensatz zwischen handelnder Großbourgeoisie und leidenden Kleinbürgern. Gewitzte Dramaturgie versucht, mit diesem uneingestandenen Zwiespalt fertig zu werden, indem sie die allgemeinen Ursachen ersetzt und besetzt durch einen besonderen Verursacher, den Störenfried.

Sind die Klassenwidersprüche einmal verlagert in den Außenseiter, der, zumindest scheinbar, von draußen der gesamten Klasse widerspricht, so kann sich das Lachtheater behaupten – samt denen, die es brauchen. Den Außenseiter läßt es schlimme Mißstände aufwirbeln, die letztlich dann aber, eben noch komisch, auf sich beruhen dürfen. Aufs Lachen erpicht, bringt die Bühne vor, was sie zugleich wieder zurücknimmt: Furcht vor weiteren gründlichen Erschütterungen eines gesamtgesellschaftlichen Gleichgewichts, das objektiv ohnehin nicht besteht. Das inszenierte Kollektiv beweist es in jedem Fall aufs neue. Selbst dort, wo die geballte Wiener Kleinbürgerschaft, in Bäuerles Verklärung, so tut, als sei sie der Nabel der Welt und diese somit rundum in Ordnung. So ist die Störenfriedformel, als bedenkliches Modell szenischer Selbstvergewisserung, dem bürgerlichen Lachtheater nicht nur unentbehrlich, sie ist ihm auch verräterisch vielsagend. Vollauf entspricht sie den besonderen Bewandtnissen just dieser Epoche. Was freilich nicht besagt, sie sei einzig ihr vorbehalten. Ich habe anfangs schon darauf hingewiesen, daß es die Formel auch im vor- und nachbürgerlichen Lachtheater gibt. Sie hat dort freilich andere Funktionen und nimmt einen anderen Verlauf.

Vorbürgerliches Lachtheater:
Shakespeares *The Merry Wives of Windsor* (1598) und Molières *Le Misanthrope* (1666)
Beispiele für die vorbürgerliche Epoche liefern Shakespeares *Merry Wives of Windsor* und Molières *Misanthrope*. Im einen Fall beunruhigt der heruntergekommene Ritter Falstaff die heraufgekommene, begüterte Handwerkerschaft durch seine unpassenden erotischen und saufgierigen Ausfälle. Im andern Fall beunruhigt der adelige Sonderling Alceste den eigenen adeligen Umkreis durch seinen unpassenden Aufrichtigkeitsdrang. Wie später dann im bürgerlichen Lachtheater reizt auch hier der andersartige Störenfried die Eigenart des überreagierenden Kollektivs heraus. Dabei kommen fragwürdige Züge zum Vorschein, die gruppenspezifisch sind. Shakespeares Bürger von Windsor offenbaren, angerempelt von Falstaff, ein stures Besitzdenken, das sich unterschiedslos auf Güter, Personen und persönliche Beziehungen erstreckt. Nicht anders als über den Hausstand und seine Vorräte wird über die Ehefrau verfügt und über die Tochter, die dem meistbietenden Bewerber zugedacht ist. Und Molières aristokratische Runde offenbart eine Doppelzüngigkeit, eine zierreiche Verstellung im Handeln und Mitein-

anderumgehen, im Reden und Dichten, was erst in der Abwehr der grimmigen Angriffe von Alceste in übergrelles Licht gerät.

Insoweit stimmt die Formel mit dem überein, was auch bei Kotzebue oder Nestroy oder Ostrowskij zu beobachten ist. Anders hingegen verhält es sich mit der wertenden Gewichtung von Eigenartigkeit des Kollektivs und Andersartigkeit des Störenfrieds. Gleichfalls anders ist die Konsequenz, die im Stück und fürs Publikum gezogen wird. Die fragwürdigen Gepflogenheiten des Kollektivs, die der Störenfried aufbringt, werden zwar als tadelnswert dargestellt. Doch sie erscheinen letzten Endes als Auswüchse einer Umgangsform, die grundsätzlich nicht infrage zu stellen ist. Die Frauen und Männer von Windsor können getrost so weiterleben, wenn sie – wie der versöhnliche Schluß vorzeigt – ihr Besitzdenken aufs rechte Maß bringen. Dann kriegt auch die Tochter, bedroht durch Vermarktung, den (keineswegs armen) Mann, den sie liebt. Alcestes doppelzüngige Umwelt wird zwar stärker gebeutelt, doch Molière läßt, zumindest bei seinen Zeitgenossen, keinen Zweifel aufkommen, daß die prinzipiell bejahte Gesellschaft von ›la cour et la ville‹ wie jede andere an unbedingter Aufrichtigkeit scheitern müßte. Kurz, in beiden Fällen verkörpert das Kollektiv eine Norm, die unversehrt aus den Reibungen mit dem Störenfried hervorgeht. Auf der Bühne und fürs Publikum, das diese Norm teilt.

Nicht so, begreiflicherweise, der Störenfried. Er ist, bezogen aufs Kollektiv, zwangsläufig unnormal. Falstaff, der den Adel seiner Klasse im Portwein liquidiert, fällt noch unter den Reputationspegel der Bürger. Alceste, der rücksichtslos Aufrichtigkeit erzwingen will, erweist sich als schlechterdings ungesellig. Darum ist er, auch wenn er weiterlebt, zu einem Ab-Leben verdammt. Dramaturgisch und sozial also ist hier die Rolle und Wirkung des Störenfrieds völlig anders angelegt als im bürgerlichen Lachtheater. Dramaturgisch ist er aufgewertet. Mehr als bloßer Reizauslöser fürs Kollektiv, ist er eigengewichtige, profilierte Figur, die den Mittelpunkt der komischen Handlung einnimmt. Sozial dagegen wird er abgewertet. Denn was er verkörpert, wird zum Gegenstand notwendiger Korrekturen, denen er sich entweder schlecht und recht unterwirft (wie Falstaff) oder verweigert (wie Alceste).

Alles in allem dient dieser Typus von Störenfried – und durch ihn die ganze komödiantische Formel – dazu, die bestehende gesellschaftliche Verfassung zu bekräftigen, indem er, am Ende entstört, darin aufgeht oder daraus verschwindet. Ob Falstaff, das wüste Stück Fleisch, aufgebläht von Völlerei und großmäuligem Selbstgenuß; oder Alceste, die hochempfindliche Seele, nimmersatt leidend unterm Ekel an der Umwelt: je größer das persönliche Volumen des Störenfrieds, desto größer die Genugtuung des Kollektivs, dem er, so oder so, den Platz räumen muß. Anders als das Bürgertum im 19. Jahrhundert lassen sich hier die ausschlaggebenden Gruppen der Gesellschaft den Frieden nur vorübergehend an der Oberfläche trüben. Nichts hinterbleibt, was ihr eigenes inneres Gleichgewicht ernsthaft gefährdet. Alceste hat zwar den Zirkel der Dame Célimène durcheinandergebracht. Doch bei ihr wie anderswo werden sich die gleichen Zirkel bilden, mit den gleichen Verkehrsformen.

Ähnlich werden Shakespeares *Timon* und Tirso de Molinas *Don Juan*, Lope de Vegas *Ritter vom Mirakel* und Corneilles *Lügner* am Ende zur Strecke gebracht. Kritisch fürs feudale Lachtheater wird die Formel erst in dem Moment, da der Störenfried nicht von außen kommt, sondern von unten. Und zugleich einen ganzen Stand vertritt. Beaumarchais' *Figaro* ist nicht mehr abzutun als unnormal. Er setzt eine neue Norm, indem er die alte, vorerst mit List, außer Kurs setzt. *La folle journée* (1784), der verrückte Tageslauf, den Figaro in Schwung bringt für die Hofhaltung des Grafen Almaviva, weitet sich unabsehbar aus.

Nach- und antibürgerliches Lachtheater
Wie man sieht, ist der Funktionswechsel der Formel im späten 18. Jahrhundert beträchtlich. Dahingegen erscheint, innerhalb einer langfristigen Geschichte komischer Dramatik, die ästhetische Kluft zwischen feudalem und bürgerlichem Lachtheater minder schroff als die spätere ästhetische Kluft zwischen bürgerlichem und antibürgerlichem Lachtheater. Wieso?

Gerade in der Störenfriedformel und durch sie behauptet sich der epochale Angriff gegen die herkömmliche szenische Illusion des Bühnengeschehens. Er wird allenthalben geführt, in ernster wie in komischer Dramatik. Im Lachtheater passiert dabei mehr, als daß Störenfried und Kollektiv nun ein Drama austragen, das nicht länger suggeriert, ganz und gar das zu *sein*, was er doch nur *spielt*. Es geht noch weiter. Es kann den Störenfried jetzt noch potenzieren. Es kann ihn steigern zum doppelten Störenfried, der am Kollektiv beides zu erschüttern hat, eins im andern: szenische Illusion in gesellschaftlicher Illusion und gesellschaftliche Illusion in szenischer Illusion.

Wie sich das abspielt und worumwillen, werde ich an drei Beispielen zeigen. Sie sind so ausgewählt, daß gleichermaßen die ästhetische wie die weltanschauliche Variationsbreite des Lachtheaters im 20. Jahrhundert sichtbar wird. Das erste ist ein Stück, das aus sozialistischer Sicht in einer rückfallgefährdeten nachrevolutionären Gesellschaft verfaßt wurde und davon handelt: Wladimir Majakowskijs *Die Wanze* (1929). Das zweite ist ein Stück, das aus bürgerlich kritischer Sicht in einer gefährlich selbstsicheren kapitalistischen Gesellschaft verfaßt wurde und davon handelt: Friedrich Dürrenmatts *Der Besuch der alten Dame* (1955). Das dritte ist ein Stück, das aus sozialistischer Sicht in einer gefährlich unsicher gewordenen kapitalistischen Gesellschaft verfaßt wurde und davon handelt: Dario Fos *Zufälliger Tod eines Anarchisten* (1971).

Majakowskijs *Die Wanze* (1929)

Als Wanze verhält sich Majakowskijs Hauptfigur Prissypkin. Parasitär lebt er von anderen und scheint unausrottbar. In ekligem Übermaß verkörpernd, was allgemein die sowjetische Gesellschaft der späten zwanziger Jahre befallen könnte, wird er zum Störenfried dieses noch jungen Kollektivs. Erschrecken muß es vor den eigenen geheimen Anfechtungen, die er – vorerst nur ein Außenseiter – schamlos auslebt. Prissypkin, der nachrevolutionäre Spießer, nutzt die gemeinsam erkämpften neuen Möglichkeiten einzig zu seinem persönlichen Vorteil. Dabei stellt er nicht bloß irgendeinen zufälligen Privatmenschen dar. Majakowskij verkörpert in ihm zugleich die Auswüchse dessen, was die sowjetische Regierung seit 1921 als NEP (»Neue Ökonomische Politik«) betrieb. Um dem zerrütteten Zustand des Landes – ausgeblutet durch Krieg, Revolution, Bürgerkrieg, Mißernten – aufzuhelfen, griff man teilweise auf marktwirtschaftliche Praktiken zurück. Mit zwiespältigen Ergebnissen. Der zunächst offensichtliche Erfolg ließ sich weder halten noch gar ausweiten. Und erst recht waren die Auswirkungen aufs Bewußtsein der Bevölkerung unvereinbar mit dem Entwurf einer grundsätzlich neuartigen, zukunftsträchtigen Gesellschaftsorganisation. Dieser allgemeine Zwiespalt also kriegt in der komischen Figur des Prissypkin Haut und Haar, Hand und Fuß. Denn Majakowskijs Störenfried hintertreibt, als Person wie als Personifikation, das Ziel der Revolutionskämpfe, restlos aufzuräumen mit den Antriebskräften des bürgerlichen Egoismus.

Der erste Teil der schauerlich belustigenden ›Zauberkomödie‹ (so der Untertitel) gipfelt in einem prasselnden Spektakel. Bei Prissypkins neureicher Hochzeitsfeier geht das Haus in Flammen auf, mit Mann und Maus und Wanze. Das Kollektiv ist ihn los. Doch Majakowskij beläßts nicht dabei, solchermaßen die Lebenshaltung der NEP an sich selbst zugrunde gehen zu lassen. Fünfzig Jahre später darf der Störenfried erneut zum Zug kommen. Eine völlig neue Umwelt taut ihn auf aus dem Eisblock, den einst der gewaltige Feuerspritzeneinsatz im abgebrannten Keller hinterließ. Diese Zukunftswelt ist ihm – wie Majakowskijs Publikum – so fremd wie er ihr: eine vollkommen durchorganisierte und technifizierte Gesellschaft, weltweit geeint in einem sozialistischen Staatenbund.

Keimfrei, maßvoll und sorgenlos, aber auch aussichtslos gehen hier die Menschen miteinander um. Elektrische Geräte regeln medizinische Versorgung wie politische Willensäußerung wie persönliche Gefühle. Die künstliche Harmonie dieses globalen Kollektivs, das ihn wie ein rares exotisches Tier behandelt und öffentlich vorführt, bringt der alte neue Störenfried in ärgste Verwirrung. Was allgemein an unberechenbaren menschlichen Regungen säuberlich verdrängt worden ist, bricht jäh hervor, wenn die einstigen Alltagsgewohnheiten in Prissypkin auferstehen: Schnapskonsum und Schlagergesang, Foxtrott und die Lust an kitschigen Dreigroschenromanen. Die menschliche Wanze wird zum Bazillus, der epidemisch um sich greift, bis man ihn wieder isolieren kann.

Hier zeigt sich, was herauskommt, wenn das antibürgerliche Lachtheater den Störenfried potenziert. In der *Wanze* übernimmt er eine Doppelrolle. Erst beirrt er den Irrglauben des gegenwärtigen Kollektivs, Sozialismus sei zu erreichen, auch wo man ihn, streckenweise, auf kapitalistische Weise betreibt. Er stört, indem er am eigenen Leib vorführt, was der Allgemeinheit blüht, wenn sie so weitermacht: zunächst aufgekratztes Kleinglück, alsbald abgekratzte Menschlichkeit bei jenen, die sich da so marktverzückt recken und strecken – bis in Details der Kosmetik, die knallig wirbt für den Tauschwert der Person. Dann, im zweiten Teil des Stücks, beirrt er den Irrglauben des zukünftigen Kollektivs, Sozialismus sei erreicht, wo gesellschaftliche Widersprüche technisch zwar beseitigt sind, die Menschen aber innerlich entfremdet leben müssen; anders

Abb. 7 *Die Wanze* von Wladimir Majakowskij. Szenenfoto aus der Moskauer Aufführung von 1929, Inszenierung W. Meyerhold (Theater-Museum München)

als früher zwar, aber eben immer noch. Diesmal stört er, andersrum, indem er am eigenen Leib vorführt, was der Allgemeinheit verlorengegangen ist: Spontaneität, Risikobereitschaft, Lust auch am planlos Zweckfreien.

Prissypkin beunruhigt auch das Kollektiv des Publikums. Insofern, als der negative Störenfried der Gegenwart unverändert identisch ist mit dem positiven Störenfried der Zukunft. Der gleiche wanzenhafte Revolutionsspießer, der in der aufgewühlten zeitgenössischen Gesellschaft Ekel erregt, kann Sympathien gewinnen in jener abgestillten aseptischen Gesellschaft von übermorgen. Majakowskijs dialektischer Dreh entwirft eine szenisch-anschauliche Warnung: die geschichtliche Fortentwicklung des Sozialismus muß fehlgehen, wenn seine jetzigen Widersprüche nicht ausgetragen und aufgehoben, sondern nur gründlich verdrängt werden. Das überdauernde Ungeziefer und das weltweite hysterische Entzücken, das es hervorruft – gerade in solchem mehr als komischen Mißverhältnis zwischen wanzenwinzigem Auslöser und riesiger Wirkung offenbart sich die verheerende Macht dessen, was ins kollektive Unbewußte abgedrängt wird.

Der potenzierte Störenfried erschüttert, wie gesagt, gesellschaftliche Illusion in szenischer Illusion und umgekehrt. Die befremdende negativ/positive Doppelrolle des Prissypkin, der tiefgefroren zwei Generationen überdauert, um unverfroren wie eh und je wieder aufzutauen, ist eine wohlberechnete Zumutung des Autors. Diese Figur muß ein Publikum aufreizen, das – wohlgenährt durch Tschechows und Gorkis handfesten Realismus – auf den Schein naturgetreuen Bühnenlebens eingeschworen ist. Solche Störung auch des ästhetischen Friedens fördert Majakowskij mit allen Mitteln. Harte Montageschnitte in der Handlungsfolge; Rufparolen und Spruchbänder, die über die Rampe zielen; zirkusartige Schaunummern: all das bleut dem Publikum ein, *was* hier und *daß* hier gespielt wird.

Dürrenmatts *Der Besuch der alten Dame* (1955)

Dürrenmatt geht ähnlich vor wie Majakowskij. Auch er erzeugt schockierende Spannung durch ein überspanntes Verhältnis zwischen Störenfried und Kollektiv, um gleichermaßen gesellschaftliche wie szenische Illusionen zu durchstoßen. Auch er entwirft ein gezielt unwahrscheinliches Mißverhältnis der Größenordnung von Störenfried und Kollektiv. Nur, im *Besuch der alten Dame* liegen die Dinge andersrum. Kein winziger Außenseiter bringt ein riesiges Gemeinwesen durcheinander. Es ist vielmehr die übermächtige Großunternehmerin Claire Zachanassian, die das arme Provinzstädtchen Güllen in tödliche Verwirrung stürzt. Tödlich für Claires ehemaligen Geliebten Ill, der mit seinem Leben zahlen muß, daß er sie als ledige Mutter einst schofel sitzen ließ. Und tödlich fürs Gewissen der Gemeinde, die, gemeinsam, den erkauften Lynchmord begeht, um die ausgesetzte Milliarde einzustreichen.

Bei dem wuchtigen Racheakt zählt weder individualpsychologische noch gruppenpsychologische Stichhaltigkeit. Auch hieraus läßt sich, wie bei Majakowskij, die Kluft zum bürgerlichen Lachtheater ermessen. In Synges *Playboy* hat es gerade dadurch einen äußersten Punkt erreicht, daß es die eigenartigen inneren Beweggründe und Reaktionen zum Vorschein bringt, die auf ebenso eigenartige äußere Umstände antworten. Beim Kollektiv des irischen Dorfes nicht minder als beim Störenfried Christy Mahon, die einander, eigenartig, anziehen und abstoßen. Weder Majakowskij noch Dürrenmatt brauchen solche innere Charakteristik. Ihr Störenfried wie ihr Kollektiv sind Beispielgrößen. Sie stehen ein für sämtliche Einzelfälle des jeweils angesprochenen allgemeinen Sachverhalts. Eigenart wäre da überschüssig. Beispielgrößen? »Claire Zachanassian stellt weder die Gerechtigkeit dar noch den Marshallplan oder gar die Apokalypse, sie sei nur das, was sie ist, die reichste Frau der Welt ...« So Dürrenmatt, der sich grundsätzlich dagegen verwahrt, Sinnbilder ersonnen zu haben. Hält man sich freilich an die anschauliche Selbstdarstellung seiner Titelfigur auf der Bühne, wird sie eben doch zur Beispielgröße. Auch wenn sie so nicht gemeint sein soll, wirkt sie wie eine Verkörperung des Monopolkapitalismus. Claires multinationaler Großkonzern, der gleichermaßen Industrie – hauptsächlich Öl – wie Banken umfaßt, wuchs, indem er nach und nach kleinere Unternehmen schluckte. Mit Geld erwirbt und verschleißt sie nicht nur zahlreiche Gatten; sie macht damit auch ihre Handlanger zu willenlosen Geräten (darunter zwei Männer, die sie kastrieren ließ). Um Güllen zu zermürben, noch eh sie leibhaftig mit ihrer Milliarde daherkommt, hat sie jahrelang, durch vorgeschobene Firmen getarnt, die Produktionsmittel der Stadt heimlich erworben und ruiniert. Noch am eigenen Leib lebt Claire Entfremdung vor. Er besteht, zum guten Teil, aus kostbaren Kunstgliedern.

Wenn dieser Störenfried das gleiche Kollektiv, das er zuvor hinterhältig in den Bankrott getrieben hat, nunmehr offen dazu verführt, den Milliardenkredit des Kopflohns aufzunehmen – alsbald übertrumpfen sich Einwohner und Stadtverwaltung von Güllen in Konsumwut –, dann kassiert er auch noch die moralischen Rücklagen, die dem Kollektiv einzig geblieben sind. Gewaltsam, auf dem ökonomischen Feld mittelbarer Gewaltanwendung, treibt Claire unrechtmäßiges Recht bei jenen ein, die ihr einst das rechtmäßige Recht verwehrten.

Ein unerbitterlicher Hergang. Er erscheint in sich zwingend schlüssig und ebenso zwingend rückschlüssig auf die Gesellschaft, der Dürrenmatt seine ›tragische Komödie‹ vorhält. Denn nicht bloß die Figur der Titelheldin, auch ihr kreisförmiger Lebenslauf ist eine Beispielgröße. Wenn der vormals leichtgewichtige immaterielle Störenfried (Claire, die ledige Mutter) wiederkehrt als übergewichtiger materieller Störenfried (Claire, die Milliardärin), um das Kollektiv zu verschlingen, das einst ihn ausgespuckt hat, so schlägt abermals das Vorbild durch: der Entwicklungsgang des Monopolkapitals. Die Bürger von Güllen sind restlos befangen in den Verkehrsformen, die früher mal mit dem freien Spiel der wirtschaftlichen Kräfte zu tun hatten,

Abb. 8 *Der Besuch der alten Dame* von Friedrich Dürrenmatt. Szenenfoto aus der Aufführung der Münchner Kammerspiele am 28. Mai 1956
(Foto Steinmetz)

heute aber selbst dem Großunternehmer allenfalls kleine Kurs-
korrekturen einräumen innerhalb einer grundsätzlich festgeleg-
ten Richtung. Diese Bürger von Güllen können dem Geschäfts-
druck der Zachanassian weder ausweichen, noch können sie ihn
etwa gar erwidern. Denn sie gehören sich selbst nicht mehr.
Ganz buchstäblich. Sie werden nicht, sie sind schon längst ge-
kauft, ohne daß sie es gemerkt haben.

Das Widerspiel zwischen Störenfried und Kollektiv offenbart
sich im Lauf des Stücks als sinnlose Farce von Gnaden des
Störenfrieds. Scheinbar dauern die dramatischen Auseinandersetzungen, jedenfalls im Bewußtsein der Güllener, bis kurz vor
Ende des Stücks. Scheinbar, weil dazu zwei Partner gehören.
Das ist nicht der Fall, wenn der eine den andern schon vereinnahmt hat, noch bevor sie in der ersten Szene aufeinandersto-
ßen. Dabei geht Dürrenmatts abgefeimte Dramaturgie noch um
eine paradoxe Drehung weiter, indem sie, wie der inszenierte
Monopolkapitalismus selbst, die geläufigen Maßstäbe sinnlicher
Erfahrung umstülpt. Der eine dramatische Partner hat den andern verschlungen. Nicht jedoch das vielköpfige Kollektiv den
einköpfigen Störenfried, sondern umgekehrt.

Diese Paradoxie ist freilich kein witziger Einfall des antibürgerlichen Lachtheaters. Sie steckt in der zeitgenössischen Wirklichkeit. Jeder im Publikum – er mag darüber lachen oder nicht
– könnte sie im eigenen Alltag antreffen, wäre sie nicht ebenso
überdimensioniert wie jene alte Dame. Daß sie auf der Bühne
anzutreffen ist, dafür sorgt Dürrenmatts groteske Verzerrung.
Sie entzerrt die allzu nahe, gewohnheitsmäßige Alltagsoptik der
Zuschauer. Nachdem Claire in der Vorgeschichte des Spiels,
unsichtbar, ganz Güllen ökonomisch vereinnahmt hat, macht
sie sich während des Spiels, sichtbar, über ganz Güllen her, um
es moralisch zu vereinnahmen. Sie packt an und greift zu: mit
ihren Prothesen und Kastraten.

Fos *Zufälliger Tod eines Anarchisten* (1971)

Verglichen mit den Stücken von Majakowskij und Dürrenmatt,
wirkt Dario Fos *Zufälliger Tod eines Anarchisten* zunächst wie
ein Rückfall ins bürgerliche Lachtheater. Was es hier zu sehen
und zu hören gibt, bleibt, so scheint es, im herkömmlichen
ästhetischen Rahmen. Ein faßlich begrenzter Schauplatz: Büro-
zimmer in einem Polizeipräsidium. Ein faßlich begrenzter Sachverhalt: der authentische Fall vom fragwürdigen Tod des Anarchisten Pinelli, 1970, in einem Mailänder Gefängnis. Ein faßlich

Abb. 9 *Zufälliger Tod eines Anarchisten* von Dario Fo. Szenenfoto aus der Aufführung des Nationaltheaters Mannheim, 1979

begrenztes Angriffsobjekt: politische Korruption der Behörden. (Durch Fälschungen, Nötigungen und andere Übergriffe suchte die Polizei das blutige Mailänder Bombenattentat vom 12. 12. 1969 – tatsächlich begangen durch Neofaschisten – auf »linken Terror« zurückzuführen.) Vollends die Weise, wie hier Störenfried und Kollektiv miteinander umgehen, hält sich, auf den ersten Blick, an die szenische Komik des 19. Jahrhunderts. Ja, sogar an bestimmte Bühnenstücke.

Da dringt ein Fremder ins Polizeipräsidium, läßt sich für den angekündigten Untersuchungsrichter aus Rom halten und deckt einen wuchernden Komplex von Unrechtshandlungen auf, die zum gewaltsamen Tod des tatsächlich unschuldigen Anarchisten geführt haben. Schließlich wird der Fremde entlarvt und aus dem Weg geräumt – durchs Fenster des vierten Stocks, wie der Anarchist. Allgemeines Aufatmen, bis ein neuer womöglich echter Untersuchungsrichter auftritt. Unverkennbar beruft Fo das Vorbild von Gogols *Revisor*.

Aber auch Nestroys *Freiheit in Krähwinkel* wirkt nach. Wie dort der revolutionäre Journalist Ultra unterläuft hier der Störenfried vorsätzlich das Kollektiv mit mehr als einer falschen Maske aus dessen eigenem Fundus. Erst als Untersuchungsrichter, dann als militärischer Sprengstoffspezialist, dann als Bischof. In lauter Rollen also, deren Autoritätswucht das Kollektiv dazu bringt, mehr und mehr den grenzenlosen Umfang seiner Korruption preiszugeben. Wenn die Beamten – vom Wachtmeister über die Kommissare bis hinauf zum Polizeipräsidenten – Farbe bekennen, handeln sie nicht nur unter dem einschüchternden Druck der Macht, die sie in dem Fremden sehen. Sie handeln erst recht in der gläubigen Gewißheit, daß der Fremde auf höherer Stufe das gleiche Machtkartell vertritt wie sie. Demnach müßte er allen Grund haben, gemeinsam mit ihnen im besonderen Fall die allgemeinen Mißstände zu vertuschen, deren Ausdruck er ist.

Schon hier macht sich bemerkbar, daß Fo die begrenzten Maße und Gattungseigenarten des bürgerlichen Lachtheaters nur aufgreift, um sie zu sprengen. Der Zustand der Welt, dem jetzt dramatisch zu entgegnen ist, fördert und verstärkt, was sich in den Stücken des 19. Jahrhunderts schon abgezeichnet hat. Er läßt nicht länger zu, szenische Heiterkeit und szenischen Schrecken in gesonderten Eigen-Gattungen auseinanderzuhalten. Wie Majakowskij eine bitterböse Zauberkomödie, wie Dürrenmatt eine tragische Komödie entwirft, so entwirft Fo eine ›tragische Farce‹. Und zwar ebenfalls aus einem weltweiten Gesichtswinkel. Auch *Der Revisor* und *Freiheit in Krähwinkel,* die im *Anarchisten* fortwirken, zielen ernsthaft über den besonderen Fall hinaus, den sie komisch auf die Bühne bringen. Doch der umfassende Zusammenhang, den er anzeigt, soll dort weder grundsätzlich erfaßt noch grundsätzlich gebrandmarkt werden. Genau dies aber widerfährt den allgemeinen Mißständen, die Fos Störenfried aufwirbelt.

Die Verfassung der Mailänder Polizei steht für die Verfassung des italienischen Staatsapparats. Und der steht, als Statthalter, für das menschenfeindliche Wirtschaftssystem des Landes, das politisch und ökonomisch verflochten ist mit internationalen Interessen. In den verschreckten und zynischen Reaktionen, die der Störenfried den Mailänder Polizeibeamten entlockt, kann das Publikum den durchgängigen Schrecken und Zynismus der herrschenden Mächte ausmachen. Sie nutzen das augenblickliche politische Chaos, um das gesamtgesellschaftliche Dauerchaos zu überspielen. Sie lenken den drohenden Unmut der ausgepreßten Bevölkerung von sich weg auf Abseitige: auf ein paar Anarchistengrüppchen, die bei Fo als unerhebliche Spinner erscheinen. Indem die herrschenden Mächte den Terror von rechts den Linken anhängen, schüren sie ein allgemeines Klima der Angst, das die Schuld an den kapitalistischen Mißständen denen zuschiebt, die dagegen ankämpfen. Konkret: der außerparlamentarischen Linken, die, im Sinn von Fo, weder mit den wirren Anarchisten noch mit der verbürgerlichten kommunistischen Partei etwas zu tun haben will.

Wie kann und warum soll man darüber lachen? Merkwürdig genug: es gibt wohl kaum ein zweites Bühnenstück der letzten zwanzig Jahre, das dem Publikum ähnlich unbändiges Gelächter abzwingt. Auch nicht von Fo selbst. Solche Wirkung verdankt es seiner selten glücklichen szenischen Anlage. Hier treffen, bedingen und steigern sich wechselseitig zwei Momente, die gemeinhin einander eher ausschließen. Einerseits eine schlüssige, scharf umrissene Fabel, andrerseits eine schier unerschöpfliche Entfesselung körperlicher, sprachlicher, dinglicher Possenreißerei. Letztere bewirkt, daß einem das Lachen nirgends vergeht. Erstere bewirkt, daß man weiß, warum und wogegen man lacht. Schlüssigkeit und Umriß gewinnt Fos Fabel, indem er die markante Störenfriedformel auf die Hintergründe des ebenso markanten Anarchisten-Vorfalls ansetzt, um sie schrittweis analytisch zu enthüllen. Und die Possenreißerei gewinnt ihren rüden Schwung aus Requisitenjux mit Kleidern und Telefonen, Wandbildern und Glasaugen, Zeitbomben und Handprothesen; sowie aus Brachialrüpeleien mit Ohrfeigen, Arschtritten und Maulfürzen. Am meisten jedoch aus den verblüffenden Verwandlungsakten des Störenfrieds, der alle Sprach- und Haltungsregister aller einschlägigen Machtträger spielend beherrscht.

Wie aber darf er das wollen und können, ohne aus der Schlüssigkeit der Fabel herauszutanzen? Gerade hier setzt Fo die schlagkräftigste Pointe. Sein Störenfried ist ein Irrer. Er ist besessen von der Manie, die tonangebenden Rollen der zeitgenössischen Gesellschaft möglichst lebensecht spielen zu können: vom Psychoanalytiker bis zum Industriellen, vom hohen Offizier bis zum Kirchenfürsten, vom Gelehrten bis zum Untersuchungsrichter. Fachwissen, Anschauungsmaterial und mimetische Einfühlung hat er sich auf jahrelanger Rundreise innerhalb und außerhalb von Italiens Heilanstalten erworben. Anwenden konnte er sie, zu seinem Leidwesen, bisher nur bei unerheblichen Gelegenheiten. Nun verschafft ihm das Mailänder Polizeipräsidium den glanzvollen Höhepunkt und Abschluß seiner manischen Bühnenlaufbahn: »... ich bin für das realistische Theater, deshalb müssen meine Mitspieler echte Menschen sein, ... die nicht schauspielern können«. (115)

Ein Irrer als Störenfried. Auch diese geniale, weil bislang unerkannt naheliegende Variante wäre im bürgerlichen, aber auch im vorbürgerlichen Lachtheater kaum möglich gewesen. Denn sie muß, konsequent durchgeführt, das Kollektiv so schmerzvoll erschüttern, wie es dazumal weder der ästhetische noch der soziale Spielraum erlaubt hätte. Um den weiten Abstand zu ermessen, braucht man nur den Irren von Fo mit den Narren von Shakespeare zu vergleichen. Auch sie sind dazu da, den gegenwärtigen Lauf der Welt einzusehen und anzusprechen. Doch ihre Narren-Freiheit, jederzeit kündbar, lebt von Gnaden des Fürsten und Brotgebers, der sie sich zum eigenen Ergötzen leisten kann. Geht sie zu weit, wird der Narr verbannt. Weiterreden kann er, falls er brotlos weiterreden mag, außerhalb des fürstlichen Machtbereichs *(König Lear; Wie es euch gefällt)*. Als Bühnenfigur bewegt sich Shakespeares Narr, der buchstäblich charakterlos ist, von vornherein abseits vom dramatischen Geschehen. Persönlich betrifft es ihn nicht, weil er keine Person, sondern eine Instanz ist. Mit Fos Irrem steht es anders. Ihn hat nicht schon die Dramaturgie, ihn hat erst das Kollektiv, das sich aufgrund dieser Dramaturgie bewegt, ins Abseits getrieben. Wieder und wieder hat es ihn in Heilanstalten gesperrt, aus denen er wieder und wieder ausgebrochen ist. Wenn er, als offiziell eingestufter klinischer Wahnsinnsfall, die öffentlichen Machtträger brüskiert, handelt er also nicht, wie Shakespeares Narr, in deren Auftrag, sondern aus eigenem Antrieb. Er unterläuft sie, die von ihm nichts wissen wollen, und bringt sie durcheinander.

Die Ironie des Vorgangs ist so schlagkräftig wie vielsagend. Einzig und allein kraft der Rolle, die das Kollektiv ihm aufgedrängt hat, kann der Störenfried seinerseits sich dem Kollektiv aufdrängen. Genußvoll nutzt er die wahnsinnige Energie und Beweglichkeit, die der abgewerteten Wahnsinnsrolle entspringen, eigens dazu, die hochgewerteten Rollen der Gesellschaft zu spielen. Das geschieht, fürs Kollektiv auf der Bühne, so täuschend lebensecht, daß dem zuschauenden Kollektiv dabei aufgeht, welcher Wahnsinn im echten Leben dazu gehört, um bei einwandfreier Zurechnungsfähigkeit diese Rollen ernsthaft auszufüllen.

Fos Ironie offenbart noch mehr. Wenn der Irre, pausen- und bruchlos, erst den Richter, dann den militärischen Bombenspezialisten, dann den Bischof verkörpert, und zwar jedesmal mit der gleichen zwingenden Überzeugungskraft, löst er wiederum zweierlei Verstörung aus. Beim Kollektiv auf der Bühne, nachdem es ihn endlich demaskiert hat, den – folgenlosen – Eindruck, daß die eigenen Autoritätsfiguren nur Charaktermasken sind. Und beim zuschauenden Kollektiv den – vielleicht folgenreichen – Eindruck, daß die gesellschaftlich verbriefte Geisteskrankheit des Störenfrieds letztlich eine materielle Krankheit der Gesellschaft ist. Vor aller Augen vollzieht sich eine schrecklich komische Inversion. Die gespaltene Persönlichkeit ist imstand, die Spaltung der spätbürgerlichen Welt spielend in sich aufzuheben: ihre extreme Arbeitsteilung; ihre fortschreitende Zersplitterung in lauter überspezialisierte Einzelzuständigkeiten, die kein gemeinsames gesellschaftliches Ziel zusammenhält.

Schließlich wird Fos Ironie zur politischen Frage ans Publikum. Unausgesprochen, spricht sie aus dem Ablauf der Ereignisse: Wenn unter den gegebenen Umständen einzig und allein ein Verrückter geneigt und begabt ist, der Rundum-Korruption auf den Grund zu gehen, – wie verrückt oder selber korrupt müssen dann all die Einzelnen, die Organisationen und die Massen sein, die sich davor drücken?

Der Irre auf der Bühne irritiert, über die Rampe hinweg. Bis zum Schluß und darüber hinaus. Man muß nämlich rätseln, ob er, anders als der Anarchist, den Fenstersturz überlebt hat, demnach als unsterblich zu gelten hätte. Denn dem beseitigten Fremden folgt im letzten Bild prompt ein erneuter, wie bei Gogol dem falschen Revisor der echte folgt. Nur, Fo läßt offen, ob es diesmal ein richtiger Richter ist oder abermals der Irre in noch besserer Maskierung. Somit stellt er dem Publikum anheim, ob es aufgrund der eigenen Alltagserfahrungen die eine oder die andere Wendung für angemessener hält. Oder ob es gar seinerseits die dringend erforderliche Rolle des Störenfrieds übernehmen will. Dann hätte der Störenfried Aussicht, selber Kollektiv zu werden. Ein anderes als jenes, das auf der Bühne die immer noch herrschende Gesellschaft karikiert.

Im ersten Teil des Buchs habe ich anhand der Störenfriedformel einen thematischen Längsschnitt durch den gesamten Zeitraum des bürgerlichen Lachtheaters gelegt, einschließlich seiner Vor- und Nachgeschichte. Ausschlaggebend waren dabei zwei Fragen, die zueinander gehören. Einerseits: Welche Entwicklung durchläuft das Lachtheater, spätestens vom 18. Jahrhundert bis in unsere Zeit? Andrerseits: Worin besteht die besondere Eigenart jedes einzelnen Bühnenstücks, das diese Entwicklung beispielhaft markiert? Ob die jeweiligen Stücke als Komödie oder Posse, Schwank oder Operette gekennzeichnet sind, und wie sich solche Gattungszugehörigkeit von Fall zu Fall auswirkt, davon habe ich zunächst abgesehen.

Diese Frage soll jetzt in den Vordergrund rücken, wenn im zweiten Teil des Buchs Querschnitte gelegt werden durch den gleichen Zeitraum des bürgerlichen Lachtheaters. Hier gehts weniger um den geschichtlichen Entwicklungsgang; auch nicht so sehr um die besondere Eigenart bestimmter Stücke und Autoren. Gefragt und befragt ist vielmehr das übergreifende Gepräge jener Gattungen, die als charakteristische Spielarten des bürgerlichen Lachtheaters seine Popularität ausmachten. Noch deutlicher womöglich als die einzelnen Stücke von Nestroy oder Gogol, Kotzebue oder Synge geben sie Auskunft über den ästhetischen, weltanschaulichen und sozialgeschichtlichen Erfahrungsraum der Epoche. Denn sie weisen beträchtlichen Mengen von Einzelstücken die gemeinsame dramatische Anlage zu. Und da sie durchweg im 19. Jahrhundert neu aufkommen, raschestens sich ausbreiten und im ersten Drittel des 20. Jahrhunderts bereits den Höhepunkt ihrer szenischen Schlagkraft überschritten haben, sind sie erst recht aufschlußreich für die Antworten, die das bürgerliche Lachtheater seiner Zeit erteilt. Zuerst soll von der historisch frühesten Gattung die Rede sein, von der Posse. Damit ist hier ausschließlich die Lokalposse gemeint, die, im Unterschied zur Zauberposse, von alltäglichen Menschen unter alltäglichen Umständen handelt.

Diese Gattung hat zwar vereinzelte Vorläufer schon im 18. Jahrhundert, beispielsweise in Goldonis *Il Campiello* und *Baruffe Chiozzotte*, doch massiv und auf breiter Front setzt sie sich erst später durch und anderswo. Räumlich: so gut wie ausschließlich in deutschsprachigen Gebieten; zeitlich: so gut wie ausschließlich zwischen 1819 und 1870. Zwischen den Karlsbader Beschlüssen, die das innenpolitische und wirtschaftliche Leben restaurativ gängelten und der deutschen Reichsgründung, die in der allgemeinen Euphorie nationalstaatlicher Einheit und ungestümer wirtschaftlicher Entfaltung die demokratischen Anstöße von 1848 beinah restlos tilgte.

Maßgebende deutschsprachige Possenschreiber sind: Adolf Bäuerle und Johann Nestroy (Wien); Julius von Voss, Louis Angély, David Kalisch, Emil Pohl (Berlin); Carl Malss (Frankfurt/Main); Ernst Elias Niebergall (Darmstadt). Bei allen entschieden lokaleigenen Abweichungen drängen sich in ihren Stücken durchgängige Züge auf, die eine gemeinsame Richtung erkennen lassen. Sie zeigen an, wie das handfeste populäre Lachtheater die epochalen gesellschaftlichen Erschütterungen ernster nimmt als das ernste Theater von Grillparzer, Grabbe, Hebbel, das zur selben Zeit sich immer mehr aus der aktuellen Gegenwart hinwegstilisiert. Solche durchgängigen Züge der Lokalposse zeichnen sich ab in ihrem thematischen und dramentechnischen Bestand. Sie weisen darauf hin, wie hier den allgemeinen Erfahrungen der zeitgenössischen Sozietät aus dem Blickwinkel einer bestimmten sozialen Schicht komisch-theatralisch begegnet wird.

Woran erkennt man eine Lokalposse? Ich gebe vorläufig eine sehr grobe Umschreibung, die nach und nach begründet und genauer umrissen werden soll: Lokalposse ist ein heiteres Bühnenstück im kleinbürgerlichen Milieu; sie handelt – teils verklärend, teils kritisch – vom Alltagsleben der Stadt, in der sie spielt und deren Sprache sie verlauten läßt.

Selbstrechtfertigung der Posse

Schauen wir zunächst einmal nach, was man unter Lokalposse damals verstanden hat, als sie dabei war, sich als neue Gattung des bürgerlichen Lachtheaters durchzusetzen. Einer ihrer bemerkenswertesten, wenn auch heute kaum mehr bekannten Autoren ist der Frankfurter Carl Malss (1792–1848). Er äußert sich zur Posse aus der Sicht des Produzenten, nicht nur definierend, sondern auch, mit unverkennbarem Selbstbewußtsein, begründend und rechtfertigend. Mit dem Ziel, die Gleichberechtigung, wo nicht Überlegenheit dieser neuen dramatischen Gattung neben den gestandenen, althergebrachten Gattungen zu unterstreichen. Aus dem Mund eines von ihm erdichteten Possen-Autors spricht er im *Stelldichein im Tivoli* von der Bühne runter die bedenklichen Kritiker an:

Eine Local-Posse sei kein würdiger Vorwurf für die Kunst? (...) Denn da ihr Leutchen die Posse überhaupt doch einmal statuieren müßt, so kann auch nur dieß die Nase rümpfen machen, daß die Local-Posse meist Menschen niederen Standes vorführt, weil jetzt von diesen allein das Gepräge des Örtlichen noch nicht abgeschliffen ist. Aber sind nicht die Glieder jeder, anscheinend noch so geringen Menschenklasse, für künstlerische Auffassung geeignet, und derselben würdig? Nein, Ihr sollt mir die Lust nicht vergällen, die ich empfinden werde, sollte es mir etwa gelingen, auch nur ein Dienstmädchen so charakteristisch darzustellen, daß selbst der ihr am fernsten steht, selbst ein Fürst, von der innern Wahrheit der Darstellung frappirt, sich überzeugt hielte, in ihr eine ächte Representation ihrer Gattung zu sehen. Mögt Ihr euch dafür an Fürsten ergötzen, wie sie heut zu Tage meist über die Bretter gehn, die sich selbst ein Dienstmädchen von willigstem Glauben nicht als ächte würde aufdringen lassen. (24 f.)

Das Anschauungsmaterial für die geforderten charakteristischen Personen findet man, laut Malss' Possen-Autor, nicht in der Literatur, sondern auf den einheimischen Märkten und Vergnügungsstätten draußen:

Aber woher den Stoff nehmen? Wo Charaktere ausfindig machen, die nicht verbraucht sind? – Wo? – Wo haben Teniers und Ostade den Stoff ihrer lebensfrischen Gemälde gesucht? Und nehmen diese in der bildenden Kunst nicht fast die Stelle der Local-Posse ein. Wohlan! mach es wie sie! Besuche die Sammelplätze des Völkchens, dem du deine Figuren entlehnen willst. (23)

Hier fallen, im Jahr 1821, wichtige Stichworte zur Lokalposse. Sie gelten ihrem Gegenstand, ihrem Ausdrucksziel, ihrem sozialen Selbstverständnis und ihrem künstlerischen Anspruch. Gegenstand sind Personen niederen Standes, die an sich und um sich die Spuren ihrer unmittelbaren lokalen Umgebung aufweisen. Sie sind keineswegs unwürdiger für eine künstlerische Darstellung als die üblichen dramatisierten Fürsten, die seinerzeit die offiziellen Bühnen besetzt halten. Im Gegenteil, die Dienstmädchen und ihresgleichen haben jenen hohen Herrschaften voraus, daß an ihnen »das Gepräge des Örtlichen noch nicht abgeschliffen ist«. Während jene unecht wirken, uncharakteristisch und literarisch »verbraucht«, haben diese die »Lebensfrische« wie auf Gemälden von Teniers und Ostade.

Indem sich Malss, nicht eben bescheiden, auf die niederländische Malerei des 16. und 17. Jahrhunderts beruft, pocht er nicht nur auf den hohen künstlerischen Anspruch der Lokalposse. Er stimmt zugleich überein mit dem fortschrittlichen Bildungsbürgertum in Deutschland, das eben damals begeistert die Niederländer für sich entdeckte. Denn sie kamen dem eigenen Weltbild näher als die offiziell von der Obrigkeit geförderte Kunst, die sich großenteils noch immer in der Tradition der französischen und italienischen Barockmalerei bewegte. Was die Niederländer malten, waren überwiegend Genreszenen aus dem Alltag des Volks: Bauern und Handwerker in ihren Stuben beim Essen, Trinken und Kartenspielen; beim Barbier und Feldscher oder im Freien beim Tanzen auf der Kirmes, beim Schlittschuhfahren auf dem gefrorenen Dorfteich. Es waren Themen, Motive und Sichtweisen, wie sie von den bürgerlichen Auftraggebern und Käufern in den holländischen und flandrischen Handelsstädten geschätzt wurden. Mithin eine Malerei, die in schroffem Gegensatz stand zur höfischen Repräsentationskunst in den anderen Ländern. Dort waren Fürstenporträts, historische, religiöse und mythologische Sujets, galante Schäferszenen und heroische Landschaften an der Tagesordnung. Wenn also Malss die niederländische Malerei sozusagen zum Vorläufer der Lokalposse erklärt, signalisiert er nochmals den Gegenstand dieser neuen Theatergattung: Alltagstreiben der einfachen Leute im unmittelbaren lokalen Umkreis. Ferner signalisiert er ihr soziales Selbstverständnis: bürgerliches Klassenbewußtsein, das die eigene Kunst frischer will als die verbrauchten Figuren und Gebilde einer ebenso verbrauchten Adelsklasse. Und er signalisiert schließlich ihr Ausdrucksziel: an den aufgesuchten Personen, Dingen und Begebenheiten das Charakteristische herauszuarbeiten und nicht das Grundsätzliche, das Lebensechte und nicht das Überlebensgroße, das Nächstliegende und nicht das Erhabene, den eigenartigen kleinen Ausschnitt und nicht das große Ganze.

Wo*gegen* die Lokalposse sich abgrenzt und warum, ist begreiflich: gegen eine Feudalwelt auf der Bühne, die dem Bürgertum fremd, wenn nicht feindlich gegenübersteht. Nicht ganz so prompt läßt sich einsehen, was die Lokalposse *für* sich eingrenzt und warum: die Menschen und Verhältnisse, bei denen »das Gepräge des Örtlichen noch nicht abgeschliffen ist«. Es geht also nicht einfach um irgendwelches Leben der Bürger irgendwo, sondern vielmehr ums Leben der Bürger an einem ganz bestimmten Ort: seis Frankfurt am Main wie bei Malss und später bei Stolze junior; seis Wien wie bei Bäuerle und Nestroy; seis Berlin wie bei Angély und Kalisch; seis Darmstadt wie bei Niebergall. Dieser Kult mit der Heimatstadt kommt nicht von ungefähr. Berücksichtigt man, wo und wann er gepflogen wird – in deutschen Staaten und im Österreich der ersten Jahrhunderthälfte des Vormärz –, dann drängen sich die politischen sowie die wirtschaftlichen und sozialen Gründe für solchen szenischen Lokalpatriotismus auf.

Lokalpatriotismus als Verteidigung

Politische Gründe: Der kommunale Bereich ist der einzige, wo die bürgerliche Klasse vor 1848 mitreden und mithandeln darf. Welches Gewicht diesem Umstand beigemessen wird, drückt sich handgreiflich in den Possen aus. Einerseits in den zahlreichen Szenen politisierender Zeitungslektüre oder politisierender Stammtischrederei; zum Beispiel in Niebergalls *Datterich*, Angélys *Fest der Handwerker*, Kalischs *Berlin bei Nacht*, Pohls *Unruhige Zeiten*; oder auch in etlichen Nante- und Buffey-Szenen von Glaßbrenner. Andrerseits verkörpert sich das Kommunale und wird dramatisch regsam. Dort nämlich, wo eine wesentliche Einrichtung des zeitgenössischen städtischen Alltags in den Vordergrund des Possengeschehens rückt: die Bürgerwehr oder Bürgerwache. Sie spielt in Bäuerles *Bürger in Wien* wie in Malss' *Bürger-Capitain* eine Hauptrolle.

In der Bürgerwehr nimmt jeder Bürger, der auf sich hält und das Vertrauen der andern genießt, ehrenamtlich teil an Selbstschutz und Regulierung der Gemeinde. Diese Einrichtung wacht über die wohlerworbenen und erarbeiteten Besitzstände. Sie wehrt alle Angriffe ab, die auf Leib und Tugend der Bewohner sowie auf ihr mobiles und immobiles Eigentum abzielen. In einer Verbindung von militärischem, polizeilichem und feuerwehrlichem Dienst soll sie den engeren Lebensumkreis verteidigen gegen kriegerische (vor allem in der Napoleonischen Zeit) und kriminelle Übergriffe und gegen Naturkatastrophen. Derart selbstverpflichtet betrachten die Bürger, über ihren persönlichen Familienhorizont hinaus, die öffentlichen Belange der Heimatstadt als ihre Sache. Sie widmen sich dem umso williger, als sie bis auf weiteres aus der übergreifenden Innen- und Außenpolitik ihres Landes ausgeschaltet bleiben.

Die wirtschaftlichen und sozialen Gründe, sich im Theater wie im Alltag auf die unmittelbare örtliche Umwelt zu konzentrieren, wiegen ebenso schwer wie die politischen. Wenn Possenschreiber und Possenbesucher mit eifrigem Ingrimm sich des lokalen Hier und Jetzt versichern, es bewahren und hochhalten, bauen sie eine weitere, noch tiefergreifende Verteidigungsstellung auf. Sie befestigt sich gegen das, was damals die herkömmlichen Lebensverhältnisse aller Gesellschaftsklassen mehr und mehr durcheinanderbringt: die unabsehbaren Folgen von Kapitalisierung und aufkommender Industrialisierung. Gewiß ist die breite kleinbürgerliche Mittelschicht, der das Personal wie das Publikum der Possen überwiegend zugehört, vorerst nur mittelbar davon betroffen. Weder steuert sie die neue Entwicklung, wie die Großunternehmer, die dabei gewinnen; noch wird sie davon gesteuert, wie die Arbeiter, die dabei verlieren. Trotzdem bestehen Anlässe genug, sich zu beunruhigen. Denn obwohl diese Handwerker, Einzelhändler, Dienstleistungsgewerbler und Freiberufler weder Mittel noch Neigung haben, sich an der neuen Entwicklung aktiv zu beteiligen, greift sie doch auf Umwegen in ihr Leben ein. Auch wo Kapitalkonzentration und erste Ansätze zur Massenfabrikation dem Kleingewerbetreibenden die wirtschaftlichen Grundlagen noch nicht direkt untergraben, spürt er doch, wie die Welt um ihn herum fremd wird, wie die gewohnten, bislang zuverlässigen Formen des menschlichen Umgangs schwinden.

Aktiengesellschaften bringen gesichts- und namenlose Partner in den Geschäftsverkehr. Die Umrüstung der Volkswirtschaft von Agrarerzeugnissen auf industrielle, ferner die neuen Fertigungsverfahren und technischen Verkehrsmittel, zumal die Eisenbahn, machen die Fabrikation unabhängig vom geographischen Standort, von seinen natürlichen Bodenschätzen und Energiequellen. Die Folgen davon kriegen nicht nur diejenigen zu spüren, die durch diese Umwälzungen profitieren oder aus der Bahn geworfen werden, sondern jeder und alle in ihrer

Umwelt. Einerseits nämlich wird die Bevölkerung in einem Grade mobil, der die gewohnten Maße und Werte der Seßhaftigkeit gefährdet. Andrerseits verlieren die verschiedenen geographischen Regionen – bislang geprägt von Produktion und Handel ganz bestimmter Erzeugnisse, die es anderswo so nicht gab – ihre unverwechselbare Eigenart.

Inszenierte Pro- und Antihaltungen

Solche Umstände sind es, die in der ersten Hälfte des 19. Jahrhunderts Unsicherheit verbreiten. Sie erscheinen als etwas bestürzend Neuartiges, das den Zeitgenossen vorerst unheimlich vorkommen muß in seinem Woher und Wohin, Warum und Wozu. Derlei Befangenheiten, zumal der unteren Mittelklasse, sind zu beachten, wenn man danach fragt, weshalb sich ihre dramatische Eigenvergewisserung gerade in der Lokalposse Luft macht. Und: weshalb Carl Malss als Lobredner und Verfasser von Lokalpossen just das Merkmal des örtlich Charakteristischen namhaft macht für die unverbrauchte Frische ihrer Personen und Begebenheiten. Und: daß dies örtlich Charakteristische nicht nur gegen die überformalisierten Lebensverhältnisse des Adels ausgespielt wird, sondern mehr noch gegen die formlosen Lebensverhältnisse des frühen Industriekapitalismus.

Demnach läßt sich die Lokalposse als ein künstlerisches Bollwerk der unteren Mittelklasse begreifen, das, gemessen an der älteren Komödie, durchaus neuartige und eigenartige Züge aufweist. Es kann dazu herhalten, sowohl die geschichtlich absterbenden wie die geschichtlich heraufkommenden sozialen Bedrängnisse abzuwehren. Solchermaßen, zur heiter deftigen Selbstverständigung und Selbstbekräftigung, lacht die Posse sich und die Ihren frei von jenen Bedrängnissen, indem sie ganz bestimmte Einsprüche dagegen inszeniert. Es sind kleinbürgerliche Anti-Haltungen, die ein gut Teil ihres dramatisch-ideologischen Rüstzeugs ausmachen. Zum Beispiel:
– Seßhaftigkeit gegen Umtriebigkeit
– Wahrung, allenfalls leichte Bereinigung des eigenen Status quo gegen Umwälzungen
– Freundschaft und Nachbarschaft gegen anonymen gesellschaftlichen Verkehr
– zünftiges Handwerk gegen freischwebendes Spekulantentum
– Sparsamkeit gegen Verschwendung, Haushalten gegen Schuldenmachen

- innere Werte gegen äußeren Glanz
- soziale Selbstregulierung im kleinen Kreis gegen staatliche Eingriffe
- private Pflichterfüllung gegen politischen Einsatz
- patriarchalische Familienordnung gegen neutralen Interessenausgleich
- erotische Sittsamkeit und Ehemoral gegen sexuelle Freizügigkeit
- persönliche Bewährung und Berufung gegen beliebige Berufstätigkeit.

Triumph des intakten Milieus und seine Krise: von Malss' *Tivoli* (1832) bis Kalischs *Junger Zunder – alter Plunder* (1850)
Will man wissen, wie sich diese Haltungen im Stück und auf der Bühne ausnehmen, so bieten sich vornehmlich zwei Beispiele an: Malss' schon zitiertes *Stelldichein im Tivoli, oder: Schuster und Schneider als Nebenbuhler* und David Kalischs *Junger Zunder – alter Plunder*. Es sind geradezu programmatische Lokalpossen, die den Spielraum der Gattung zugleich vor Augen führen und zu bedenken geben. Beide nämlich haben als Hauptfigur einen Possenautor, der, was ihn umgibt, zu einer Posse verarbeitet. Mithin vertreten sie nicht nur ihre Gattung, sie reflektieren sie auch. Zudem liefern sie einen Eindruck vom geschichtlichen Weg, den sie zurücklegt. Malss' Frankfurter Stück markiert die unbekümmerte Frühzeit der Lokalposse, als sie großenteils übereinstimmte mit den Alltagserfahrungen derjenigen, die sie ansprach. Kalischs Berliner Stück, nur zwanzig Jahre später, markiert bereits ihre Spätzeit, als sie kaum mehr Schritt halten kann mit dem, was im gesellschaftlichen Alltag passiert.

Titel und Ablauf von *Stelldichein im Tivoli* machen deutlich, wo die Gattung ihren szenisch-dramatischen Schwerpunkt hat und wo nicht. Das angesprochene – und im zweiten Akt vorgeführte – Tivoli ist ein damals allbekanntes Vergnügungslokal fürs einfache Volk. Dort tummeln sich beim Tanzen, Trinken, Flirten, Schwatzen die Frankfurter Handwerker und kleinen Geschäftsleute, Dienstmädchen und Kutscher. Dorthin strebt auch der rundum verschuldete Dichter Splitt, um Stoff für eine Posse zu finden, die ihn aus seiner Geldklemme befreien soll. Monologisch verspricht er sich von diesem Ausflug: »Wenn nicht eine abgeschlossene Handlung, reichliches Material ist dir gewiß.« (23)

Damit ist der Schwerpunkt angespielt. Es kommt nicht so sehr auf eine abgeschlossene Handlung an; auf einen zügigen Ablauf der Begebenheiten, wo ein Auftritt zwangsläufig zum nächsten und schließlich zu einem gewichtigen Ziel führt. Gewiß brauchen Lokalpossen, um szenisch über die Runden zu kommen, eine fortschreitende Handlung. Doch sie lassen sich auf vielerlei ein, das abseits des geraden dramatischen Wegs liegt. Nicht nur Carl Malss und seinem erdichteten Possendichter, auch den andern Autoren dieser Gattung ist erst in zweiter Linie daran gelegen, dramatische Konflikte auszuspielen, die im Lauf der Ereignisse zu lösen sind. Vorab halten sie sich an die Umstände, wie und wo das geschieht. Sie öffnen die Szene den eigentümlichen Lebensräumen und Gebrauchsgegenständen, den Sitten und Redeweisen, den Urteilen und Vorurteilen, den Gewohnheiten, Umgangsformen und Gebärden derer, die unmittelbar oder auch nur am Rand von den Konflikten betroffen sind. Ihr alltägliches Ambiente, aus dem heraus und in das hinein sie sich regen, gibt den Ausschlag.

Was die Posse so eindringlich vorbringt, erscheint wie vorweggenommener Naturalismus, allerdings mit umgekehrtem Vorzeichen. Die handelnden Personen sind nichts ohne ihre Umwelt, doch diese Umwelt lähmt und zerstört sie nicht, sondern schafft und bestärkt ihr Eigengefühl. Während, rund siebzig Jahre später, die Menschen bei Ibsen und Zola, Hauptmann und Verga passiv dem übermächtigen Milieu verfallen sind, stimmen die in der Posse – ob aktiv oder passiv – grundsätzlich damit überein. Es ist ihnen keine fremde, unergründliche Vorgegebenheit. Sie können sich darin wiedererkennen, weil das Milieu die Gebrauchsspuren von ihresgleichen trägt, die es recht eigentlich gemacht haben und immer noch ausmachen, gelebt haben und immer noch erleben.

Darum können sich auf der Bühne – und in der Gunst des Publikums – Ereignisse behaupten, die gemeinhin als eher undramatisch gelten: Genreszenen, wie man sie auch in der gleichzeitigen Malerei des Biedermeier pflegte und schätzte. Heftig bewegte Vorgänge, die dem Lachtheater schlechterdings unentbehrlich sind, bettet die Posse ein in unaufgeregte, gemächliche Situationen, die durchschnittliche Menschen bei ihren gewöhnlichen Tätigkeiten zeigen: bei Kartenspiel und Nadelarbeit; beim Kaffeetrinken, Zeitunglesen, Blumengießen; beim Feilschen auf dem Markt und beim Schwatzen von Fenster zu Fenster. Wenn die Lokalposse solche Genreszenen im Übermaß

Abb. 10 Figurinen aus Carl Malss, *Volkstheater in Frankfurter Mund-art.* Frankfurt 1850 (Bayer. Staatsbibliothek)

aufbietet, so nicht, um ihre dramatische Handlung mit Milieu zu sättigen. Es steht gerade umgekehrt. Die dramatische Handlung muß dazu herhalten, das Milieu aufzubringen. Sie ist ihm untergeordnet. Der Berliner Autor Emil Pohl treibt diese durchgängige Tendenz der Gattung auf die Spitze, wenn er – quer zu dem in Akte gegliederten dramatischen Verlauf – eine zusätzliche, gewichtigere Gliederung in Genrebilder mit eigenen Kapitelüberschriften vornimmt: »Moderne Damenhüte«, »Allgemeine Erkältung«, »Böse Nachbarschaft«, »Im Schuldarrest«, »Ein musikalisches Büro« und so fort.

An und für sich betrachtet, sind die dramatischen Konflikte der meisten Lokalpossen eher läppisch. Sie sind nicht besonders originell, was man schon daraus ersieht, daß anstandslos ganze Sujets vom einen Autor auf den andern übergehen. Sie sind auch nicht besonders erheblich oder spannend durchgeführt. Allemal die gleichen Liebes- und Geldhändel, die nach einigem Zickzack ohne viel Aufwand fürs absehbare Happy End geschlichtet werden. Possenschreiber wie Possenbesucher sehen darin offenbar keinen Mangel. Sie nehmen die dürftige Handlung als das, wozu sie da ist: das authentische heimische Milieu in eine bewegte Gangart zu versetzen und es zum Sprechen zu bringen. Demnach hat die Handlung der Lokalposse – anders als die der Tragödie und Komödie – wenig eigene Bedeutung und Schwerkraft. Sie dient nur dazu, das heraufbeschworene lokale Alltagsgetriebe in einen zusammenhängenden, überschaubaren Bühnenhergang zu überführen.

Wie das vor sich geht, gibt Malssens *Stelldichein im Tivoli* deutlich genug zu erkennen. Im ersten Akt, im Untermieterzimmer des Dichters Splitt, machen vier Gläubiger Jagd auf ihn: Schneider Meckeritz und Schuster Sohlfritz, Waschmamsell Philippine und die Vermieterin Schnawwelmännin. Im zweiten Akt, im Tivoli, erweitert sich die Jagd. Splitt ist hinter einem Possenstoff her; Schneider und Schuster, in doppelter Nebenbuhlerschaft, sind geldlustig hinter Splitt und liebeslustig hinter der Waschmamsell her, die ihrerseits den Dichter einfangen will und schließlich mit einem vierten, dem Frisör, vorliebnimmt. So, wie sich die Handlung vom privaten Innenraum in den öffentlichen Außenraum ausdehnt, verlagert sich auch der szenische Schwerpunkt vom besonderen Fall des verschuldeten Dichters zur allgemeinen Selbstdarstellung der Frankfurter Kleinbürger im Tanzlokal. Im ausführlichen Intermezzo vorm zweiten Akt führt Malss einen Querschnitt des vergnügungssüchtigen Volks vor, das mit dem dramatischen Zwist der Hauptpersonen nichts zu tun hat. Desto mehr mit der Lebensführung und Sprache, vor allem mit dem klassen- und ortsgebundenen Gebaren, das es mit ihnen teilt. Daraus läßt sich schließen: grad so wie bei diesen anonymen Leuten, die da wie beim Osterspaziergang in *Faust* sich selbst zum besten geben, ist es der Posse auch bei ihren Hauptpersonen vorab zu tun ums milieueigene Verhalten und dann erst um persönliche Interessenwidersprüche und deren Schlichtung.

Gewiß, Malss treibt diese allgemeine Tendenz der Posse mit dem *Tivoli* ins Extrem, indem er das, was in seinem Stück passiert, nur als Rohmaterial ausgibt für das Stück, das sein Held erst noch zu schreiben hat. Unter diesem ebenso witzigen wie aufschlußreichen Vorbehalt kann er sich leisten, der ohnehin mageren dramatischen Handlung ein befriedigendes Ziel zu verweigern. Er verzichtet auf ein Ende, das Zwiste löst und offene Wünsche stillt. So fällt der letzte Vorhang nicht nach einem Friedensschluß der zerstrittenen Parteien, sondern nach einem Waffenstillstand. Die heiratslustigen Gläubiger kriegen – vorerst – weder Frau noch Geld. Der verschuldete Dichter wird – vorerst – weder bestraft noch freigesprochen. Und die flatterhafte Waschmamsell Philippine mit dem Hang zu musischen Höhenflügen ist – vorerst – feierabendlich in guten Händen beim Frisör, der den jugendlichen Liebhaber macht bei einer Amateurbühne. An seiner Seite kann der stümpernde Umgang mit Klassikern einen Ausgleich dafür bieten, was die tagtäglichen Haar- und Bügelkünste an ästhetischer Erfüllung zu wünschen übriglassen. Also auch bei der einzig endverkoppelten Person Philippine stehts dahin, ob sie schließlich von ihren moralischen und sozialen Gleichgewichtsstörungen geheilt wird. Ob sie, moralisch, sich auf einen einzigen Mann und die Ehe festnageln läßt. Und ob sie, sozial, bei ihrem Waschbrett bleibt oder weiterhin bildungsmäßig und sprachlich darüber hinaus strebt.

All dies kann Malss offenlassen. Indem er jenseits des Schlußvorhangs einen künftigen Termin zur Verhandlung und Lösung anberaumt, stößt er das Publikum überdeutlich auf grundsätzlich verhandelte Streitwerte und Schlichtungsweisen der Posse. Aus der hitzig wortreichen Nebenbuhlerei von Schneider und Schuster ersieht es, wie einzelne Handwerksstände sich und einander einschätzen. Aus den schiefen Lagen des verschuldeten Dichters Splitt, aber auch aus der grimmigen Geduld der Vermieterin Schnawwelmännin vernimmt es etwas vom kleinbür-

gerlichen Lebenskampf. Und aus den Anstalten der Waschmamsell, ihr enges Bildungsgatter zu durchbrechen, erfährt es
etwas übers Ungenügen an den Rollenzwängen dieser betuli-
chen Welt.

Eine Generation später bringt David Kalisch ein Stück heraus, das ebenfalls eine schlichte Posse ist und zugleich eine
Posse über die Posse: *Junger Zunder – alter Plunder*. Wiederum
gehts nicht allein darum, das Publikum unterhaltsam zu verkö-
stigen, sondern ihm auch noch das Rezept und die Bekömm-
lichkeit der Speise beizubringen. Beidemal also soll, im Stück
und durchs Stück, ›Lokalposse‹ begründet und gerechtfertigt
werden. Allerdings haben sich die geschichtlichen Umstände
geändert. Und demgemäß auch die Selbsteinschätzung und die
Dramaturgie der Possenbühne, die darauf eingeht. Malss mußte
sich anstrengen, das unverbrauchte, wirklichkeitsgriffige Weltbild der neuen dramatischen Gattung durchzusetzen gegen die
abgenutzten Weltbilder der anerkannten dramatischen Gattungen. Kalisch hingegen muß den noch anstrengenderen Nach-
weis führen, daß die nämliche, inzwischen durchgesetzte und
anerkannte Lokalposse die Wirklichkeit überhaupt noch greife
und nicht etwa ihrerseits abgenutzt worden sei.

Der unterschiedliche historische Standort prägt sich auch bio-
graphisch und dramaturgisch aus. Bei Malss ist die Richtung
nach vorwärts ebenso unverkennbar wie bei Kalisch die nach
rückwärts. Während der Frankfurter Autor mit *Tivoli* in
vollen Schwung kommt, hat der Berliner Autor mit *Junger
Zunder* nicht nur die bedeutendste Wegstrecke der ganzen Gattung, er hat auch die meisten seiner eigenen Erfolgsstücke bereits hinter sich. Vollends die Anlage der beiden Stücke bestätigt
die gegenläufige Richtung. Wenn bei Malss die letzte Szene
endet, steht der fällige Schluß noch aus. Der Blick geht in die
Zukunft, wo die noch zu schreibende Posse des verschuldeten
Dichters Splitt die allseits erwünschte Lösung der Konflikte
bringen soll. Bei Kalisch hingegen geht der Blick in die Vergangenheit. Drei Akte mit den – für Possen – ungewöhnlich weiten
Zeitsprüngen von sechs und dann gar von zwanzig Jahren führen vor, wie junger Zunder zu altem Plunder geworden ist.
Konkret, wie ein herzlich verbundenes Grüppchen hoffnungs-
lustiger und argloser Freunde, unterm Einfluß der gesamtgesellschaftlichen Entwicklung, nicht nur zerfällt, sondern sich geradezu verkehrt in eigensüchtige Konkurrenten, die einander bös-
artig in den Rücken fallen.

Der erste Akt spielt in einer Berliner Gartenwirtschaft. Plaudernd, trinkend, singend sind sie ein Herz und eine Seele: der Referendar Timon, der Buchhalter Tannemann, der Student Paradewitz, der Handschuhmacher Flörike und mittendrin die muntere Kellnerin Friederike, die zum Theater will. Sie feiern die Possenpremiere ihres Freundes Spadelius und seine Verlobung mit Flörikes Tochter. Der zweite Akt spielt in der Wohnung von Spadelius, dann im Theaterfoyer. Spadelius ist ein berühmter Dramatiker geworden, lebt aber allein: Paradewitz hat ihm die Verlobte wegintrigiert und ihr Familienvermögen vertan. Friederike, nunmehr Tänzerin und Geliebte des jetzigen Bankiers Tannemann, wägt ab, ob sie besser ihn oder seinen Widersacher, den jetzigen ministeriellen Geheimrat Timon zur Ehe erpressen soll mit belastendem Material. Diese beiden wiederum, aus Angst um ihre öffentliche Stellung, bereiten hinterhältig der neuesten, politisch wagemutigen Posse von Spadelius einen Skandal, was ihn als Autor ruiniert. Der letzte Akt spielt abermals im Freien. Ein kostspieliges Gartenfest bei Tannemann soll seine politische Karriere feiern und fördern. Mit seiner Ehefrau, der mittlerweile rundum pietistischen Friederike, hat er eine Tochter, die ausgerechnet den Sohn seines Todfeindes Timon liebt. Spadelius wendet jetzt seinerseits die Erpressungstechnik der verkommenen Freunde gegen diese selber. Was er über sie weiß, zwingt sie, sich zu versöhnen und dem jungen Paar den Segen zu geben. Und Spadelius, der all die Jahre kompromißlos sich treu geblieben ist, macht sich erneut einen Namen als Dramatiker mit einer erfolgreichen – vorerst anonymen – Posse.

Kalisch zeigt, wie die wirtschaftlichen Zwänge des rücksichtslosen Konkurrenztreibens, aber auch das politische Freistilringen nach 1848 die Menschen entzweit. Untereinander, aber auch in sich selbst. Ungewollt kommt dabei zum Vorschein, wie die gesellschaftliche Entwicklung die ganze Gattung Posse überrennt. Was dieser Spielart des bürgerlichen Lachtheaters lieb und wert ist, kann im Lebensalltag der zunehmend kapitalisierten Städte kaum mehr gedeihen: traulicher und vertrauensvoller Umgang eines jeden mit jedem im heimischen Milieu, das sich feit gegen übergreifende politische und wirtschaftliche Nötigungen von draußen. Auch auf der Possenbühne kann derlei nicht mehr glaubhaft erscheinen, sobald sich ein Autor allzu verbindlich auf die zeitgenössischen Verhältnisse einläßt. Der gewaltsamen Überfremdung des eigentümlichen Milieus kann

Abb. 11 *Lustige Werke* von D. Kalisch. Lithographie (Bildarchiv Preuss. Kulturbesitz)

er dann nur mit ebenso gewaltsamen dramaturgischen Gegenmaßnahmen kontern. Kalischs Schluß, der im Stück und fürs Stück eine Versöhnung regelrecht herbeizwingt, fällt zähnefletschend aus: nicht lachend, knurrend.

Junger Zunder – alter Plunder ist ein besonders waches, krisenbewußtes Stück aus der Spätzeit der Posse. Es markiert eine historische Schwelle, die sinnvoll die Gattung nur noch ausnahmsweise und trickreich überspringen kann. Die früheren Possen, auch die früheren von Kalisch, haben dagegen Grund und Gelegenheit genug, relativ unbehelligt ihr freundlicheres Weltbild zu entwerfen. Das geschieht mit Hilfe ständig wiederkehrender Hauptmotive, die das kleinbürgerliche Milieu möglichst gründlich und sinnfällig aufrühren. Da es im großen Ganzen nur durch erotische und geschäftliche Schwierigkeiten zu erregen ist, müssen es Motive sein, die genau an diesen Punkten ansetzen. Wie das abläuft, will ich an einem andern frühen Stück von Carl Malss veranschaulichen, seinem berühmtesten: *Der alte Bürger-Capitain* (1821). Es kann beispielhaft einstehen für die meisten Wiener, Berliner und hessischen Lokalpossen.

Heimsuchungen

Der Gastwirt und Offizier der Frankfurter Bürgerwehr Kimmelmeier ist Mittelpunkt des behäbigen, selbstzufriedenen Milieus. Es gerät in Bewegung durch die Liebhaber der beiden Mädchen, die er im Haus hat. Seine züchtige Tochter Lieschen wird in Ehren umworben vom rechtschaffenen Dr. in spe Weigenand, den Kimmelmeier aus sozialem Vorurteil ablehnt. Und seine anfechtbare Nichte Gretchen wird in Unehren umworben vom windigen preußischen Cornet Daxowitz, wovon Kimmelmeier nichts ahnt. Am Schluß kann er der Tochter den Segen geben, nachdem sich der angehende Akademiker als tapferer Retter in einem brennenden Haus bewährt hat. Und er kann der Nichte verzeihen, die kurzfristig entführt, dann aber eben noch wohlbehalten zurückgeholt worden ist ins sichere Haus des Vormunds.

Es sind zwei Motive, womit Malss die Possenhandlung vorantreibt und das lokale Milieu aufbringt: Feuersbrunst und Entführung. Gemeinsamer Nenner ist die Gefahr von außen. Beides bricht als Heimsuchung herein übers friedliche Alltagstreiben im vertrauten Kreis von Familie, Nachbarschaft und Kundschaft. Feuersbrunst und Entführung (letztere durch einen auswärtigen Aristokraten fragwürdiger Herkunft) sind Überfälle:

eine Naturkatastrophe und ein Gewaltakt, die gerade nicht der eigenen Gemeinde entstammen. Indem sie zweifelsfrei als ortsfremde und regelwidrige Ereignisse daherkommen, geben sie dem, was an diesem Ort gang und gäbe ist, ein günstiges Relief. Mehr noch, die gefährlichen Angriffe von außen zwingen die betroffene Gemeinde zu tätigen Reaktionen. Die Dramaturgie zeigt an: Wenn die Gemeinde rüstig und munter solchen Verletzungen ihres materiellen und ideellen Bestands begegnet, gerät mit der dramatischen Handlung auch das lokale Milieu in Schwung. Und zwar eins im andern. Einerseits werden die privaten Liebesnöte im Haus Kimmelmeier behoben. Lieschen kriegt ihren braven Liebhaber, Gretchen wird von ihrem schlimmen Liebhaber befreit. Andrerseits kann sich in diesem doppelten Akt der Bereinigung das lokale Milieu voll entfalten. In seinen charakteristischen Fähigkeiten und Einrichtungen, aber auch in seinem charakteristischen Tugendsystem. Den preußischen Entführer verfolgen die Mitglieder der Frankfurter Bürgerwehr, jagen ihm das Mädchen ab und unterstellen es wieder den Fittichen des alten Capitains.

Noch aufschlußreicher fürs Milieu, seine Werte und Wertungen nimmt sich die Feuerheldentat Weigenands aus, wodurch er sich den Bürger-Capitain als Schwiegervater erobert. Es lohnt sich, näher darauf einzugehen, weil hier ein geradezu paradigmatisches Possenmotiv vorliegt.

Als Gastwirt steckt Kimmelmeier tief in der Arbeits- und Denkweise der Kleingewerbetreibenden. Er traut darum dem künftigen Akademiker nicht über den Weg. Hat er doch hier und heute noch nichts Greifbares vorzuweisen, womit er einen Hausstand gründen könnte. Aber auch künftig wird er nicht von seiner Hände Arbeit leben, sondern von ziemlich unkonkreten Tätigkeiten. Nun kommts zum Brand, für den der Bürger-Capitain als Feuerwehrhauptmann regelrecht zuständig ist. Dabei nun vollbringt Weigenand Leistungen, die weit über das hinausgehen, was die zünftigen Feuerwehrler ausrichten. Er rettet sogar unter Lebensgefahr eine alte Dame aus den Flammen. Wie sich herausstellt, ist es die Gattin eines reichen Geheimrats, der dankbar dem Retter ein kleines Einfamilienhaus vermacht. Damit sind nicht nur die privaten Liebeshindernisse ausgeräumt. Genau das, worin zuvor der Bürger-Capitain als maßgebendes Mundstück des Milieus den entscheidenden Mangel Weigenands sah, ist mehr als wettgemacht. Der junge Kopfwerker hat bewiesen, daß ihm das Denken kein Ersatz ist für hand-

greifliches Tun. Das Denken hat ihm sogar den Vorteil einge-
bracht, durch Einsicht das handgreifliche Tun erfolgreicher einzusetzen als die andern. Dabei ist, aufs schönste verbunden,
ideeller und materieller Gewinn herausgesprungen. Weigenand
hat ein Menschenleben gerettet und zum wohlverdienten Lohn
das erhalten, was als Voraussetzung erachtet wird für ein glück-
liches Leben im kleinbürgerlichen Milieu: ein eigenes Haus.

Die Eroberung verweigerter – meist schwiegerelterlicher –
Anerkennung durch eine außerordentliche Tat: dieses Motiv,
wie gesagt, ist besonders bezeichnend für die Lokalposse. In
Bäuerles *Bürger in Wien* zieht der junge Dichter Karl Berg die
Tochter des Malermeisters Redlich aus der Donau, wo der
Hochstapler Müller sie gewaltsam per Boot hat entführen wol-
len. In Niebergalls *Des Burschen Heimkehr* rettet der widerwil-
lige Student und künftige Metzgermeister Fritz Knippelius die
Mutter seiner Geliebten vor einem tollwütigen Hund. In Niebergalls *Datterich* ist der Drehergeselle Schmidt fest entschlossen, die Beleidigung seiner Braut in einem Duell zu ahnden. In
Nestroys *Einen Jux will er sich machen* bringt der Kommis
Weinberl einen Einbrecher zur Strecke, wodurch er einige bedenkliche Scharten auswetzt und sich die Teilhaberschaft im
Geschäft seines Prinzipals sichert samt der Hand einer schönen
vermöglichen Witwe. In Kalischs *Einmalhunderttausend Taler*
schlägt der junge Liebhaber Wandel die mühelose Börsenspeku-
lation aus, um das Abenteuer einer schweren Arbeit vom Null-
punkt auf sich zu nehmen. In der historisch verspäteten schwä-
bischen Posse von Friedrich Theodor Vischer *Nicht I a* erringt
der abgelehnte, weil nur mit zweitbestem Examen versehene
Liebhaber der Pfarrerstochter letztlich den Segen des eitlen Alten durch ein beherztes körperliches Wagstück: im Alleingang
überwältigt er plündernde Aufrührer. Einen Sonderfall schließlich, mit politisch-moralischer Nutzanwendung, bietet Kalischs
Einer von unsere Leut. Mit Kühnheit und Witz gelingt es dem
weithin verachteten Handelsjuden Isaac Stern, einen zu Unrecht eingelochten Handwerksmeister zu rechtfertigen, für dessen Tochter den wankelmütigen Bräutigam zurückzugewinnen,
den wahren Verbrecher zu stellen und sogar noch die übergrif-
fige Polizeibehörde zu demütigen – wodurch er im unmittelbaren Umkreis die volle Gleichberechtigung für sich und seinesgleichen erzwingt.

Was die Posse an diesem stereotypen Motiv hat, läßt sich unschwer ersehen. Man muß sich nur in Erinnerung rufen, daß sie sich überwiegend in den Lebens-, Denk- und Anschauungskreisen des Handwerks bewegt. Und daß sie sich damit stark macht wider die fortschreitende Kapitalisierung und aufkommende Industrialisierung, die das individuelle Handwerk ebenso bedrohen wie das individuelle Gepräge der einzelnen Städte. Um so inständiger beschwört die Posse jene schützenden sozialen und moralischen Verkehrsformen, je mehr sie im Alltag ausgehöhlt oder gar zerschlagen werden. Wenn sie zünftiges und ortsgenössisches Zusammenleben als untrennbare Einheit vorführt, dann deshalb, weil sie im einen wie im andern letzte Reservate ausmacht, wo man unentfremdet miteinander umgehen kann.

Schule gemacht, bis zur Jahrhundertmitte, haben da vor allem zwei Stücke: Bäuerles *Bürger in Wien* (1813), wovon bereits im Störenfried-Kapitel die Rede war; und Louis Angélys *Fest der Handwerker* (1828). Angélys Posse spielt in einer Berliner Kneipe, läßt aber auch, betont repräsentativ, einen Breslauer, einen Stettiner, einen Dresdener und eine Wienerin auftreten – jeweils mit eigener Mundart und sonstigen Kennzeichen heimatlicher Herkunft. Und sie handelt von den Arbeits- und Liebesnöten eines Zimmermanns, läßt aber auch einen Maurer, einen Klempner, einen Schlosser und einen Tischler zum Zug kommen – jeweils mit berufseigenen Kennzeichen. Die Gastwirtin Mietzel verweigert ihre Tochter dem tüchtigen, aber mittellosen Zimmermann, der, vom Baugerüst gefallen, lange Zeit arbeitslos und ohne Einkünfte war. Da tun sich seine Arbeitskollegen zusammen und bilden aus allerlei Zünften gewissermaßen eine solidarische Oberzunft. Aus ihren sauer verdienten Löhnen sammeln sie Geld, um Wilhelms Arztkosten zu tragen und ihn finanziell wieder auf die Beine zu bringen. Schließlich steuert auch der Bauunternehmer noch eine tüchtige Summe bei mit dem Hinweis: die Opfer von Betriebsunfällen verdienten ebenso viel Achtung und Unterstützung wie die verwundeten Soldaten im Krieg. Der handlungsarme, aber rede- und liederreiche Einakter endet mit einer fröhlichen Verlobungstanzerei, die auch die Ehefrauen der Handwerker und damit das familiäre Ambiente einbezieht.

Aus dem unmittelbaren Verkehr von Menschen, die – beruflich und lokal – unbeirrbar wissen, wen sie im Nächsten vor

Abb. 12 *Das Fest der Handwerker* von Louis Angély. Schlußszene
(Bildarchiv Österr. Nationalbibliothek)

sich haben, erwächst etwas, das es im Alltagsleben kaum mehr
gibt, obwohl Angély nicht spart mit Beschwörungen über die
Bühnenrampe weg: Brüderlichkeit unter denen, die auf der gleichen Stufe stehen, und Väterlichkeit bei dem, der darübersteht.
Der Unternehmer – er heißt so ostentativ Wohlmann, wie Bäuerles patriarchalischer Malermeister den Namen Redlich trägt –
handelt gütig und glaubt sicher auch aufrichtig an das, was er
sagt. Selbst dort, wo er die unterschiedlichen Erfolge im zeitgenössischen Wirtschaftsleben einzig auf Zufall zurückführt und
trostvoll den andern seine Zuneigung versichert, da er nun mal
auf dem »Pfade des Glücks« etwas rascher war als die einfachen
Arbeiter:

Ich habe meine Karriere mit euch zugleich angefangen, der Zufall hat mich begünstigt – aber nie werde ich meine ersten
Freunde vergessen. – Wir können nicht alle gleichen Schrittes
auf dem Pfade des Glücks wandeln; ich schritt rascher als ihr –

aber mein Herz blieb euch treu, und mit frohem Bewußtsein
reiche ich den Gefährten meines Lebens die Hand, die stets
bereit ist, ihnen zu helfen, wenn sie meiner Hilfe bedürfen. (52)

Meisterstück und Ritterschlag

Innerhalb und angesichts dieser mühsam behaupteten Hand-
werkerwelt, die von Konkurrenzkampf nichts wissen will, gewinnt das Motiv der gefährlichen Bewährung zu seiner szenischen Schlagkraft auch eine bestimmte ideologische Wertigkeit.
Selbst wenn er komisch ausgespielt wird, verschafft der Akt der
Bewährung dem jungen Bewerber Eingang in den Kreis der
gestandenen, tonangebenden Familien- und Betriebsväter, die
ihn zuvor nicht für voll nahmen. Seis, weil er Außenseiter ist
wie die Studenten Weigenand und Knippelius oder der Dichter
Karl Berg; seis, weil er in schiefem Licht steht, wie Schmidt,
Wandel, Stern, Weinberl und Vischers Vikar. Wenn nun die
einen wie die andern Bewerber in einer überdurchschnittlichen
Leistung ihren Mann stehen und dadurch allgemeine Anerkennung erringen, vollführen sie eine symbolische Handlung, die in
der Lebenslaufbahn des Handwerkers einen Höhepunkt bedeutet. Sie machen ihr Meisterstück.

Daß es kein planmäßiges Meisterstück ist im Rahmen einer
geregelten Berufsausbildung, sondern eine außergewöhnliche,
unvorhersehbare Tat, erhöht noch den Wert. Denn es bereichert das bürgerliche Prinzip der selbständigen Leistung ums
aristokratische Prinzip vom abenteuerlichen Einsatz des eigenen Lebens. Wodurch der Meisterbrief zusätzlich die Druck-
spuren des Ritterschlags aufweist. Beide Prinzipien, das früh-
bürgerlich zünftige und das frühfeudal abenteuerliche, unterstreichen den Widerstand der Lokalposse gegen die anonymisierende Überfremdung durch den Industriekapitalismus.

Es ist ein Widerstand, der sich nach außen abriegelt. Auch
insofern bekräftigt die Situation der Bewährung die schon ver-
merkten Eigenschaften der Posse. Die Gefahr ist keine innerlo-
kale, sie dringt von draußen in den wohlbestellten und überschaubaren heimischen Lebenskreis ein. Geographisch: wie
Malss' preußischer Mädchenverführer Darowitz und Bäuerles
preußischer Börsenspekulant Müller. Sozial: wie Nestroys und
Kalischs Einbrecher sowie Vischers Plünderer. Naturhaft: wie
Malss' Feuersbrunst und Niebergalls tollwütiger Hund. Indem
die jungen Bewerber mit der Bedrohung fertig werden – und
zwar besser, weil spontaner, als die anerkannten Meister – er-

weisen sie dem Milieu einen doppelten Dienst. Einerseits schützen sie es vor der äußeren Gefahr einer Zerstörung und Unterwanderung. Andrerseits bewahren sie es vor der inneren Gefahr eines inzüchtigen Stillstands. Denn die Handwerksmeister in den Possen spüren genauso wie ihre Verfasser, daß es mit althergebrachter Tradition und zünftigen Regeln nicht getan sein kann. Daß vielmehr neue Haltungen und ungewöhnliche Maßnahmen erforderlich sind, um den zeitgenössischen Umwälzungen zu begegnen. In dieser und manch anderer Hinsicht hat sich die zeitgenössische Lokalposse, allerdings historisch eingekleidet, auch im Musiktheater durchgesetzt: in Wagners *Meistersinger von Nürnberg*.

Die jungen Bewerber, die eben noch als verdächtig andersartig abgeblitzt sind, werden von den Altvordern des Milieus am Ende desto herzlicher willkommen geheißen, je eigenwilliger sie die Hürden des Milieus genommen haben. Ihre Einheirat – nichts anderes erstreben sie – ist allemal als moussierende Blutauffrischung zu begrüßen. Da sie grundsätzlich in die hier geltenden Werte einstimmen, werden sie schon nichts auf den Kopf stellen. Sie werden allenfalls dem gezügelten Gewohnheitstrott etwas Beine machen. Und das kann mehr nützen als schaden.

Unbekömmliche Ausbruchsversuche

Die Gefahr von außen, so war festzustellen, ist eine durchgängige Situation, woraus die Posse entscheidende Motive bezieht. Man könnte daraus auf ein ganz und gar restauratives Weltbild schließen. Der Schluß wäre indes vorschnell und schief. Denn die Posse verarbeitet ebenso häufig ein geradezu gegenläufiges Motiv, das gleichfalls imstand ist, die dramatische Handlung in Gang zu halten. Komplementär zur Abwehr der Gefahr von außen steht der Ausbruchsversuch von innen. Dieses Hauptmotiv zeigt an: es herrscht unterm Possenpersonal keine ungebrochene Zufriedenheit mit der ausgeglichenen Abfolge von Arbeit und Feierabend im beschaulichen Milieu; mit den vorgeprägten beruflichen und familiären Rollen; mit dem ereigniskargen, absehbaren Alltag unter lauter gewohnten Gesichtern und Verrichtungen.

Nestroys Possentitel formuliert den Einspruch: *Einen Jux will er sich machen.* Am Vorabend seiner restlosen Verhäuslichung, wo ihn der Chef zum Teilhaber erheben will, bricht der brave und zuverlässige Handlungsgehilfe Weinberl aus. Einmal zumindest will er Abenteuer schmecken, einmal sich das Gefühl verschaffen, »ein verfluchter Kerl« zu sein, um späterhin im durchgeregelten Gewürzkrämerleben stolz darauf zurückblicken zu können. Aus dem stillen Vorort in den Strudel der gefährlichen Großstadt Wien eintauchend, taumelt er, gemeinsam mit dem Lehrbub Christopherl, von einer atemberaubenden Klemme in die nächste. Und zwar just in solche Klemmen, die das kleinbürgerliche Tugendsystem bedrohen: die Kreditwürdigkeit bei ungewollter Zechprellerei; den Hausfrieden bei ungewolltem Einbruch; den moralischen Leumund bei ungewollten erotischen Zudringlichkeiten. Das Ergebnis ist trist: Ernüchterung und Katzenjammer gegenüber der Abenteurerei, Rückzug ins gemessene Alltagsleben mit dem – fragwürdigen – Bewußtsein, hier sei man eben doch besser aufgehoben.

Die gleichen Erfahrungen macht der Frankfurter Textilkaufmann und Familienvater Hampelmann, den Carl Malss als Mittelpunktsheld von drei verschiedenen Possen einsetzt. Jedesmal setzt sich Hampelmann, nachdem er sich wohlgemut und wortgewaltig hinausgewagt hat aus seinen sicheren vier Wänden und sogar aus den Gemarkungsgrenzen der Heimatstadt, am Ende angeschlagen wieder in sein Domizil zurück. In der *Landpartie nach Königstein* geht die Kutsche kaputt; muß er Speisen bezahlen, die er nicht verzehrt hat; wird er als Obstdieb verhaftet; werden Ehefrau und Nichte mit unleidlichen Galanterien umgarnt. In *Herr Hampelmann im Eilwagen* muß er nicht nur Verspätungen, Quetschungen, gestörte und abgebrochene Nachtruhe, sondern auch noch einen (scheinbaren) Räuberüberfall erdulden. In *Herr Hampelmann sucht ein Logis* gerät der häusliche Friede bei ihm und andern gründlich durcheinander, wenn er fremde Wohnungen rücksichtslos durchstampft, dabei Familienfeiern abwürgt oder erotische Schleichpfade einschlägt; und wenn er währenddes die Stieftochter in der eigenen Wohnung schutzlos zurückläßt.

Begreiflicherweise gelten gerade Ortsveränderungen in der statischen und stationären Welt der Lokalposse als besonders aufregend. Selbst dann, wenn sie nur kurzfristig und kurzstreckig ausfallen. So wurden beide Sujets, das vom Wohnungswechsel wie das von der Kutschenreise, mehrfach durchgespielt. Und zwar nicht nur als thematischer Rohstoff, sondern als bereits durchorganisierte dramatische Handlungsfolge. In dieser Sache – aber auch sonst im weiten Feld unbekümmerter Auf-, Um- und Überarbeitungen anziehender Handlungsfolgen – spielte

Louis Angély (1787–1835), Verfasser von über 100 Possen, die entscheidende Rolle eines Transformators. Genau die je unterschiedlichen Spannungen berechnend, formte er Pariser Unterhaltungsstücke um ins besondere sprachliche, soziale und lokale Milieu von Berlin. Sobald ein solches Stück durchschlagende Wirkung erzielte, folgte unverzüglich die nächste Transformation: aus dem Berliner ins Wiener oder Frankfurter Milieu. Diesen internationalen und interlokalen Weg haben auch die beiden genannten Handlungsfolgen zurückgelegt. Angélys Eilwagenposse, *Reise auf gemeinschaftliche Kosten,* läßt den sehr viel gelasseneren Berliner Geschäftsmann Liberius mehr noch unterm dünkelhaften Egoismus einer begleitenden Kommerzienratswitwe leiden als unter den gleichen Unbilden, die auch Herr Hampelmann durchzustehen hat. Und zu Malss' Frankfurter Umformung von Angélys Wohnungswechselposse hat Nestroy wenig später eine Wiener Variante verfaßt. Der Titel seiner Posse holpert genau so hartnäckig wie ihr plumper Held durch die sozialen und topographischen Viertel der Gemarkung Wien: *Eine Wohnung ist zu vermieten in der Stadt, Eine Wohnung ist zu verlassen in der Vorstadt, Eine Wohnung mit Garten ist zu haben in Hietzing* (1837).

Auch die Ausbruchsversuche des Darmstädter Metzgersohns Knippelius ins lustige Gießener Studentenleben mit Kneipen und schweren Säbeln (*Des Burschen Heimkehr*); des Drehergesellen Schmidt auf den Sauftouren mit dem liederlichen *Datterich*; des wohlsituierten Geschäftsmannes Kauz ins erotische Freigehege der *Mädl aus der Vorstadt*; des Viktualienhändlers Knötschke, als *Aktienbudiker,* ins gefährliche Gelände verwegener Börsenspekulationen; des wohlhabenden, vergnügt waghalsigen Rentiers Hätschler, nichts wie weg von der Fuchtel der bärbeißigen Haushälterin, bis hin ins mutwillig aufgesuchte Schuldgefängnis (*Eine leichte Person*): sie erweisen sich letzten Endes durchweg als unbekömmlich. All diese Ausbrecher sind heilfroh, wenn sie dort wieder landen, von wo sie sich leichtfertig entfernt haben.

Was besagen nun solche vergeblichen Exkursionen? Spricht daraus nichts weiter als der abermalige Triumph der Seßhaftigkeit – im angestammten Ort, angestammten Haus, angestammten Beruf –, womit die Posse der umfassenden Mobilität der zeitgenössischen Gesellschaft Paroli bietet? Mir scheint, hier rührt sich nicht bloß die gezielte, bewußte Kritik an den ungewissen, verwirrenden Umwälzungen ringsum. Hier rührt sich

Abb. 13 »Der Zinstag«. Illustration der Wiener Theaterzeitung (hrsg. seit 1806 von A. Bäuerle). Das Bild bündelt verschiedene Aspekte eines bedrückenden Themenkomplexes, der in vielen Lokalpossen mitspielt: das gespannte Verhältnis zwischen Mieter und Vermieter; der freiwillige und der erzwungene Wohnungswechsel; Geldschulden und ihre Folgen.

ebenso, wenn auch nur teilweise bewußt, Eigenkritik just an dem künstlich windstillen Standort, der sich so starr dagegen absichert. Gewiß, die Ausbrecher ziehen sich wieder zurück ins häusliche Herkommen. Aber nicht, weil sie darin ein unüberbietbares Glück fänden. Sondern, weil sie die Unsicherheiten draußen nicht verkraften. Ihnen ergehts wie Haustieren, die im Wald ausgesetzt waren. An diesem Punkt hakt die Eigenkritik der Posse ein. Sie richtet sich gegen die kleinbürgerliche Domestikation. Und sie richtet sich gleichermaßen dagegen, daß die Ausbrüche nur Ersatzhandlungen sind für sinnvollere und wagemutigere Unternehmungen, das eigene Dasein zu erweitern. Immerhin fällt auf, daß kaum einer von diesen Ausbrechern die Initiative innehat. Hampelmann so wenig wie Weinberl, Schmidt so wenig wie Knötschke, Hätschler so wenig wie Knippelius. Einer wie der andere sucht und besteht keine Abenteuer – sie widerfahren ihm. Jeder stolpert in Lagen, die er nicht begreift. Jeder muß sich auf Gelegenheiten einlassen, die weder von ihm noch für ihn geschaffen wurden.

Zwischenbilanz

Die Lokalposse ist ein heiteres Bühnenstück im kleinbürgerlichen Milieu; sie handelt – teils verklärend, teils kritisch – vom Alltagsleben der Stadt, in der sie spielt und deren Sprache sie verlauten läßt. Von dieser sehr groben Umschreibung war ich ausgegangen. Inzwischen sind differenziertere Merkmale der Gattung in den Blick gekommen, die über beides etwas besagen: über das besondere Weltbild, das sie dem Publikum vorsetzt; und über die besondere Weise, wie sie darin zeitgenössische Erfahrungen verarbeitet. Bevor von weiteren Merkmalen die Rede ist, soll erst einmal überschlagen werden, wie die bisher angesprochenen zusammenhängen. Dadurch mag, über Einzelzüge hinaus, das Gesamtbild der Gattung deutlicheren Umriß gewinnen. Was sich auf der Possenbühne durchsetzt, ist weniger eine schlagkräftige und ergebnisreiche dramatische Handlung; es sind vielmehr die milieueigenen Lebensregungen, die durch die Handlung entbunden werden. Sozialgeschichtlich spricht daraus der enge Spielraum der Personen, die sich hier rühren. Diese untere Mittelschicht ist weder besonders aktionslustig noch besonders aktionsfähig. Politisch nicht, weil sie nur im begrenzten kommunalen Bereich mitwirken darf; und wirtschaftlich nicht, weil sie sich in ihrer Mehrheit dem aufkommenden Industriekapitalismus verweigert.

Weder innerhalb noch außerhalb der Posse kennen diese Leute irgend große Ziele, zu denen sie sich durchkämpfen müßten. Sie finden auch keine schweren Widerstände, an denen sie sich abzuarbeiten hätten. Demnach läßt sich sagen: sie handeln nicht, die Posse handelt von ihnen. Die Posse führt vor, was sie aus ihrem Alltag machen und er aus ihnen. Solche eindringliche Inszenierung des unverwechselbaren heimischen Alltagstreibens ist mehr als bloß verbohrte kollektive Selbstsucht. Hier geschieht zugleich ein munterer Akt passiver Resistenz. Einerseits gegen die alte, immer noch mächtige Welt des Feudalismus, die triftig als überlebt und verbraucht empfunden wird. Andrerseits gegen die neue Welt des Kapitalismus, die ebenso triftig als unberechenbare, anonymisierende Überfremdung empfunden wird. Jedoch, die Posse übt nicht nur Kritik an dem, wogegen sie sich so entschlossen abriegelt: am sozialen, ökonomischen und geographischen Außerhalb. Sie übt auch Kritik an dem, womit und worin sie sich einriegelt: an der unbeirrbaren Seßhaftigkeit im heimischen Hier und Jetzt. Daraus erwachsen die fortschrittlichen Möglichkeiten der Gattung, hinauszugehen über die antifeudale und antikapitalistische Verteidigung des altbewährten nachbarschaftlichen Verkehrs. Besonders nachdrücklich machen sie sich in den Hauptmotiven geltend, die das lokale Milieu in dramatische Gangart versetzen. Sie lassen sich grob unterscheiden in zentripetale Motive, die dem zentralen Milieu zustreben, indem sie es fördern und bestärken; und in zentrifugale Motive, die vom zentralen Milieu wegstreben, indem sie es in Frage stellen.

Zentripetale Motive

Zu den zentripetalen gehört das unverzichtbare Motiv der Liebe mit Hindernissen, aber auch das fast so häufige Motiv der Flucht vorm Gläubiger. Auf der Possenbühne entwickeln sie sich in der gleichen Weise. Liebes- und Geldpartner wollen was voneinander, das vorderhand auf Schwierigkeiten stößt. Die Spannung des Zuschauers richtet sich darauf, ob und wie sie ihr Ziel erreichen. Zentripetal wirken diese Motive, da sie durchweg dem Bestand des zentralen Milieus zugute kommen. Das geschieht etwa so: Der zunächst abgelehnte Liebhaber kann das Hindernis nehmen, indem er den Mangel wettmacht, der ihm nach Auffassung der ausschlaggebenden Mädcheneltern anhaftet. Entweder aktiv durch außerordentliche Bewährung, die ihm zum Meisterstück und Ritterschlag gereicht. Oder passiv durch pünktlich eintreffende Erbschaft, die für die ausbedungene finanzielle Parität sorgt. Da ich die aktiven Liebhaber schon ausführlich erläutert habe, genügt ein Hinweis auf diejenigen, denen ein unverhofft auftauchender oder auch ebenso unverhofft weichgewordener reicher Verwandter die Hürden einebnet. Bei Hampelmanns Stiefschwiegersohn ist es der Vater (Malss), beim Schneidergesellen Valentin ist es der Onkel (Niebergall), beim

Komponisten Steinöl ebenfalls der Onkel (Pohl). Solche innerlich und äußerlich gehemmten Amanten sind dramatisch unergiebiger, aber darum nicht minder zahlreich. Nestroy zumal, der sie häufig einsetzt, hat sie seinem bösen Blick ausgesetzt, indem er sie ausdrücklich als dramaturgische Verlegenheitslösungen hinstellt. Weinberl, am Ende vom *Jux*: »Also hat sich der Fall schon wieder ereignet? Nein, was 's Jahr Onkel und Tanten sterben müssen, bloß damit alles gut ausgeht –!« Ist der Liebhaber aber gar unlauter oder ungeliebt, wird er entlarvt und abgeschoben. So der Hochstapler Müller in den *Bürgern in Wien*, der Betrüger Nachtschatten in *Des Burschen Heimkehr*, der fragwürdige preußische Fähnrich Daxowitz im *Bürger-Capitain*, der Dieb Sternfels in *Einer von unsere Leut*, der pingelig eigensüchtige und unsolidarische Bräutigam der Rosalie in *Eine leichte Person*. In jedem Fall triumphiert das Milieu, wenn es das Gute zur eigenen Regeneration vereinnahmt und das Böse oder Untaugliche ausscheidet.

Zu ähnlichen Ergebnissen führt das Motiv der Flucht vorm Gläubiger. Entweder treiben die Gläubiger ihre Außenstände ein. So bei den leichtfertigen Söhnen reicher Väter in den Wohnungswechsel-Possen von Angély, Malss und Nestroy. Oder sie halten sich wenigstens emotional schadlos, indem sie den Schuldner verprügeln. So im *Datterich*. Auch größere Finanzvergehen und moralische Schulden, wie in *Mädl aus der Vorstadt* die Unterschlagung des Herrn von Kauz, der sie seinem harmlosen Buchhalter in die Schuhe geschoben hat, werden durchs Milieu bestraft und ausgeglichen. Bleibt einer bis zum Ende zahlungsunfähig oder zahlungsunwillig, wie der Dichter Splitt in Malss' *Stelldichein im Tivoli* und der Schnorrer *Datterich*, dann stempelt ihn das Milieu zum Außenseiter und behält ihn scharf im Auge.

Hier offenbart sich eine bemerkenswerte Eigenart des Milieus. Sie hängt zusammen mit der obwaltenden Handwerkermentalität, aber auch mit der gesellschaftlichen und politischen Begrenzung auf den innerkommunalen Bereich. Es geht um die auffällige Neigung zu Selbsthilfe und Selbstjustiz. Ob der Schuster Bengler den unverschämten *Datterich* oder der junge Knippelius seinen heimtückischen Nebenbuhler in die Schranken prügelt; ob Rosalie (*Eine leichte Person*) die fiese Denunziantin Starmatz durch eine schlaue Finte demütigend abstraft oder ob die Gläubiger mit dem Dichter Splitt (im *Tivoli*) eine Option auf den Gewinn seiner nächsten Posse verabreden: immer nehmen die Vertreter des Milieus die fälligen Korrekturen selbst in die Hand. Sie denken nicht daran, sich an die offiziellen Ordnungskräfte des Staats zu wenden. Nicht einmal dann, wenn gewichtigere, kriminelle Tatbestände vorliegen. Das Unheil, das der Betrug des Herrn von Kauz über die Familie seines Buchhalters brachte, renkt privat der redliche Winkelagent Schnoferl wieder ein, indem er den Übeltäter zu einer saftigen Abfindung nötigt. Der Jude Stern stellt nicht nur dem Dieb, sondern auch dem fragwürdigen Polizeiinspektor eine Falle, um dessen Befangenheit darzutun (*Einer von unsere Leut*). Der Hochstapler und Spion Schnorrfeld wird durch eine List des pfiffigen Portiers Lietze unschädlich gemacht (*Unruhige Zeiten*). Dem Mädchenentführer Daxowitz jagen, ohne irgendwelchen öffentlichen Auftrag, die Mitglieder der Bürgerwehr sein Opfer wieder ab (*Bürger-Capitain*).

Die Anlässe sowie die Verfahren und Ziele, die bei solchen Entstörungsaktionen des Milieus zum Zug kommen, sind entschieden inoffiziell. Falls, selten genug, die Behörden einbezogen werden, nutzt man sie als offizielles Werkzeug oder gar nur als Drohmittel, um durchaus private Interessen durchzusetzen, die freilich übereinstimmen mit dem allgemeinen, unausgesprochenen Tugendsystem des Milieus. Der Dieb Sternfels steht dem Leumund des fälschlich beschuldigten Schlossermeisters Frühauf im Weg: darum wird er dingfest gemacht. Der Hochstapler und Spion Schnorrfeld behindert die Eheschließung mehrerer Liebespaare: seine Entlarvung – im vertraulichen Kreis – dient einzig dazu, ihn in die Flucht zu schlagen. Die korrupten Politiker Timon und Tannemann bekämpfen einander und gefährden so das Lebensglück ihrer Kinder: mit geheimem Belastungsmaterial bringt sie der Dichter Spadelius nicht ins Gefängnis, sondern zu zähneknirschender Versöhnung. Erpressung zum Guten, dieser Akt, der in vielen Possen die unerläßliche Lösung der Konflikte herbeiführt, ist nochmals ein bezeichnendes zentripetales Motiv. Mag nun die Erpressung einen ausgemachten Schurken treffen oder auch nur einen Menschen, der krampfhaft sein öffentlich geltendes Persönlichkeitsbild aufrechterhalten will – grundsätzlich spielt sich allemal der gleiche Vorgang ab: Vertreter des Milieus drohen mit handfesten oder ideellen Zwangsmaßnahmen des Milieus, um, hintenrum, das Milieu zu bekräftigen.

Zentrifugale Motive

Den zentripetalen Motiven, die den Bestand festigen, widersetzen sich die zentrifugalen, die ihn in Frage stellen: Reise, Wohnungswechsel, abenteuerlicher Ausflug aus der beschaulichen Kleinstadt in die unabsehbare Großstadt, Landpartie, heimliche Schleichpfade des angesehenen Bürgers in die erotische Grauzone der Vorstadt. Solche und ähnliche Ausbrüche unterlaufen die kleinbürgerliche Immobilität. Obwohl sie regelmäßig schiefgehen und letztlich den Ausbrecher mit einem Katzenjammer in den geregelten Alltag wieder einscheren lassen, machen sie auf Schwächen des Milieus aufmerksam. Vor allem, daß es die Betroffenen in ihrer Energie beschneidet – sonst würden sie die andersartigen Anforderungen außerhalb des eigenen Heims und Orts besser bestehen. Die Kritik nach innen reicht noch weiter. Sie offenbart, daß die eigentümlichen Lebensgewohnheiten, Machtverhältnisse, Einrichtungen des lokalen Milieus, die den unmenschlichen Verhältnissen der feudalen sowie der kapitalistischen Welt widerstehen, auch ihrerseits unmenschliche Verhältnisse erzeugen können. Als Kehrseite der schönen anheimelnden Seßhaftigkeit kommt unschöne kleinliche Verhocktheit zum Vorschein. Sie fördert Doppelmoral, Engstirnigkeit, Angst und soziale Taktlosigkeit.

Doppelmoral: Mit dem *Mädl aus der Vorstadt* reißt Nestroy die peinlich abgesteckte erotische Topographie Wiens auf. In der guten alten Stadtmitte, wo die feinen Leute wohnen und verdienen, heiratet der vermögende Bürger seinesgleichen. In der Vorstadt hingegen, wo sich die Nähmädchen für einen Hungerlohn abrackern, spürt der Bürger das erotische Freiwild auf, dem er sich dann, jenseits von Stadtperipherie und Alltagsleben, in erholsamen Landhäusern näher widmet. Den gleichen Sachverhalt, unter Berliner Umständen, führt Kalisch in *Berlin bei Nacht* und Pohl in *Unruhige Zeiten* vor.

Engstirnigkeit: Emil Pohl spielt sie mit Hilfe einer wirksamen Verblüffungsstrategie in mehreren Variationen und Richtungen durch. Es läßt sich daraus abermals die Fortentwicklung der Posse zwischen den zwanziger und den sechziger Jahren ablesen. Der Bildungseifer nämlich, den noch Malss an seiner Waschmamsell Philippine lächerlich gemacht hat, erscheint hier positiv. *Eine leichte Person* ist die forsche Putzmacherin Rosalie nach Meinung ihrer engstirnigen Umwelt. Statt wie andere ihresgleichen sich von allerlei Galanen die Cour machen zu lassen, lernt sie Fremdsprachen, um mehr zu wissen von der Welt und mehr zu gelten in der Welt, die größer ist als der kleine Kreis, in dem sie lebt. So sprengt sie die vorgeprägte enge Rolle samt dem engen sozialen Vorurteil, das daran haftet, und bringt dadurch Arbeitskolleginnen und Nachbarschaft gegen sich auf. Man hängt ihr einen üblen Ruf an, der sich noch verschlimmert, als sie ein ausgesetztes Kind bei sich aufnimmt. Erster Hakenschlag in Pohls Verblüffungsstrategie: Nachdem das kleinbürgerliche Publikum Rosalies rollenwidrige Haltung gutgeheißen haben mag, weil es sich mit ihren bösartigen Widersachern nicht gemein machen kann, verwirft sie diese Haltung. Hingerissen von dem Findelkind, schwört sie der Bildung ab, um sich nunmehr auf die gängige Rolle der Nichts-als-Mutter einzuschwören. Zweiter Hakenschlag: Der dazu vorgesehene Vater, ihr feinsinniger Bräutigam, läßt sie fallen und verwirkt so ihre Liebe. Dritter Hakenschlag: Der gutmütige und unkonventionell übermütige Junggeselle Hätschler gewinnt ihr Herz, er ist aber über die Jahre raus, um sie zur Mutter zu machen. Wider die Gewohnheitszwänge des Milieus, das jeweils der sozialen Stellung, dem Geschlecht und der Altersstufe ein fest normiertes Verhalten verordnet, werden die beiden Außenseiter fröhlich und unabhängig weiterleben in eben diesem Milieu. (Hätschler hat Geld genug.)

Angst: Die komischen Turbulenzen, durch die Weinberl und der Lehrbub Christopherl purzeln, wenn sie sich einen *Jux machen* wollen, rühren aus der Angst, erwischt zu werden. Die verzweifelten Anstrengungen, das kleinbürgerliche Tugendsystem nicht zu verletzen, führen zu ständig neuen ungewollten Verletzungen: Zechprellerei, Namensfälschung, erotische Zudringlichkeiten, Einbruch. Nirgends fragen sie danach, wie sie denn dazu kommen, sich davon so kopflos ins Bockshorn jagen zu lassen. Andere Ängste befallen den *Aktienbudiker* Knötschke, den schlichten Inhaber eines Lebensmittelädchens, wenn er nicht weiß, wie er sich in der gefährlichen Zone der Börsenjobber bewegen soll; wenn ihm die Maßstäbe fehlen, üble von rechtschaffenen Menschen und Handlungen zu unterscheiden. Wieder andere Ängste treiben Herrn Hampelmann auf der *Landpartie nach Königstein* und *im Eilwagen* um. Die Rolle, die er daheim souverän und erfolgreich spielt, richtet sich draußen eher gegen ihn; sie schleust ihn von einer quälenden Situation in die andere.

Soziale Taktlosigkeit: Die Helden von Malss' *Herr Hampelmann sucht ein Logis* und Nestroys *Eine Wohnung ist zu vermie-*

ten . . ., Herr Hampelmann und Herr Gundlhuber, machen sich in fremden Domizilen breit, als wären sie zuhaus. Sie maulen, mäkeln, durchstöbern Zimmer und Schränke, greifen zu beim Essen und mischen sich in private Auseinandersetzungen, ohne zu merken, welchen Schaden sie anrichten. Sie sind taktlos in doppeltem Sinn. Ihnen fehlt das psychische Taktgefühl, sich einzustellen auf die Lebenshaltung und die augenblickliche Stimmung ihres persönlichen Gegenübers. Und ihnen fehlt das körperliche Taktgefühl, den Rhythmus einer Situation, in die sie hineingeraten, aufzunehmen und sich ihm einzupassen. Statt dessen zerstampfen sie alles mit ihrem starrsinnigen Gegenrhythmus. So kommts zu quälenden Unstimmigkeiten, wenn sie in einer ohnehin übererregten Verlobungsfeier mit ausstehendem Bräutigam plumpe Anspielungen machen auf den angebrannten Braten und auf den ehrenrührigen Firmenbankrott der Brauteltern. Der Angriff aufs taktlose Gebaren trifft nicht nur die Auswüchse namens Hampelmann und Gundlhuber. Er trifft, durch sie hindurch, die Umgangsformen des Milieus, das solches Gebaren fördert. Wo der menschliche Verkehr sich im innerfamiliären, nachbarschaftlichen und kleingewerblichen Bezirk erschöpft, schrumpft die Fähigkeit, jenseits des eingespielten Bezirks mit andern umzugehen. Wo lokale und private Eigenart ausgebaut wird als Schutzwall wider die sozialen Umwälzungen von draußen, führt auch im Innern der Austausch mit fremden Belangen zu peinlichen Karambolagen.

Dergestalt verklärt die Posse nicht nur das Milieu, das sie auf die Bühne bringt, sie macht zugleich häßliche Kehrseiten dieses Milieus und dieser Verklärung sinnfällig. Gerade das Motiv des Ausbruchsversuchs warnt vor den Folgen binnenlokaler Doppelmoral, Engstirnigkeit, Angst, Taktlosigkeit und damit vor den Gefahren einer allgemeinen Erstarrung.

Eigensteuerungen der Possendramaturgie
Es wäre das eine Erstarrung nicht nur der vorgeführten Lebensformen und Denkweisen, sondern auch eine der Dramaturgie, die derlei vorführt. Da sie die Handlung dem Milieu unterordnet, das, obendrein noch, sich gegen die ungestümen Umwälzungen der Epoche sperrt, ist der dramatische Ablauf immer wieder von Stillstand bedroht. Im Extremfall müßte also mit einer selbstgenügsamen Reglosigkeit sowohl der Bühnenereignisse wie der inszenierten Kleinbürgerwelt zu rechnen sein. Daß es dazu nicht kommt, dafür sorgt das Wi-

derspiel zwischen zentrifugalen und zentripetalen Motiven, die das Milieu wechselweis erschüttern und befestigen. Es hintertreibt den gesellschaftlichen, aber auch den szenischen Stillstand. Genauer, es bewirkt, daß sich das Milieu, reizbar und aufgereizt, unentwegt auf der Bühne tummeln muß. Dieses Widerspiel zeigt an: die Dramaturgie der Posse hält sich ans gleiche Prinzip wie die Welt, die sie auf die Bühne bringt, ans Prinzip der Eigensteuerung. Das Milieu, so haben wir mehrfach vermerkt, macht sich stark gegen alles, was ihm fremd ist: gegen feudale wie gegen kapitalistische Verkehrsformen; gegen staatliche Einrichtungen und Eingriffe; gegen regional Abgelegenes und Abartiges. Was ihm nur gradweis widerstrebt – jugendliche Liebhaber, die der Norm noch nicht ganz entsprechen – nimmt es schließlich, angleichend, in sich auf. Was ihm grundsätzlich widerstrebt – kriminelle, wirtschaftliche, politische Normbrecher – stößt es aus. Selbstjustiz ist sein Weg, mit Störungen fertig zu werden. So gibt sich das Milieu den Anschein einer autarken Welt, die, obwohl angestachelt von außen, ihre Spannungen letztlich aus sich selbst bezieht und verkraftet.

Theaterästhetisch und theatergeschichtlich gesehen, verfährt die Dramaturgie ähnlich autark. Man merkts nicht allein an besagter Eigensteuerung durch zentrifugale und zentripetale Motive, man merkts erst recht daran, wie lässig die Posse umspringt mit überkommenen Regeln und Maßnahmen der Dramatik. Unter allen Spielarten des bürgerlichen Lachtheaters nämlich löst sie sich am striktesten von den Mustern der vorbürgerlichen Bühnengattungen. Während beispielsweis der Schwank für seine Zwecke merklich die ausgeklügelte Handlungsmechanik der klassizistischen Tragödie verwertet, während die Operette ebenso merklich die Anlage der Nummernoper aufgreift und umpolt, schlägt die Posse beides aus: die anerkannten dramatischen Muster und deren hohe Geltung im offiziellen Kunsturteil der Zeit. Sie richtet sich mehr nach ihrem eigenen Gegenstand als nach dem, wie das herkömmliche Theater bislang mit anderen und andersartigen Gegenständen verfahren ist.

Was dabei herauskommt, sind Bühnenstücke, die weder ästhetisch einhellig noch reibungslos schlüssig geraten. Im Gegenteil. Oft ist das dramatische Geschehen lückenhaft begründet, der Ablauf holprig, das Tempo der Ereignisfolge schwankend, der Aufbau mißproportioniert. Oft auch passen die einzelnen Bestandteile des Stücks nicht so recht zueinander. Konkret: Gesungene Partien unterbrechen jäh den Rededialog, ohne geschmeidige Überleitung. Bei Couplets und Monologen springen die Personen aus ihren Rollen – ungleich schroffer als je zuvor im Sprechtheater oder auch im Musiktheater. Begebenheiten verselbständigen sich zu prallen Genrebildern, worin sich erst einmal das Milieu breit macht, bevor sich irgendwann und irgendwo der Fortgang der Handlung rührt.

Hier scheitert nicht etwa künstlerisches Unvermögen am hohen Ziel ausgewogener Abrundung. Ein solches Ziel ist gar nicht angestrebt. Es widerspräche dem, wofür laut Malss die Lokalposse sich stark macht: für unverbrauchte, frische Personen und Begebenheiten, die noch charakteristische Eigentümlichkeit haben; für Verhältnisse, denen das besondere Gepräge des Örtlichen noch nicht abgeschliffen ist. Nicht anders die Bühnenstücke, die sich dem verschreiben. Auch sie nehmen solche unverbrauchte, unabgeschliffene Eigentümlichkeit in Anspruch – und in Kauf. Jedes einzelne Stück zielt darauf ab, das unverwechselbare Alltagsleben aufzustöbern, das die eine Stadt von den andern, das sogar innerhalb der jeweiligen Städte das eine Viertel von den andern abhebt: in Mundart und Gewerbe, in sozialer Mischung und lokaler Geschichte. Machen die Possenautoren ernst mit diesem Programm, dann können sie auch dramaturgisch nicht auf halbem Weg stehenbleiben. Es kann dann in der Machart weder eine Posse vollauf der andern gleichen (wie etwa ein Schwank dem andern); noch kann sich die Gattung insgesamt den Regelungen einer überkommenen Theaterästhetik beugen. An den besonderen, neuentdeckten Gegenstand also und nicht so sehr an allgemeine, altbewährte Grundrisse der Dramenkonstruktion halten sich die Possenschreiber. Hierin liegt besagte Eigensteuerung ihrer Dramaturgie begründet. Sie bringt den Gegenstand, möglichst wörtlich und scharf artikuliert, zum Sprechen. Sie läßt sich ein auf seine potentielle Energie und setzt sie um in die kinetische Energie des dramatischen Geschehens. Sie legt die szenischen Möglichkeiten frei, die im Alltag des jeweiligen lokalen Verbands stecken, um sie als schlagkräftige Bühnenereignisse auszuspielen. Was das heißt, läßt sich an zwei bemerkenswerten Elementen erläutern: an Wirtshausszenen und an der Rolle der räsonierenden Hauptperson.

Wirtshausszenen

Es gibt kaum eine Posse, die ohne Wirtshausszene auskommt. Viele Stücke spielen sogar überwiegend in Gasthöfen, Schenken, Gartenrestaurants; oder sie binden das dramatische Geschehen ein in Wirtshausszenen, indem sie es von dort ausgehen und auch dorthin wieder zurückkehren lassen. Aus gutem Grund. Denn hier kommt der eigengesteuerte Gegenstand beinah umweglos der eigengesteuerten Dramaturgie entgegen. Der Wirtshausbetrieb besorgt von sich aus bereits viel von dem, was der Autor szenisch anzurichten und zu regeln hat. Er nimmt ihm etliche dramentechnische, psychologische und soziale Begründungen ab und vorweg, die der Autor, hat ers mit andern Orten und Gelegenheiten zu tun, oft nur gewaltsam durchführen kann. Hier nun geschieht es zwanglos und selbstverständlich. Die gesellige Funktion des Wirtshauses liegt ja gerade darin, daß Leute unterschiedlichen Charakters, Standes und Berufs absichtlich oder zufällig an einem bestimmten Ort zusammentreffen; daß sie nach Belieben kommen und gehen; daß sie sich kennenlernen oder wiedersehen; daß sie Gruppen bilden an einzelnen Tischen, was bis zu streitbarer Parteiung von Tisch zu Tisch führen kann; daß sie ihre eigenen Belange und die ihrer unmittelbaren Umwelt von sich geben in gewichtigem Gespräch oder lockerem Geplauder; daß sie, unbefangener als im Arbeits- und Familienkreis, ihr übliches Tun und Lassen an den Tag legen, wenn sie öffentlich zusammen trinken und essen, Karten und Billard spielen, singen und schwadronieren. Nicht erst im Theater also, schon im Alltagsleben ist das Wirtshaus die Bühne, wo eben dieses Alltagsleben, mehr oder minder bewußt, sich selber spielt: am Feierabend oder auch beim Verbummeln. Allerdings so, daß auch die Arbeitswelt samt den beruflichen und sozialen Rollen, die jeder darin ausfüllt, mächtig genug hineinwirkt. Besonders diesen Umstand rücken die entsprechenden Possenszenen in überscharfes Licht.

Sie verzeichnen nicht nur, sie zeigen auch auf, woher es kommt und was es besagt: Wenn ein paar Arbeiter eben mal kurz und kärglich Geburtstag feiern in der gleichen Darmstädter Wirtsstube, die den arbeitsscheuen Skatbrüdern um Datterich sozusagen Heimat ist; und wenn eben diese lässigen Tagdiebe miteinander anders umgehen und andere Reden führen als am Nachbartisch der biedere Drehermeister mit seiner Familie, die er jovial und betulich ins Ausflugslokal geführt hat (*Datterich*). Wenn Putzmacherinnen ungezwungener, aber auch bescheidener mit dem Personal der Berliner Gartenwirtschaft verkehren als vis-à-vis die halbfeine Dame nebst Töchtern, die ihr mangelndes Geld mit hochfahrendem Gebaren überspielt (*Unruhige Zeiten*). Wenn Kutscher und Köchinnen im Frankfurter Tanzlokal ihre dürftige Geltung aufzubessern suchen, indem sie sich mit dem glanzvollen Haushalt ihrer Herrschaften brüsten (*Tivoli*). Wenn in der Berliner Straßenschenke einige hoffnungsfrohe Jungakademiker ihr fröhliches Beieinander feiern, das sie, nach zwanzig Jahren korrumpierender gesellschaftlicher Aufsteigerei, nur noch krampfhaft vorgaukeln können (*Junger Zunder*). Wenn, wiederum in Berlin und drumherum, organisierte Freizeitgrüppchen – Kegelbrüder, Gesangverein, Jagdclub –, sich gemeinsam erstarkt fühlen durch Satzung und Zeremoniell, kneipend sich an Außenseitern reiben (*Reise auf gemeinschaftliche Kosten, Eine leichte Person, Kyritz-Pyritz*).

In jedem Fall macht sich die Possendramaturgie das Spannungsfeld zunutze, das die Wirtshäuser sind und das sie zugleich offenbaren, da sich in ihnen das gesamte Gemeinwesen verdichtet. Denn nirgends sonst wird die soziale Vielfalt des Milieus so sinnfällig wie gerade hier. Scheinbar dem Arbeitsdruck entronnen, lassen an diesem Ort die Einzelnen wie die Gruppen sich gehen. In einem aufschlußreichen Hin und Her zwischen dem verpflichtenden, einverleibten Ritual, mit dem sie ihr Alltagsleben bewältigen und den rührend vergeblichen Zukkungen, sich kurzweilig davon zu befreien.

Verkörperter Ortsmund: die räsonierende Hauptperson

In den Wirtshausszenen äußert sich das Milieu en gros. Dank der eigengesteuerten Dramaturgie, die seine Eigensteuerung auf die Bühne überträgt, entsteht der Eindruck, es rühre sich unwillkürlich und unbelauscht. Die Lokalposse, eingestellt aufs Charakteristische des jeweiligen Orts, verharrt jedoch keineswegs beim großen Ganzen. Sie ist nicht minder an unverwechselbaren Einzelcharakteren interessiert. An Personen, die ebenso eigenartig vom Ort geprägt sind, wie sie ihrerseits zu seinem eigenartigen Gepräge beitragen. Gewiß gilt das weder für alle Possen noch für alle Possenpersonen im gleichen Maß. Denn es gibt da durchaus Figuren, die dem scheinbar orts- und zeitlosen Bestand des vorbürgerlichen Lachtheaters entnommen sind: linkische, aber rechtschaffene Liebhaber; tyrannische Väter; quicke Mägde. Sie haben allerdings nichts als instrumentale Aufgaben in der ohnehin untergeordneten dramatischen Handlung.

Das Durchschnittsformat solcher Allerweltsfiguren sprengen indes sehr viel auffälligere, ganz und gar charakteristische Personen, die sich nicht so ohne weiteres aus einem Stück ins andere oder gar aus einer Gattung in die andere überführen ließen. Dazu sind sie zu tief durchdrungen vom besonderen Milieu, das sie leibhaftig mit verkörpern. Spirwes, der mürrische Dauergast gängiger Weinstuben (»Wos geht mich die Nadur oh?«), haftet ebenso unverrückbar fest am äußeren Rand des selbstgefälligen Darmstädter Innungslebens, wie der schwerfällige, töricht politisierende Drehermeister Dummbach mitten drin steckt (*Datterich*). Die zetermäulige, letztlich gutmütige Zimmerwirtin Schnawwelmännin ist das eng verzahnte Gegenstück zur flatterhaften Waschmamsell Philippine, deren unbeholfene Bildungshupfer, so wie sie ausfallen, einzig übers Frankfurter Dialektpflaster stolpern können (*Tivoli*). Bürovorsteher Gröhlmeier, der dreist die dürren Pflichten der Anwaltskanzlei mit den niederschmetternden Verlautbarungen des Gesangvereins verquickt, paßt just ins kleinbürgerliche Gelände der Berliner sechziger Jahre (*Eine leichte Person*). Nicht anders paßt der unentwegt zukunftsträchtige, sprunghaft atemlose Projektemacher Bullrig in die Bohème der gleichen Stadt (*Einmalhunderttausend Taler*). Vollends Nestroys Tabakhändler Tratschmiedl, der Gerüchte einschlürft und ausschleimt wie klebrige Mehlspeisen (*Tritschtratsch*); sein stur daherstampfender Hausknecht Melchior (*Jux*); sein sanft verbohrter, geistesabwesender Pfaidler Knöpfl (*Mädl*): sie sind Fleisch vom Fleisch und Geist vom Geist des jeweiligen Wiener Vorstadtviertels, dem sie zusätzlich ihre persönliche Note geben.

Dabei sind diese eigenartigen Charaktere nicht einmal Hauptpersonen, sondern nur Nebenpersonen. Worin liegt der Unterschied? Zunächst einmal gleichen sie einander. Und zwar darin, daß Hauptpersonen wie Nebenpersonen die lokale Mundart sprechen und, jeweils individuell abgewandelt, das lokale Kollektiv leibhaftig darstellen: in seinen Lebensweisen, Interessen, Anschauungen. Jedoch, die Hauptpersonen bringen obendrein noch eine weitere Dimension ins Spiel, die ihnen den entscheidenden Vorrang einräumt. Ihre Rolle erschöpft sich nämlich nicht darin, persönlich das zentrale Milieu zu leben und zu erleben. Sie durchschauen es auch – mal scharfsichtiger, mal verschwommener –, und sie bedenken es. Mithin ist die Hauptperson im Unterschied zur Nebenperson kein noch so charakteristisches, aber eben doch nur regelmäßiges Teilchen des zen-

Abb. 14 Charakterköpfe aus David Kalischs *Aktienbudiker* (Bildarchiv Preuss. Kulturbesitz)

tralen Milieus. Sie ist vielmehr dessen ausnahmsweises kritisches Selbstbewußtsein. Es spricht sich aus durch die Hauptpersonen: in ihrem geballten vaterstädtischen Mutterwitz; in ihrer ständig reizbaren Apropos-Suada, der keine Einrichtung, kein Problem, kein Vorfall der Umgebung zu gering ist, um nicht ebenso prompt wie grundsätzlich darauf einzugehen. Das entlädt sich nicht nur in siegreichen Redegefechten mit den andern auf der Bühne. Erst recht entlädt es sich in wortverzückten Monologen und Couplets, die frontal ins Publikum schnellen. Dergestalt wird die Hauptperson zum verkörperten Ortsmund. Er spricht von sich, über sich und mit sich. Und er spricht, über die Bühnenrampe weg, zu denen und für die, die ebenfalls dazugehören: die zeitgenössischen Wiener und Berliner, Frankfurter und Darmstädter.

Um diese Aufgabe zu erfüllen, wird die Hauptperson anders angelegt als das übrige Possenpersonal. Sie ist halbiert. Mit der einen Hälfte geht sie auf im dramatischen Geschehen und in den Alltagszwängen des Milieus. Mit der andern Hälfte löst sie sich zeitweilig daraus und nimmt Stellung dazu aus höherer Warte. Sie wird dann zum Räsoneur. Sie ähnelt also nur halbwegs den räsonierenden Figuren im vorbürgerlichen Theater – etwa den Narren bei Shakespeare oder den penetrant besonnenen Schwägern bei Molière, die immer alles kommen sehen und besser wissen. Denn Shakespeares Narren leben ganz außerhalb und Molières Schwäger ganz innerhalb des dramatischen Geschehens. Ihnen fehlt der jähe Ruck, den der Possenheld geradezu pointiert, wenn er hinüberspringt: aus seinem gängigen lokalen Lebensweg, den er ebenso auszuschreiten hat wie all die andern drum herum, auf eine Plattform der Reflexion, die es ermöglicht, allgemeine Schlüsse zu ziehen aus solcherlei Lebenswegen.

Die Halbierung des Possenhelden ist radikal. Sie kann, psychologisch gesehen, bis zur Bewußtseinsspaltung gehen, so daß die eine Hälfte nicht weiß und betreibt, was die andere weiß und betreibt. Auch hier waltet das Prinzip des eigengesteuerten Gegenstands und der eigengesteuerten Dramaturgie. Es verlangt – wenn das Geschehen seine Spannung und das Milieu seine Stichhaltigkeit wahren soll –, daß der Held mit seiner einen Hälfte, als gewöhnlicher Ortsgenosse mit gewöhnlichem Lebenslauf, nicht annähernd so tief blickt und so weit denkt, wie er das mit seiner andern Hälfte kann, als Räsoneur. Einerseits zum besseren Vergnügen des Publikums, das hoffend und fürchtend mit einer Person des eigenen üblichen Formats das Alltagstreiben des Milieus durchzustehen hat. Andrerseits zur besseren Einsicht des Publikums, das, geführt von einer Person anderen Formats, die sonst verborgenen Gesetzmäßigkeiten des Milieus aufspüren darf.

Hinüber und herüber geschubst, wird dem Publikum beides zuteil: Einerseits verfolgt es mit dem täppischen Winkelagenten Schnoferl mühsam die verworrenen Spuren eines Finanzvergehens aus der Stadtmitte bis in die Außenviertel – andrerseits durchschaut es, dank der ungleich scharfsinnigeren Couplets des gleichen Schnoferl, die zwiespältige Geschäfts- und Liebespraxis des Wiener Bürgertums. Einerseits hetzt es mit Weinberl, den der eigne Juxdrang überfordert, aus einer peinlichen Lage in die nächste – andrerseits weckt der gleiche Weinberl, singend und sagend, Zweifel an solchen selbstverhängten Peinlichkeiten. Einerseits leidet es mit dem Budiker Knötschke und ärgert sich über ihn, wenn er unbeholfen den Machenschaften übler Spekulanten verfällt – andrerseits vernimmt es aus gewitzten Ansprachen und Liedern des gleichen Knötschke, was die Folgen des leicht gewonnenen und leicht verlorenen Geldes sind. Einerseits rangelt es sich hoch mit dem kecken Hotelportier Lietze bis zum Gutsverwalter – andrerseits erläutern ihm die sozialkritischen Exkurse des gleichen Lietze, warum so was üblicherweise danebengeht. Einerseits muß es mit dem Dichter Splitt, eingekreist von Gläubigern, ein demütigendes Dauerversteckspiel durchmachen – andrerseits kann ihm der gleiche Splitt, nun in überlegenen Monologen und Rampengesängen, etwas beibringen über die gesellschaftlichen Umstände des Schuldenmachens.

Sonderfall *Datterich*

Nicht alle Possenhelden sind halbiert. Es gibt Ausnahmen, wie zum Beispiel Niebergalls Datterich. Der bleibt als dramatische Figur unentwegt bei sich und im Geschehen. Er verfällt in keine Couplets, die ans Publikum gehen. Und seine Monologe sind Selbstgespräche, keine Ansprachen über die Rampe weg. Dennoch erfüllt er grundsätzlich die gleiche Aufgabe wie die andern Possenhelden. Er durchmißt das lokale Milieu, reizt es auf – wie Splitt ist auch er ein ausgekochter Schuldenmacher – und legt dessen Schwächen bloß aus einem abweichenden Blickwinkel. Auch durch diesen Datterich also, der mehr begreift, tiefer blickt und souveräner die lokale Sprache beherrscht als die

Leute um ihn rum, meldet sich das kritische Selbstbewußtsein des Milieus zu Wort. Warum Niebergall seine Hauptperson gleichwohl anders anlegt, ist leicht einzusehen. Er treibt nämlich überhaupt, bei sämtlichen Figuren und Begebenheiten seines Stücks, die eigenartsversessene Charakterisierung noch weiter als die übrigen Possenschreiber. Vollends der Titelheld ist in höchstem Grad sozialpsychologisch durchmodelliert. So erscheint er derart stimmig und rund bis in die kleinste Gebärde, daß er die übliche mechanische Halbierung nicht vertrüge. Datterich räsoniert zwar auf Schritt und Tritt, doch nirgends verläßt er den Rahmen der gespielten Wirklichkeit, die ihn umgibt.

Was kann das – unangesprochene – Publikum daraus entnehmen? Wenn der Held niemals von sich absieht und aus sich rausgeht; wenn er niemals dem dramatischen Geschehen entsteigt und von ihm abrückt, um es aus höherer Warte zu bedenken, dann spielt auch das, was er verkörpert, eine andere Rolle als sonst: das kritische Selbstbewußtsein des Milieus. Es kann sich nicht über das erheben, was nun mal ist und geschieht. Es geht darin unter. Das Milieu weist hier dem eigenen Selbstbewußtsein nur einen halbwegs geduldeten, beargwöhnten Außenseiterplatz zu. Datterich hat sich darauf, so bequem wie möglich, eingerichtet. Von dort macht er sich her über die selbstgefällige Spießbürgerei der Darmstädter Handwerker. Handelnd und räsonierend. Aber er hat dabei nur den eigenen Nutzen im Sinn, nicht den eines aufzubessernden Milieus.

Ein bemerkenswerter Vorgang. Ob er wertfrei hinzunehmen oder gutzuheißen oder zu brandmarken sei, auch diese Entscheidung überläßt Niebergall dem Publikum. Hier behauptet sich erneut das Possenprinzip der Eigensteuerung. Diesmal nicht die Eigensteuerung der Dramaturgie, sondern die des Gegenstands. Wo sonst das Selbstbewußtsein des Milieus in der Person des Possenhelden willkürlich und demonstrativ daherkommt, gibt es sich in Datterich unwillkürlich und unbelauscht. Genauso wie in den Wirtshausszenen.

Komisch asynchrone Verhältnisse

Die Posse – als Spielart des bürgerlichen Lachtheaters –, was gibt sie zu lachen? Entfacht sie eigene Komik? Wer nur punktuell einzelne komische Situationen, Personen, Redeweisen herausgreift, wird dergleichen auch sonstwo im Lachtheater vorfinden, in früheren Komödien wie in späteren Schwänken. Wer hingegen ihre komischen Schwerpunkte zusammen sieht mit

Abb. 15 Titelbild zur Erstausgabe von Ernst Elias Niebergalls *Datterich*, 1841 (Foto Christ)

anderen Eigenheiten der Posse, wird merken, worüber und worumwillen speziell in dieser Gattung gelacht wird.

Da ist zunächst die Komik asynchronen Verhaltens. Ich meine damit das Mißverhältnis zwischen zwei Personen oder Gruppen von unterschiedlichem Tempo und Temperament, die unversehens aufeinandertreffen. Nestroys schon erwähntes Stück *Eine Wohnung ist zu vermieten* spielt es besonders heftig aus. Die Verlobungsgesellschaft im Hause Heuschreck, empfindlichst gespannt aufs Festmahl und den überfälligen Bräutigam, steht unter explosivem Hochdruck. Da wälzt sich Gundlhuber lärmend samt seiner vielköpfigen Familie herein und besetzt die fremde Wohnung mit zermürbender Betulichkeit. Was sich dem Publikum einhämmert, ist der ungleichtaktige Pulsschlag der beiden Gruppen. Rasch und immer rascher bei der Verlobungsgesellschaft, die auf glühenden Kohlen sitzt; träge und langsam bei Gundlhuber, der sich eben daran behaglich erwärmt. Diese Komik wirkt, eins im andern, bedrückend und befreiend. Einerseits bedrückt sie, weil das Publikum, obwohl es zunächst einmal mit dem schon vertrauten Helden Gundlhuber in die fremde Wohnung eingedrungen ist, mehr und mehr mit den Heimgesuchten die Marter seiner brutalen Betulichkeit erleidet. Andrerseits befreit die Komik, weil die beiden widerstreitenden Tempi und ihre Träger einander wechselseitig entkräften; und weil das schrille Mißverhältnis der beiden Haltungen (der rücksichtslosen Gundlhubers und der ängstlich beflissenen Heuschrecks) den Anspruch zerstört, rechtens und richtig zu sein.

Asynchrones Verhalten macht auch ein Gutteil der Komik in Nestroys *Jux* aus. Alle Gruppen hasten Hals über Kopf von Station zu Station durchs unübersichtliche Wien: Weinberl und Christopherl, die der Abenteurerei erst einmal entgegeneilen, um ihr dann zu entfliehen; der junge Sonders mit Marie, die er aus dem Haus ihres Vormunds entführt hat; und dieser selbst, der zornig und planlos hinterherhetzt. Die ungestüme Jagd wird noch toller, wenn die beiden lichtscheuen Paare sich verkleiden und daraufhin verwechselt werden. Mitten durch den atemlosen Wirbel schreitet Zanglers Hausknecht Melchior unerschütterlich seinen schnurgeraden Weg. Gewissenhaft, wenn auch immer um eine Nasenlänge zu spät, erfüllt er die Weisung, das flüchtige Liebespaar aufzuspüren. Melchior ist nicht ganz so dumm, wie ihn die andern einschätzen, weil, was er feststellt, ihnen unwahrscheinlich vorkommt. Neu im Dienst, muß er die

Identität derer, die ihm ständig übern Weg stolpern, sich mühsam zusammenreimen. Am End weiß nur er, wie alles zusammenhängt. Für nichts und wieder nichts: er muß es bei sich behalten. Das asynchrone Verhältnis zwischen ihm und den andern schürt bei jedem Treffen neues Gelächter. Denn Melchiors sture Zielstrebigkeit, als einzig verläßliche Größe im allgemeinen Durcheinander, ist geprägt vom gleichen Umsonst wie die blinden Zickzackläufe um ihn rum.

Ein Gegenstück zu Melchior ist der sprunghafte Projektemacher Bullrig in Kalischs *Einmalhunderttausend Taler*. Er hüpft von einer aberwitzigen Idee in die nächste, um sein und seiner Freunde Lebensglück zu machen. Hier spielt sich das asynchrone Verhalten verzwickter ab als im *Jux* und führt dann auch zu andern Ergebnissen. Die Abweichung im Lebensrhythmus zwischen Melchior und den andern bleibt das ganze Stück hindurch gleich. Er ist durchweg stur, sie sind durchweg verzappelt. Im Lauf von *Einmalhunderttausend Taler* hingegen verändert sich die Abweichung. In den beiden ersten Teilen des Stücks sind die unterschiedlichen Lebensrhythmen des hektischen Bullrig und seiner eher trägen Freunde Wandel und Stullmüller aufeinander eingespielt. Regelmäßig überfällt er die Freunde mit einem verschrobenen Projekt, reißt sie ein Wegstück im gleichen Tempo mit und hängt sie dann ab, um sie alsbald mit einem neuen Projekt zu überfallen. Im letzten Teil des Stücks ist es damit vorbei, weil die Freunde – im Sinn des Autors – seßhaft geworden sind und von gediegener Arbeit leben. Sie sprechen nicht mehr an auf Bullrig, der unverdrossen jäh und fahrig seinen Ideen nachrast. Die Komik asynchronen Verhaltens schlägt jetzt um in komischen Anachronismus. Partnerlos wird der Projektemacher zum Projektil seiner selbst, das ziellos umherschwirrt. Der Schluß der Posse zeigt, wie die Dynamik schön, aber nutzlos verpufft. In Bullrigs bengalischem Feuerwerk, das zuguterletzt dem Publikum heimleuchtet. Zweifellos hat Kalischs komische Asynchronie nicht den verstörerischen Schwung wie die von Nestroy. Sie betreibt moralisch begründete Sozialkritik. Sie rechnet ab mit den unberechenbaren Launen der kapitalistischen Fortuna, die das unstete Leben der drei Freunde zunächst bestimmt. Der hochtourige, überdrehte Motor von Bullrigs Projektemacherei fällt dem Gelächter anheim. Und mit ihm die windige Börsenspielerei, die den braven Handwerker und Kaufmann des mittleren 19. Jahrhunderts als bedrohliche Verlockung umgab.

Was es mit dem komisch asynchronen Verhalten auf sich hat, mag aus den Beispielen hervorgegangen sein. Unklar blieb vorerst, inwiefern gerade solche Komik eigentümlich ist für die Lokalposse, und wie sie mit anderen Eigenheiten dieser Gattung zusammenwirkt. Schauen wir noch einmal genauer hin. Asynchrones Verhalten besagt, daß zwei Zeitabläufe von sehr unterschiedlichem Tempo und Takt am gleichen Ort parallelgeführt werden. Es treffen zwei Personen oder Gruppen zusammen, die in ihrer körperlichen und psychischen Motorik entschieden voneinander abweichen – seis in ihrem üblichen Lebensrhythmus, seis in ihrem augenblicklichen Erregungszustand. Komisch wirkt dieses asynchrone Verhältnis, weil es unentschieden ausgeht. Keiner der beiden Partner unterwirft sich dem Tempo des andern, oder unterwirft es dem eigenen. Beide beharren vielmehr auf ihrem Tempo so hartnäckig und unbeirrbar, daß ihre Haltung überzogen und, in jeder Hinsicht, unverhältnismäßig erscheint.

Unverhältnismäßig – gemessen sowohl an den eigenen als auch an den fremden Interessen – erscheint also gleichermaßen Gundlhubers brutale Gemütsruhe wie die kleinlaute Nervosität Heuschrecks, auf die sie stößt. Unverhältnismäßig erscheinen gleichermaßen die blind galoppierenden Flucht- und Vertuschungsaktionen Weinberls wie die sture Bedachtsamkeit des Hausknechts Melchior, woran sie sich brechen. Die vorgeführten Lebensrhythmen und momentanen Haltungen sind jede für sich genommen nicht weiter verfänglich. Erst wo sie, vom Possenautor gesteuert, in ein asynchrones Mißverhältnis geraten, kann das Publikum lachend merken, aus welchen Bedürfnissen und Zwängen sich die gewaltige Energie wohl speist, mit der die beiden Parteien sich aneinander reiben, und ob sie denn lohnt. Die Aufmerksamkeit des Publikums, komisch hochgereizt, kann dabei tiefer und weiter reichen: über die gegenwärtige szenische Situation hinaus auf die allgemeine Situation der Betroffenen.

Mögliche Bedenken richten sich demnach nicht etwa nur auf diese oder jene komisch verzerrte Haltung dieser oder jener dramatischen Einzelperson. Sie richten sich vielmehr auf ein ganzes Ensemble von Haltungen, das am Zusammenleben aller Personen im lokalen Possenmilieu mitwirkt. Daß solche Bedenken gerade durchs asynchrone Verhalten geweckt werden, auch hierfür hat die Posse ihren eigenen Grund. Ich habe mehrfach darauf hingewiesen, daß sie und die Welt, die sie vorführt, auf

Abb. 16 »Der geraubte Kuß«. Federlithographie von Theodor Hose-
mann, 1847, zu A. Glaßbrenners Schwank *Die Landpartie*. Das Bild
zeigt maßgebliche Possenmotive der Zeit: von Kutschenfahrt bis Wirts-
haustreiben; von harmlosen Liebesattacken bis zu den behaglichen Lüsten des Essens, Trinkens und Schmauchens. (Bildarchiv Preuss. Kulturbesitz)

Eigenständigkeit pocht, indem sie Andersartigkeiten von auswärts abwehrt. Genauer, indem sie erfolgreich im Vollzug der dramatischen Handlung die störenden Fremdkörper entweder assimiliert oder ausscheidet. Die kleinbürgerliche Gemarkung bleibt bei sich, wider alle Entfremdungen und Überfremdungen der Epoche.

So entsteht das Dasein und Bewußtsein einer Enklave. Mit den anziehenden Auswirkungen des persönlichen, menschlich verläßlichen Verkehrs; mit den abstoßenden Auswirkungen der Engstirnigkeit und inzüchtigen Selbstgefälligkeit. Das Leben in dieser Enklave – und damit sind wir bei der gattungseigenen Komik – behauptet sich gegenüber dem industriekapitalistischen Leben, von dem es sich abschirmt, besonders markant in seinen Zeitverläufen: im Rhythmus des Arbeitstags und der Arbeitswoche, und erst recht im Tempo von Geldumlauf, Fabrikation, Verteilung und Verbrauch der Güter. Somit trifft die Posse, bei ihrem Personal wie bei ihrem Publikum, auf einen empfindlichen Nerv für Zeitqualitäten, für temporale Abweichungen und besonders für gestörte Rhythmen. Just darauf kann sie ihre eigenartige Komik des asynchronen Verhaltens ansetzen.

Das komische Zusammenspiel aus reizbarem Zeitempfinden und Selbstbewußtsein der lokalen Enklave entfacht Carl Malss in einem einzigen Satz seines *Alten Bürger-Capitains*. Als Oberbefehlshaber der Feuerwehr in seinem Frankfurter Nachbarschaftsquartier äußert er: »Wanns den Winter noch der Fall sein sellt, so wünscht ich, es deht morje brenne.« Was er sagt und wie ers sagt, ist vielfach komisch. Der Mann, der die Umwelt vor Feuer bewahren soll, wünscht es herbei, um sich und seine Mannschaft zu bewähren. Vor lauter Stolz auf seine Kompetenz vergißt er, wozu sie da ist. Sein fachidiotischer Wunsch nach Feuer gibt sich freilich nicht geradewegs zu erkennen. Er verschanzt sich, auch syntaktisch, hinter einer fatalistisch aufgemachten Voraussetzung: »Wanns den Winter noch der Fall sein sellt, so wünscht ich, es deht morje brenne.« Wenns das Schicksal nun einmal so wolle, dann lieber früher als später. »Winter« und »morgen«: die Zeitrechnung innerhalb der lokalen Enklave hält sich, unentfremdet, an den natürlichen Rhythmus des Jahres und der Tage, während draußen der kapitalistische Geschäftsverkehr dem Leben andere Zeitmaße einbleut. Die bedenkliche Komik im Satz des Bürger-Capitains liegt allerdings nicht bloß in der fatalistisch getarnten Lust am Feuereinsatz. Sie liegt erst recht darin, wie er die unberechenbare Naturkatastrophe temporal in den Griff zu kriegen sucht. Morgen solls brennen, also in unmittelbarer zeitlicher Nähe. Morgen, denn da sind die heut überprüften Spritzen und Männer auf Abruf zur Stelle. Wer weiß, wie es auf lange Sicht damit steht. Hier rührt sich die Angst vor der Schwäche des kleinbürgerlichen Selbstschutzes, auf den man andrerseits so stolz ist. Ungewollt eingestanden wird seine beschränkte Reichweite. Zeitlich und räumlich erstreckt sie sich gerade eben über den heutigen Tag und die eigene Wohnung hinaus.

Komische Deplacierungen

So, wie sie es einsetzt und auslegt, ist noch ein weiteres Moment maßgeblich fürs Lachen in der Lokalposse: die komische Deplacierung. Gelacht wird da über eine Person oder Sache, die fehl am Platz ist. Jemand oder etwas wird aus seiner gewohnten Umgebung gelöst und in eine ungewohnte Umgebung verbracht. Dabei haben es die überraschten Betroffenen – auf der Bühne und im Publikum – weniger mit dem Akt der Deplacierung zu tun als mit deren verblüffendem Ergebnis: daß einer im Schrank sitzt, als gehöre er da hin. So der verschuldete Dichter Splitt in *Tivoli* und die etwas liederlichen Bräutigame in den Wohnungswechsel-Possen von Angély, Malss und Nestroy.

Der Student Fritz Knippelius *(Des Burschen Heimkehr)* holt in der elterlichen Metzgerwohnung die Montur seiner schlagenden Verbindung hervor und zieht sie an, Stück für Stück: Kappe, geschnürte bunte Jacke, hohe Stiefel. Unterm hämischen Kommentar des Vaters, der die akademische Paradetracht als »Dippche ufm Kopp« und »Bajazzorock« bezeichnet, verwandelt sich das Prunkgewand in albernen Mummenschanz. Fritz, der daraus seine Selbstachtung bezieht und anderer Leute Achtung damit erzwingen will, schnurrt in sich zusammen. Im nüchternen Handwerkshaushalt tritt die glitzernde Nutzlosigkeit burschenschaftlicher Rituale zutage. Die enge Stube offenbart die hochtrabende Selbstfeier einer Kaste als inhaltloses Gefuchtel. Szenisch deplaciert wird auch der kecke Lehrbub Christopherl, wenn er in Mädchenkleidern jungfräuliche Sittsamkeit markiert *(Jux)*. Sowohl biologisch wie sozial wie moralisch schlüpft er in eine fremde Haut. Lachend wird das Publikum stutzig. Einerseits merkt es, wie der Deplacierte das charakteristische Gehabe dessen verzerrt erlebt hat und nochmals verzerrt darbietet, was er zu sein vorgibt: der ruppige Ladenschwengel die zierlichen Verlautbarungen des andern Geschlechts, aber auch der wackere Metzgersohn die pompöse Selbstdarstellung spätpubertärer Jungakademiker. Andrerseits wird das Publikum gewahr, wie die getäuschte Mitwelt darauf hereinfällt und demnach zu erkennen gibt, daß auch sie an ihrem Nächsten das gestanzte Klischee nicht zu unterscheiden vermag vom lebenden Original. So wehrt sich beim jungen Fritz Knippelius nur der Vater gegen die Zumutungen des gravitätischen Habitus, während die andern ihn gelten lassen.

Solche deplacierenden Verrückungen, Versetzungen, Entstellungen, Verkleidungen gibts freilich in jeder Art von Lachtheater, nicht allein in der Posse. Sie sind so alt wie komische Bühnenkunst überhaupt. Ihr posseneigenes Gepräge wird jedoch sichtbar, sobald man auch sie nicht gesondert, sondern im Zusammenspiel mit anderen Merkmalen dieser Gattung beobachtet. Dann zeigt sich, daß die komische Deplacierung praktisch in die gleiche Richtung zielt wie das komisch asynchrone Verhalten. Nur, was beim asynchronen Verhalten in der *Zeit* abläuft (zwei unverträgliche Bewegungen von ungleichem Rhythmus zur gleichen Zeit), vollzieht sich bei der komischen Deplacierung im *Raum*. Deplaciert sein heißt nichts anderes, als daß mit jemandem oder etwas ein unerwarteter, unpassender Ortswechsel vorgenommen worden ist. Dabei gehts erst einmal um sichtbare Deplacierung aus einem sichtbaren Raum in einen anderen sichtbaren Raum. Aus normalen Wohnräumen in einen Schrank. Aus der burschenschaftlichen Kneipe in die Metzgerstube. Aus dem Lehrbubenkittel ins Mädchenkleid und so fort. Häufiger noch wird aus einem hörbaren Sprachraum in einen anderen hörbaren Sprachraum deplaciert.

Rolle und Reichweite der Mundart

Hier sind wir nun vollends im eigenen, nur der Posse zugehörigen Gattungsbezirk. Ihre Sprache ist die Mundart des Orts, an und von dem sie handelt. Mundart ist zugleich die unverwechselbare und unverzichtbare Verständigungsform der sozialen Schicht, die das Hauptpersonal der Posse stellt: der Kleingewerbetreibenden. Ich habe mehrfach hervorgehoben, wie sich die Posse räumlich und sozial abriegelt gegenüber den verstörenden Auswirkungen des aufkommenden Industriekapitalismus, zumal gegen seine normierenden, einebnenden und damit heimat- und eigenartswidrigen Tendenzen. Genauso riegelt sie sich auch sprachlich ab gegen die Hochsprache. Denn die steht den gleichen lokalen Werten allenfalls neutral, wo nicht feindlich gegenüber.

Angesichts der Weltsicht der Posse muß sie die Hochsprache aus mehreren Gründen als fremd und fernstehend empfinden: weil Hochsprache überall gilt, demnach der Eigenart und den Eigenbedürfnissen dieser bestimmten Menschen an diesem bestimmten Ort nicht gerecht wird. Weil Hochsprache als zugelernte, institutionell (in der Schule) verfügte Äußerungsform sich spontanen Regungen verweigert. Weil sie auch politisch ein Ausdruck dessen ist, worin sich die jeweiligen lokalen Kleinbürger verwaist und entrechtet sehen: im gesamtgesellschaftlichen Raum der deutschen Einzelstaaten; aber auch in der angestrebten nationalstaatlichen Einheit – sei sie nun als kleindeutsche oder als großdeutsche Lösung ausersehen. Die Mundart in der Posse gilt somit als authentisches Mittel der sozialen Verständigung für alle und der psychischen Selbstverständigung jedes Einzelnen. Mehr noch, sie ist Wertmesser, der deutlich genug anzeigt, wer zum eigenen Kreis gehört oder doch verdient, dazuzugehören, und wer nicht. An ihr und in ihr scheiden sich die Leute in solche, denen man vertrauen darf und solche, denen man mißtrauen muß. Daher sprechen in den Wiener und in den hessischen Possen die Bösewichte regelmäßig hochdeutsch, norddeutsch oder preußisch. So der Hochstapler Müller bei Bäuerle, der Verführer Daxowitz bei Malss, der Betrüger Nachtschatten bei Niebergall. Die hessischen Zensurbehörden, die darauf bestanden, daß die Polizisten im *Datterich* als erhabene Staatsorgane den Niederungen des Dialekts zu entziehen seien, haben daher weniger im eigenen als im Interesse der Posse gehandelt.

Eine derart ausgeprägte und scharf umgrenzte sprachliche Verkehrsordnung begünstigt nicht nur, sie schreit geradezu nach komischer Deplacierung. Denn in einem einhellig und eigenartig eingerichteten Raum fällt jeder Fremdkörper ungleich schärfer auf als in einem kunterbunt und beliebig eingerichteten Raum. Hier hat die Posse ihre große Chance, über szenische Situationskomik hinaus charakteristische Sprachkomik zu entfesseln. Mit Hilfe der Deplacierung. Was wird da nicht alles in den handfesten Wiener, Berliner, Frankfurter, Darmstädter Dialog hineingestoßen an fremdartigen Sprachgebilden! Gestelzte Liebesbriefe; aufgebläht grollende Erpressungsschreiben; Lesefrüchte aus verstiegenen Ritterromanen; Passagen aus klassisch erlauchten Tragödien oder Opern im Mund von verzückten Amateurschauspielern; hanebüchen verschrobenes Amtsdeutsch in Verlautbarungen von Behörden und so fort. Ob es sich jeweils um ausführliche Textpartien handelt oder nur um kürzere Redewendungen, durchweg entsteht ein befremdender Zusammenstoß. Der andersartige Sprachbrocken schlägt momentan ein Loch in die geläufige Lokalsprache, das sich jedoch umgehend wieder schließt.

Die Wirkung ist unschwer ersichtlich. In dem Augenblick, wo sie von außen angerempelt wird, verwandelt sich die sonst selbstverständlich gesprochene und vernommene Alltagssprache in einen bewußten Akt. Sprecher und Hörer merken plötzlich auf, wie ihr sonst unwillkürlich geäußertes Idiom mit dem Fremdkörper fertig wird. Dabei erweist sich die Mundart gemeinhin dem deplacierten Text gegenüber als widerstandsfähiger. Das komische Mißverhältnis fällt so aus, daß nicht sie, sondern der sprachliche Fremdkörper verlacht wird. Notwendigerweise. Denn was die Posse hereinholt, ist regelmäßig jenseits und oberhalb des praktischen Alltags zuhaus. Ob gestelzter Liebesbrief, Tragödienpassage, bürokratische Amtsverlautbarung: wo derlei Texte überraschend in eine handfeste Lebenslage stoßen, können sie nur lebensfern, verkünstelt und untauglich erscheinen. Ihr stilistischer Gestus stellt einen Anspruch, den weder sie selbst noch die gegebene Alltagssituation einlösen können.

Das reicht bis zu polemisch ausgespielten Deplacierungen, durch die der gewitzte Mundartsprecher mit einem Schlag zweierlei erreicht. Einerseits läßt er den bodenlos erhabenen Anspruch des Fremdkörpers lächerlich verpuffen, andrerseits setzt er ihn für die eigenen Redezwecke wirksam ein. Derart verfährt Schnoferl im *Mädl aus der Vorstadt* mit dem hochnotierten Bildungsgut ›Jungfrau von Orleans‹. Die gottgesandte patriotische Jeanne d'Arc heimst er ein für seine streitbare Auseinandersetzung mit dem Mädchen Thekla. So schafft er es, beide zu verletzen, seine Gesprächspartnerin und die legendäre Geschichtsheldin: »(Sie) spielen aber die Überspannte, die Reine, die Verklärte, als wie die Jungfrau von Orleans, bevor's zum Militär gangen is.«

Doppelkritik: nach draußen und drinnen
Überschaut man, welche sprachlichen Fremdkörper die Posse hereinholt und versetzt, dann trifft man zumeist auf solche, die an ihrer übertriebenen Gravität zugrunde gehen, sobald

sie ihren angestammten Kontext verlassen. Sie bieten dem Mundartsprecher genügend Angriffsfläche, seine eigenen Grundsätze von sprachlichem Gebrauchswert erfolgreich durchzusetzen. So entschärft die Posse, nicht nur in ihrer Handlung und ihrem Personal, auch auf dem sprachlichen Markt der Rede alle konkurrierenden Wertansprüche und Lebenshaltungen, die den innerlokalen Verkehrsformen in die Quere kommen. Allein, der zuverlässige Sieg, den die deftige Mundart erringt über deplacierte Feierlichkeit, fällt dem wohlgemuten Milieu allzu leicht in den Schoß. Die Genugtuung, womit es den lachenden Beifall über den zerdepperten Anspruch der hochsprachlichen Erlesenheiten einstreicht, ist nur halbwegs angebracht. Denn wie im Motiv des vergeblichen Ausbruchsversuchs kritisiert die Posse auch in ihrer Sprachkomik: nicht nur das auswärtig Fremdartige, sondern zudem das inwendig Eigenartige.

Man nehme, beispielsweise, den besonderen Umgang, den die Metzgerstochter Bärbel Knippelius und ihr geliebter Schneidergeselle Valentin mit pathetischer Literatur pflegen *(Des Burschen Heimkehr)*. Rührend ungelenk versetzen sich die beiden ins Gelesene und schwelgen darin. Dabei empfinden sie einen Mangel ihres eigenen spärlichen Daseins. Das hilflose Defizitgefühl samt seiner purzelnden Flucht nach vorn in den papierenen Ersatz ist subjektiv lachhaft. Doch objektiv ist es traurig und kommt nicht von ungefähr. Bärbel, durch ihre kostbare Lektüre hochgestimmt, erwartet Valentin, der heimlich über den Hinterhof durch den Regen sich ins Haus stiehlt:

Ach, wos is doch die Lieb for e schee Sach, die leßt sich net obschrecke, un wann's rähjent, daß's drätscht. Kimmt er mer net vor wie der Leander im Schiller, wo als breß druf iwwersch Meer eniwwer zu seiner harrende Hero geschwumme is, bis en des dreilos Wasser enunner in sein kalte Schooß gezoge hot. Awwer Dunnerschdoog, ich hehr-en schun im Heefche erum stolbern.

So, wie Bärbel die beiden in den Mund nimmt, wird sie weder Schillers heroischem Balladenheld Leander gerecht noch ihrem eigenen Herzensheld Valentin, der da im Hinterhöfchen – gar nicht heroisch – »erum stolbert«. Und Valentin selbst, sobald er mit nassen Kleidern ins Zimmer dappt, zieht die wackelige Parallele zwischen todesmutigem Handeln und dem eigenen Unternehmen noch aus:

Des Hofdohr wor schun zugeschlosse, do bin ich der mir nix dir nix mit Lewensgefohr driwwer gekleddert un hob mer dabei an so eme schwernothse Lattnogel mei gottsöwwerschte Hose verrisse.

Auf dem gefährlichen Weg zur Geliebten hat er zwar weder den Tod gefunden (wie Schillers Leander) noch Wunden davon getragen, aber sein bester Ausgehanzug hat einen Riß. Nachdem das Pärchen, auch der Durchnäßte, miteinander etwas wärmer geworden ist, schält Bärbel, auf eigene Weise, ihre jüngst geerntete Lesefrucht:

Sich, des Buch, wo de mer gewwe host, hot mich orndlich gedrehst. Wie is es Dehre erscht gange! Die ganz Welt hot sich geje se verschwohrn gehatt, un der bees Borgkapplan hatt se weis gemacht, ihr Liebhawer deht net mehr lewe: des hot se awwer all nix gekratzt. Is er doht, sehgt se, do wer ich em nochfolge, un hot sich schunt des Messer an Hals gesetzt: Batscht-dich, do kimmt er, un es geht Alles gut ob.

Daraufhin zögert Valentin nicht, den bewegenden Ritterroman aufs eigene Schicksal zu beziehen:

Guckst-de, sie howwe sich krickt, un so werd's bei uns aach geh. Sich, ich wohlt, es wehrn alleweil noch die olde Zeide, wo mer sich so sei Schätz noch erowern kennt, meintwäje dorch Heldendahte: do bin ich der awwer gut davor, do deht ich mei Nodel und Bijjeleise in die Eck werfe, un Schwert un Schild ergreife, un enaus uf die Wannerschaft, un gefochte, wie die olte Ridder! Korahsch how-ich, des wahßt-de, un loß mich vun fufzeh, wie ich bin, net in's Bockshorn jooge – do will ich Gift druf nemme! – Do how-ich der e anner Buch mitgebrocht, des mußt-de erscht lese, des werd der gefalle. (II, 5 u. 6)

Die Doppelkritik komischer Deplacierung äußert sich unüberhörbar in dem, was herauskommt, wenn eine verklärte heroische Welt durch den Fleischwolf des kleinbürgerlichen Gemütslebens gedreht wird; ganz egal, ob ein junges Mädchen oder ein junger Mann die Kurbel bedient. Diese Doppelkritik zielt abermals nach außen (auf alltagsferne feudale Lebensweise) wie nach innen (auf alltagsverstrickte mittelständische Lebensweise). Sie zielt nach oben (auf emphatisch außerordentlichen Denk- und Redestil) wie nach unten (auf ernüchternd ordentlichen Denk- und Redestil).

Abb. 17 »Die Unglücksfälle eines glücklichen Liebhabers«. Humoristische Zeitschriftenillustration der 1830er Jahre, die etliche komische Motive der zeitgenössischen Lokalpossen – zumal von Niebergalls *Der tolle Hund oder Des Burschen Heimkehr* – vereinigt.

Unweigerlich geht Gelächter los, wenn erlauchte Überansprüche im handfesten Milieu kläglich zerschellen. Da lacht das berechtigte bürgerliche Vergnügen an der komischen Fallhöhe und am komischen Verfall stolzer aristokratischer Haltungen. Denn die nehmen sich so ernst, wie sie im mittleren 19. Jahrhundert längst keiner mehr nehmen mag. Und historisch durften sie sich so lange ernst nehmen, als sie es zu Lasten der unteren – bürgerlichen und bäuerlichen – Klassen vermochten. Solche Komik muß ein Publikum ergötzen, das nach den unheroischen Grundsätzen der Tüchtigkeit und des Nutzens handelt. Der schwere Satz ›Die Liebe ist größer als der Tod‹ läßt sich nun leichter daherreden: wenn das mörderische Meer zum Regenguß verdünnt ist; und wenn kein Leben, sondern nur die Hose des Helden auf dem Spiel steht. Selbst, so fühlt Valentin mit Stolz, ist der Mann – im Bürger. Er selbst kann den Schaden beheben. Denn er ist Schneider. Es lohnt sich, statt des Schwerts die Nadel zu führen.

Nicht so leicht wird das Publikum geneigt gewesen sein, in die andere, die eigene Richtung mitzulachen. Gegen den zusammengeschrumpften Spielraum der Taten und Leidenschaften. Gegen die Ereignisarmut eines Alltags, dessen verwegene Abenteuer sich auf Gartenzäunen, in Schränken und Speisekammern und mit tollen Hunden abspielen. Gegen eine wohlbehütete Lebensführung, die weder dem Einzelnen noch der Gesellschaft das Äußerste ihrer menschlichen Vorstellungskräfte und Handlungspotenzen abfordert.

Possierliche Anagnorisis

Wenn die Posse, namentlich durch komische Deplacierung, ihre zweiseitige Kritik übt – nach außen wie nach innen –, reibt sie sich nicht nur an der geschichtlichen Wirklichkeit, die sie antrifft und vorführt. Sie reibt sich auch an der Tradition des Kunstmediums, dem sie zugehört. Kritisch behauptet sie ihre Eigenart als besondere Gattung des bürgerlichen Lachtheaters, indem sie sich abstößt von überkommenen Theatergattungen, die weder bürgerlich noch zum Lachen waren. Das geht aus einer weiteren Deplacierung hervor, die in vielen Possen geradezu übereifrig ausgekostet wird.

In diesem Fall wird weder ein Mensch noch eine Sache deplaciert; auch nicht eine Stilhaltung oder ein fertiges Bildungsgut, wie hochgestochener Liebesbrief oder Ritterroman. Es handelt sich vielmehr um einen unverzichtbaren Bestandteil, um ein bezeichnendes poetisches Merkmal jener althergebrachten Gattung, die auch im 19. Jahrhundert noch das höchste offizielle Ansehen genießt, der Tragödie. Aus ihrem Grundbestand versetzt die Posse in den eigenen, durchaus andersartigen Spielraum: Szenen der Anagnorisis, des markanten Erkennens und Wiedererkennens. Auch hier also findet eine Deplacierung von oben nach unten statt. Aus der Hochebene tragischer Widersprüche in die Tiefebene komischer Widrigkeiten.

Lachhaft ist dabei nicht nur, daß jemand wiedererkannt wird, der dort, wo man ihn antrifft, partout nicht geneigt und gewärtig ist, wiedererkannt zu werden: der Herr von Kauz im Haus der Nähmädchen; der Budiker Knötschke als Snob im undurchschauten Hochstaplermilieu; der Verlobte von Heuschrecks Tochter in seiner Eigenschaft als Liebhaber einer Sängerin; Weinberl bei seinem Jux in Wien oder der verschuldete Heinrich Fischer in *Berlin bei Nacht*. Lachhaft ist zudem, daß dieser Akt die herkömmliche Bedeutung einer tragischen Anagnorisis zugleich herausruft und zerstört. Denn hier gehts nicht um Leben und Tod wie zwischen Iphigenie und Orest oder zwischen Ödipus und Jokaste. Sondern eben nur um Unannehmlichkeiten, die sich ohne großen Aufwand beheben lassen. So wird die ursprünglich erschütternde Resonanz des Wiedererkennens zur lächerlichen Dissonanz. Daß darüber der Anspruch des hochgeschätzten, seit Aristoteles nachgerade verpflichtenden dramatischen Elements zerplatzt, gereicht dem bürgerlichen Publikum zum berechtigten Vergnügen. Denn dieses Element, das von feudalen Dichtungsregeln bis ins späte 18. Jahrhundert den Tragödiendichtern abgefordert wird, ist zweifellos historisch überholt. Zur Zeit der Lokalposse halten nur noch epigonale Nachzehrer daran fest.

Soweit die eine Richtung der Doppelkritik, die nach außen. Die andere zielt auch diesmal aufs Milieu, das da so unbekümmert selbstzufrieden eine einstmals gewichtige und verbindliche, mittlerweile überlebte Ästhetik in seinem Alltagstreiben gegenstandslos macht. Bedenkt man die einstigen Umstände einer tragischen Wiedererkennungsszene, wird klar, was an den neuen Umständen des Possenmilieus auszusetzen ist. In der antiken Tragödie hat der Akt der Anagnorisis schicksalhafte Wucht und Konsequenz. Er reißt das Leben der Menschen, die sich unversehens wiedererkennen, jäh in eine andere Richtung. Zum Guten wie Iphigenie und Orest, oder zum Bösen wie Ödipus und Jokaste. Die Tragweite des Vorgangs reicht sogar noch übers persönliche Leben der Betroffen hinaus. An ihnen erfüllt sich ein Verhängnis, das ihre ganze Familie (die Atriden) oder den ganzen Staat (Theben) getroffen hat. Solche überdimensionale Bedeutung veranschaulicht sich auch in den weiten zeitlichen und räumlichen Dimensionen. Die sich tragisch wiedererkennen, haben sich eine Generation lang nicht gesehen, und sie haben einander einst an einem weit entfernten Ort aus den Augen verloren.

Diese ausgreifenden und tiefgreifenden Dimensionen tragischer Anagnorisis schnurren zusammen auf den kleinen Maßstab der Posse. Dabei kommen die beschränkten Gemarkungsgrenzen ihres Milieus lächerlich zur Geltung. Mehr oder minder bewußt wird das Publikum gewahr, daß in der beschaulichen Wiener und Frankfurter, Berliner und Darmstädter Handwerkersphäre ernsthafte und folgenreiche Wiedererkennungsszenen schlechterdings unmöglich sind: weil hier ohnehin fast jeder jeden kennt; weil der Lebenslauf des Einzelnen so gut wie lückenlos bekannt ist; weil alles, was hier passiert, im Gesichtskreis aller passiert. Somit kann lediglich dort, wo jemand vom Weg des Üblichen, Schicklichen und allgemein Observierten ein bißchen abweicht, eine Anagnorisis einige Wirkung haben. Nur, die Betroffenen sind dann keine, die erkennen und erkannt werden, um daraufhin ihr weiteres Leben gründlich zu ändern. Die heikle Lage ist für beide Partner im Augenblick nur überraschend, allenfalls peinlich, auf längere Sicht dann aber unerheblich. Der aktiv erkennende Partner verhält sich als Enttäuschter, der passiv erkannte als Ertappter. Verkraften läßt sich das eine wie das andre. (Wie die Sucht zum Ertappen und die Angst vorm Ertapptwerden, sozialpsychologisch verschärft, später dann das Triebwerk einer ganzen Gattung ausmachen, wird am Schwank zu zeigen sein.)

Komisch also erscheint das Mißverhältnis zwischen dem großen Geltungsanspruch von Anagnorisis und dem kleinen Lebensbereich des Possenmilieus. Kaum einer hat diese Komik so voll ausgeschöpft wie Carl Malss im zweiten Akt des *Tivoli*-Stücks. Er verstärkt sie, indem er das Mißverhältnis verstärkt. Und er verstärkt das Mißverhältnis, indem er den kleinen Lebensbereich nochmals verkleinert. Nicht nur räumlich, auch zeitlich. Räumlich drängt Malss seine Wiedererkennungsszenen zusammen auf einige Quadratmeter Park im *Tivoli*. Mithin an einen Ort, der eigens dazu bestimmt ist, Bekanntschaften zu machen oder fortzusetzen. Ausgerechnet dorthin stiehlt sich jede der dramatischen Personen, die, jeweils aus anderm Grund, ein Zusammentreffen scheuen. Was – für jeden außer für die Betroffenen – zu erwarten war, geschieht. Einer nach dem andern stößt auf einen nach dem andern, erkennt ihn und ist, für einen Moment, zutiefst erschüttert. Zeitlich waltet der gleiche Aberwitz. Denn Malss quetscht mehr als zehn Erkennungen und Wiedererkennungen in eine knappe halbe Stunde. So zerprasselt die Qualität in Quantitäten. Der schicksalhafte Schock, den Anagnorisis dem tragischen Heldenleben einmalig und lebenslang zufügt, wird den Leutchen in der Posse zum sächlichen und sachlichen Schock, mit dem man, im Dutzend billiger, die Eier an den Kunden bringt. Verdutzt, erbost, vergrätzt, verblüfft, verschreckt – je nach Anlaß und Temperament – erkennt, bislang ahnungslos: der Frankfurter Schuster den Leipziger Schneider und umgekehrt; der Schneider im Hauptschuldner des Schusters den eigenen; der Schuster in der Braut des Schneiders die eigene; die Zimmerwirtin in der Waschmamsell die Nebenbuhlerin; der Dichter Splitt in jedem andern den Gläubiger, dem er gerade hier im Tivoli aus dem Weg gehen wollte. Höhepunkt dieser multiplizierten Anagnorisis, die je beliebiger, desto hitziger ausgelöffelt wird, ist der ruckweise Enttäuschungsprozeß der beiden Handwerker. Er scheint mir prägnant genug, um daran noch einmal entscheidende Züge der Gattung Posse hervorzuheben.

Philippine, die wegen Splitt heimlich ins Tivoli geschlichen ist, fällt erst dem Schuster, dann dem Schneider in die Hände, die endlich ihr verbindliches Jawort haben wollen. Beide möchte sie sich, für alle Fälle, warm halten, muß sie aber im Moment los sein. So vertröstet sie erst den einen, dann den andern mit einer knusprigen halben Brezel. Schuster wie Schneider verwahren hochbeglückt das leckere Liebespfand. Als sie, überrascht, aufeinander treffen, vertreiben sie sich gemeinsam die Zeit, insgeheim hoffend, daß die Geliebte bald wiederkomme. Man spricht über faule Kunden. Der eine wie der andre rühmt sich, grimmig und wehleidig, den ärgsten zu haben. Ecco – es ist der nämliche: Splitt. Man geht über auf angenehmere und intimere Gegenstände, auf Bräute. Der eine wie der andre rühmt sich, stolz und selbstgefällig, die trefflichste zu haben. Nun wäre, so will es scheinen, der Name fällig oder, besser noch, der plötzliche Auftritt der leibhaftigen Philippine, um die doppelte Anagnorisis auszulösen. Malss jedoch geht vertrackter und dabei possenhafter vor. Man nähert sich über einen sinnlichen Gegenstand dem sinnlichen Gegenstand Braut. Übers Liebespfand. Aber nicht einfach drauflos. Sondern: die beiden ahnungslosen Nebenbuhler steigern sich in ein wetteiferndes Übertrumpfungsmanöver, das mehr und mehr den Charakter eines Duells annimmt. Es ist paradox genug, weil es just das Gegenteil dessen ausficht, was überhaupt erst den Anlaß eines Duells abgeben könnte: daß die eine Braut nicht trefflicher sein kann als die andere, da sie ja ein und dieselbe ist, die somit hinterrücks die Rivalität der beiden längst hergestellt hat. Erster Waffengang: meine Braut hat mir ein Liebespfand gegeben – meine auch. Zweiter Waffengang: meins ist besser – nein, im Gegenteil. Der dritte Waffengang paraphrasiert nun regelrecht das Ritual eines zeitgenössischen Pistolenzweikampfs:

MECKERITZ: Na, hören Sie, Kevatter, wir wollen doch mal sehen, welche von Beeden Sie den besten Keschmack in ihre Presenter hat! Mal 'raus mit Ihrem Keschenke.
SOHLFRITZ: Recht so! awwer alle Bäd' zegleich, damit Käner seines zurick halte duht, wann der Anner was Besersch hot.
MECKERITZ: Oder wissen Sie was? Wir stellen uns Beede mit dem Rücken gegen den Tisch, und jeder langt seines aus der Tasche, und wenn mer's uffm Disch kelegt haben, klatschen mer in die Hände, un drehen uns Beede uf eenem Male um.
SOHLFRITZ: Mir aach recht; (Beide stehen auf.) Rumgedreht, Leipziger! (Beide thuen genau, wie Meckeritz angegeben hatte; klatschen in die Hände und drehen sich um.)
BEIDE: (gespannt auf den Tisch blickend) Na?
MECKERITZ: Wie? Sie ooch ene halbe Brätzel?
SOHLFRITZ: Das ist dem Deiwel – alleweil geht mir e Licht uff!
MECKERITZ: Was seh ich?
(Jeder nimmt seine halbe Brezel und Beide halten sie so zusammen, daß sie genau aneinander passen.) (57f.)

Jähes Erkennen von Person und Tatbestand. Es bewirkt bei beiden – genauso pünktlich parallel, wie sie die Liebe gesucht und verloren haben – erst Erstarren, dann empörten Gesang, dann Schimpfreden auf die gemeinsame Verräterin. Schließlich vertilgen Schuster wie Schneider die jeweilige Hälfte des Liebespfands, damit kein Rest davon übrig bleibe. Lachend darf sich das Publikum packen lassen von der sinnigen Sinnlichkeit der Posse. Von ihrem alltagsgebeizten Bildwitz und Wortwitz. Noch den lahmsten Metaphern macht er Beine – auf dem festen

Boden des Milieus. Sie führen vor Augen, was man so daher-
denkt, wenn man so dahersagt: jemand werde, und seis mit
einer halben Brezel, abgespeist; jemand verzehre sich vor Liebe;
und es schlucke jemand herunter, was er anders nicht bewältigen kann.

Nachtrag: Stichworte zum heutigen Lokalstück
Obwohl die Lokalposse ihre angemessene und beste Zeit zwischen dem Wiener Kongreß und den Gründerjahren in
Deutschland hatte, ist sie geschichtlich nicht völlig erledigt. Die
epochalen Verhältnisse, auf die sie sich eingelassen hat, sind
weder grundsätzlich noch restlos dahin. Die andersartige Staats-
verfassung einer parlamentarischen Demokratie hat zwar zu andersartigen rechtlichen und politischen Verkehrsformen geführt. Doch im persönlichen wie im öffentlichen Alltagsleben
der Bevölkerung hat sie den Gegensatz zwischen sozialer Macht
und sozialer Ohnmacht nicht beseitigt. Und die Bedrückungen
durch eine industriekapitalistisch geprägte Umwelt sind noch
ungemein gewachsen, seit die Lokalposse ihre szenischen Boll-
werke dagegen zu errichten versuchte.
  Fortschrittliche Nachfahren dieses eigensinnigen Genres stehen heute offenbar vor vergleichbaren dramaturgischen und
weltanschaulichen Problemen wie damals in Wien Bäuerle und
Nestroy, in Berlin Kalisch und Pohl, in Frankfurt und Darmstadt Malss und Niebergall. Im deutschsprachigen Bereich sind
es vor allem die Bayern Martin Sperr und Franz Xaver Kroetz,
der Österreicher Peter Turrini, der Südhesse Wolfgang Deichsel, der Franke Fitzgerald Kusz und etliche Theaterkollektive in
Berlin und Niedersachsen. Unter gegenwärtigen Umständen
müssen sie ebenfalls mit besonderem Gewinn und Verlust rechnen, wenn sie ihre szenischen Entwürfe aufs Lokale eingrenzen.
Auf bestimmte lokale Schauplätze und Verhältnisse, auf bestimmte lokale Sprachen, auf einen bestimmten lokalen Gesichtskreis. Die heutigen Bühnenautoren und Praktiker treffen
sich allesamt in dieser Eingrenzung, auch wenn sie jeweils unterschiedliche Absichten verfolgen. Seis, um derzeitige ungreif-
bare Erfahrungen, ortsfixiert, überhaupt in den Griff zu kriegen. Seis, um das, was eng und dicht erscheint, als szenische
Analysis-Figur für umfassendere Betroffenheiten herzuneh-
men. Seis, um dem Publikum näher auf den Pelz zu rücken,
indem man es mit der befremdend großporigen Nähe mundart-
licher und ortsgenössischer Zutraulichkeiten bedrängt.

Bei den genannten Stückeschreibern und etlichen kollektiven Theatergruppen lassen sich entscheidende Merkmale der alten Lokalposse beobachten. Unter anderm: Zentrierung aufs Milieu; Widerspiel von zentrifugalen und zentripetalen Motiven mit Kritik nach innen und außen; Heimatort als Schauplatz, manchmal auch als Gegenstand der Konflikte; dramatisches Personal weit unterhalb der sozialen Oberschicht; Mundart als gültige Ausdrucksform; asynchrones Verhalten und komische Deplacierung. Zunächst mag der Verdacht aufkommen, es ließen da – einer gesamtgesellschaftlichen Neigung zum wehmütig geschmäcklerischen Rückgriff folgend – einige Theatermacher das gute alte Wahre wieder aufleben. Und sie möchten wohl einen Kult pflegen mit der Beschaulichkeit einer kleinen Welt, um den politischen Unannehmlichkeiten der großen Welt auszuweichen. Daß dem nicht so ist, zeigt die Weise, wie sie mit jenem dramaturgischen und weltanschaulichen Bestand umgehen. Sie treiben, was in der Lokalposse angelegt ist, weiter und lenken es in eine Richtung, die schwerwiegenden Gegenwartserfahrungen nicht nur entspricht, sondern oft mehr davon offenbart, als etwa das geschichtserpichte Breitwandtheater von Rolf Hochhuth. Ich gebe dazu einige Stichworte, die allenfalls vorläufige und unsichere Andeutungen machen können:

1. *Nicht länger mehr: Lokal-Posse.* Sowohl theatergeschichtlich wie sozialgeschichtlich ist die Zeit vorbei, wo schon die Entscheidung fürs Lachtheater Widerstand war gegen das offizielle Bildungstheater; wo ernsthafte Alltagsproblematik – komisch inszeniert – den triftigen Vorwurf enthielt, daß sich das Bildungstheater um eben diese Alltagsproblematik herumdrückt. Da heutzutag die soziale Scheidung zwischen ernstem und komischem Theater nicht mehr viel besagt, ist Lachen im innerästhetischen Klassenkampf gegensätzlicher Bühnengenres hinfällig geworden. Wird es jetzt, keineswegs bei allen Autoren, im Lokalstück entfesselt, so richtet es sich gegen Machtverhältnisse im Lebensalltag selbst. Komisch asynchrones Verhalten und komische Deplacierung werden dermaßen zugespitzt, daß das Lachen sich überschlägt oder dem Publikum im Schlund stecken bleibt. Denn hier werden, anders als in der alten Lokalposse, die bürgerlichen Einrichtungen und Werte nicht bekräftigend ins Lot gelacht: wie die Feuerwehr bei Malss oder die finanzielle Selbstbescheidung bei Kalisch oder die kaufmännische Verläßlichkeit bei Nestroy. Die bürgerlichen Einrichtun-

gen und Werte zerfallen jetzt unterm erschreckenden Gelächter in offiziellen Anspruch und brutale Wirklichkeit. Wenn, beispielsweise im Gorleben-Stück *Heiße Kartoffeln* (gemeinsam geschrieben und produziert von der Theatergruppe Brands Haide), die asynchronen Tempi von Regierung, Industrie und den betroffenen Bauern die Unvereinbarkeit der Interessen sinnfällig macht. Oder wenn eine Frankfurter Rentnerin – zerrissen zwischen Sehnsucht und Angst ums Geld, gemartert vom Sekundentakt der telefonischen Tarifuhr – erstmals seit 20 Jahren mit ihrer Tochter in USA sprechen soll und kein Wort herauskriegt (Deichsel, *Bleiwe losse*).

Auch die komischen Deplacierungen sind bedrohlicher geworden. Wenn Deichsel in einem üppigen Ehebett höchst verwirrt zwei respektable Frankfurter Bürger aufwachen läßt, die vermeinen, im Suff eine alte Frau umgebracht zu haben, und dabei in ihrer verzweifelten Selbstverteidigung immer mehr verborgene Mordgelüste offenbaren *(Loch im Kopp)*. Oder wenn der schwule Abram, aus dem Gefängnis entlassen, im selbstgerechten niederbayerischen Dorf als ebenso deplacierter Fremdkörper herumgestoßen wird wie der unterentwickelte Rovo – so lang und so qualvoll, bis man den einen, als Mörder, zurück ins Gefängnis und den andern, als Selbstmörder, ins Grab abschieben kann (Sperr, *Jagdszenen in Niederbayern*). Aus diesen Beispielen geht schon der zweite Befund hervor.

2. *Soziale Degradation des Milieus*. Was auf die Bühne kommt, spielt zumeist weit unter der unteren Mittelschicht, im proletarischen oder kleinbürgerlichen Milieu. Das bedeutet mehr als nur soziale Herabstufung des Schauplatzes. Zugleich kommt dabei zum Vorschein, daß das vorgezeigte Milieu, anders als in der Lokalposse, keinen Anlaß mehr hat zu stolzer Selbstfeier. Und erst recht keinen Anlaß dazu, seine Eigenständigkeit und Selbstgewißheit auszuspielen gegen das, was anderswo, jenseits der engen lokalen und sozialen Grenzen, geschieht. Denn die Personen bei Sperr, Turrini, Kroetz sind außengesteuert. Was an ihrem Ort und in ihrer Klasse vorgeht, haben nicht sie, sondern ferne Andere in der Hand. Das reicht von der Regierung und den Arbeitgebern bis zu den Kulturquellen, die übers Fernsehen ins eigene Heim sprudeln (Kroetz, *Das Nest*). Geschwunden sind die Vorraussetzungen und Gelegenheiten, einen unverwechselbaren Lebensstil zu entwickeln. Letztlich bliebe den rundum Enteigneten einzig übrig: auszubrechen aus ihrem Milieu, das nicht das ihre ist, in eine Gesamt-

gesellschaft, die sie nur revolutionär zu der ihren machen könnten.

3. *Rollenwechsel der Mundart.* Nach wie vor ist die Mundart als ausschließliche Verständigungsform unentbehrlich. Denn wer da in den neuen Lokalstücken leidet und handelt, hat keine andere. Doch das besondere Idiom, das die dramatischen Personen reden, bietet kein Fundament des ungebrochenen Selbstbewußtseins mehr. Die Eloquenz der Possenpersonen verschaffte Sicherheit, unter sich zu sein und einander lückenlos verstehen und vertrauen zu können. Es gab keine Empfindung und keine Lebenslage, die unaussprechbar geblieben wäre. Jetzt ist die Mundart – bei Sperr wie bei Kroetz, bei Turrini wie bei Deichsel und Kusz – laut gewordene Dauererfahrung mißlingenden Verstehens. Man stammelt sich von einem Versatzstück zum nächsten. Dabei wird offenkundig, daß der Widerstreit Mundart versus Hochsprache nur noch ein oberflächlicher ist. Es kann nichts verfangen, die eine gegen die andere auszuspielen, weil beide defekt sind. Statt dessen gilt es für die Leute auf der Bühne wie für die im Publikum herauszufinden, welche außersprachlichen Verhältnisse dem Defekt zugrunde liegen und wie ihnen beizukommen wäre.

4. *Umgewichtung der lokalen Eigenart.* Unter solchen Umständen erhält auch die lokale Eigenart eine andere Verfassung und eine andere Funktion. Sowohl objektiv als auch im Bewußtsein der Betroffenen. In die Ecke gedrängt, klammern sie sich an das, was ihr eigenes Gepräge verloren hat, aber doch immerhin die Gebrauchsspuren ihres persönlichen Lebens trägt. So die alte Frau, die, kurz vorm Abschub ins Altersheim, ihre bisherige Wohnungseinrichtung noch einmal Stück für Stück anfaßt, bevor sie sich auf immer davon trennen muß (Kroetz, *Weitere Aussichten*). Oder, beim gleichen Autor, die entsetzliche Liebe zum Moped oder zum Gewehr, die mehr zählt als die zum Nächsten, dem man ohnehin kaum nahekommen kann *(Heimarbeit, Männersache)*. Daher entsteht auch ein völlig anderes Verhältnis zwischen Drinnen und Draußen; zwischen dem eng umgrenzten Lebensbereich von Wohnung und näherer Umgebung und dem, was außerhalb und fremd vonstatten geht. Dieser Lebensbereich schrumpft (Extremfall: *Heimarbeit*) auf die miesen Stuben, wo sich sämtliche Verrichtungen zusammenziehen und überkreuzen. Der Nachbarschaftsverband, die Kundschaft, das kommunale Treiben ringsum, worin die Einzelpersonen der Lokalposse aufgehoben

waren, ist geschwunden. Aber auch die klare Scheidung von inwärtiger Sicherheit und auswärtiger Gefahr läßt sich nicht aufrechterhalten, wenn der heimatliche Ort und die persönliche Wohnung durch die mächtige Außenwelt buchstäblich unterminiert und vergiftet werden. Das Draußen macht sich übers Drinnen her, so daß nur noch aktive Gegenmaßnahmen von Drinnen nach Draußen angemessen erscheinen: planvolle Maßnahmen (in *Heiße Kartoffeln*), die sich solidarisierend gegen die Errichtung der Atommülldeponie in Gorleben richten; oder irrwitzig irrationale wie in Kusz' *Stinkwut*, wo sich die Familie in einem unterirdischen Gang dilettantisch zur stinkenden Fabrik durchgräbt, um ihr das Handwerk zu legen. Hier und anderswo zeigen sich somit Ansätze zum folgenden Befund.

5. *Mobilisierung der Immobilität.* Wo der eigene Ort unwirtlich geworden ist und womöglich tödlich zu werden droht durch die Überwältigung von außen, läßt sich die Weltanschauung sturer Seßhaftigkeit – schon in der alten Lokalposse umstritten – vollends nicht mehr rechtfertigen. Die neuen Lokalstücke gehen gegen diese Seßhaftigkeit an: beim dramatischen Personal wie beim Publikum. Kroetz hat in seinen frühen Werken die Personen derart eingeschnürt in seinem Schrumpfmilieu, daß sie diesen Panzer schließlich zerbrechen mußten. So in späteren Werken wie *Das Nest*, das eine gezielte Anti-Antwort erteilt auf die selbstgenügsame, dabei fremdbestimmte Haltung von *Oberösterreich*. Und die Unternehmungen der Theatergruppe Brands Haide, genauso wie das Theater Dario Fos, mobilisieren nicht nur ihren Gegenstand und ihre Adressaten, sondern auch sich selbst. Man zieht von Ort zu Ort und transportiert die gefährdete Heimat in die Heimat derer, die aus ihrer eigenen Gefährdung noch keine Konsequenzen gezogen haben.

Schwank

Geschichtliche Daten

Der Produktions- und Verbreitungsraum der Lokalposse beschränkt sich auf die deutschsprachigen Gebiete vor der Reichsgründung. Begreiflicherweise. Denn ihr gattungseigener Regionalismus ist gefordert und gefördert durch die entsprechenden Verhältnisse im Land. Schwank und Operette, die sich ein halbes Jahrhundert später durchsetzen, greifen weiter aus. Ihre Produktion und Verbreitung sind international: hauptsächlich in Frankreich, Deutschland, Österreich-Ungarn und mit Abstand England.

In diesem Kapitel gehts einzig um den Schwank. Seine produktive Spanne reicht ungefähr von 1850 bis 1930. Wenn er in Frankreich dreißig Jahre früher aufkommt als in Deutschland, so liegt das vornehmlich am ungleichzeitigen geschichtlichen Verlauf hier und dort. Genauer, an der unterschiedlichen Entwicklungsstufe jener gesellschaftlichen Schicht, der sich der Schwank auf und vor der Bühne widmet: dem mittleren Bürgertum. Während es sich in Frankreich nach 1848 wirtschaftlich und politisch befestigt und seine Umgangsformen, seine Verhaltensmuster, sein Tugendsystem nachgerade mechanisiert hat, kommt es in Deutschland dazu erst seit den Gründerjahren. Und während die deutsche Schwankerzeugung um den ersten Weltkrieg herum bei Arnold und Bach gipfelt, hat sie in Frankreich zehn Jahre früher schon mit Georges Feydeaus späten Stücken den Höhepunkt überschritten. Einen deutlichen Schlußpunkt setzt der Gattung die Weltwirtschaftskrise von 1930. Sie entzieht nicht nur vielen Privattheatern den wirtschaftlichen, sondern auch der schwankhaften Bühnenapotheose des mittleren Bürgertums, vorübergehend, den ideologischen Boden. Innerhalb der Spanne von 1850 und 1930 hat sich der Schwank so konstant gehalten wie die Verkehrsformen und Verhaltensmuster der Klasse, die ihn macht, bevölkert und verbraucht. Daß im deutschen Fernsehen der Adenauer-Ära und danach Schwänke der alten Machart – originale und dürftiger imitierte – gewaltige Einschaltquoten erzielen, wird niemanden verwundern, der sich aufs Weltbild dieser Gattung näher einläßt.

Paradesituation

Mindestens einmal spielt jeder Schwank die folgende Situation aus: Ein Mann allein, manchmal auch gemeinsam mit einem Freund, tanzt und hüpft übermütig herum. Ein wohlgepflegter Bürger im wohlgepflegten bürgerlichen Wohnzimmer. Was sich da Luft macht, ist gestaute, öffentlich verhohlene Freude auf etwas, das ihm bevorsteht oder über etwas, das er hinter sich gebracht hat. Überraschend, zunächst auch unbemerkt, kommt (s)eine Frau ins Zimmer. Der Ertappte ist zu sehr im Schwung, um innehalten zu können. Nach einer erstarrten Schreckfermate – wie beim Kippunkt der Schiffschaukel – steuert er ruckartig sein Ungestüm in die physiognomische Gegenrichtung. Statt

Lust soll sie Unlust ausdrücken, statt Mutwillen Nötigung. Etwa einen Hustenanfall oder Magenkrämpfe; Abwehr eines lästigen Insekts oder Auffangen einer wertvollen Vase, die vom Schrank zu fallen droht. Der Überraschte strengt sich also an, seiner inneren Bewegung, die sich verdächtig nach außen entladen hat, rückwirkend einen unverfänglichen Beweggrund zu unterschieben. Anstelle des beglückenden einen verdrießlichen Auslöser herbeizumimen fällt ihm deshalb nicht schwer, da er, erwischt, sich ohnehin jetzt unbehaglich fühlt. Ob ihm der Gestikulationsschwindel gelingt, ob er den weiblichen Eindringling tatsächlich täuschen kann, bleibt ihm indes ungewiß. Denn die Frau läßt sich nichts anmerken, weil sie selber eine Taktik verfolgt, die gleichfalls Tarnung nahelegt.

In dieser Paradesituation ballen sich auffällige Momente von Bühnenschwänken. Sie deuten an, was solche Stücke allenthalben in Gang hält. Sie umreißen den Spielraum dessen, was die Hauptbeteiligten können, wollen, sollen, müssen, dürfen – und wie sie sich im Hin und Her dieser Modalschübe verklemmen. Die Situation läßt wenigstens ahnen: Hier formieren sich widerstreitende Interessenfronten nach Geschlechtern. Austragungsort ist das bürgerliche Heim, dem vielleicht die umwegige Strategie entspricht. Offenbar gilt es weniger, für sich selber etwas zu erreichen, als das Vorhaben des andern zu hintertreiben. Die männliche Partei hat etwas zu verbergen, das die weibliche gerade herausbringen will. Solches Verhalten hängt vermutlich mit gemeinsam anerkannten Normen zusammen, die Lust und Ausgelassenheit allenfalls heimlich, offen hingegen nur gemessenes oder mißvergnügtes Gebaren zulassen. Ebenso unfreiwillig folgt die männliche Partei der quasi physikalischen Schwungkraft ihres eigenen Trieblebens, die sie notdürftig umlenken, nicht aber beherrschen kann. Schließlich prägt sich, was da geschieht, den Zuschauern schon als körperlicher Vorgang nachdrücklich ein, Sprache kommt zweitrangig hinzu.

Zweimal zwei Beispielschwänke

Wie es mit diesen Momenten steht, wie sie zusammenhängen, und was sie besagen für die Leute auf und vor der Bühne, das sollen jetzt zwei französische und zwei deutsche Beispiele verdeutlichen: Labiches *Célimare le bien-aimé* (1863), Feydeaus *Le Dindon* (1896), Schönthans *Der Raub der Sabinerinnen* (1885), Arnolds und Bachs *Die vertagte Nacht* (1924). Von da aus werden weitere Eigenschaften des Bühnenschwanks in den

Blick kommen, die dann auch allgemeinere Schlüsse aufs gesamte Genre, seine Hersteller und Verbraucher erlauben.

Der vielgeliebte *Célimare*, etwas runtergelebt, heiratet eine 18jährige. Sein Geld macht ihn den Schwiegereltern leidlich. Doch er kommt ins Gedränge, vor ihnen seine bewegte Vergangenheit zu verbergen. Die sucht ihn unentwegt heim in Gestalt der ahnungslos betrogenen Ehegatten seiner vormaligen Geliebten, die ihm in klettenhafter Männerfreundschaft anhängen. Célimare, der endlich ein geruhsames Eheleben ersehnte, kommt stärker außer Atem als zuvor. Er durchrast die stille Wohnung, um kompromittierende Treffen, Funde, Entdeckungen zu unterbinden; er überhetzt seine Phantasie, um durch aberwitzige Mystifikationen die Rolle jener bedenklichen Vorlebens-Partner zu verunklären. Als ihn die beiden Freunde gar noch im verheimlichten Flitterwochenasyl aufspüren, durchhaut er mit einem Schlag die besitzergreifende Anhänglichkeit: er sei bankrott und brauche Hilfe. Damit ist er sie los. »Man kann von seinen Freunden alles verlangen und alles bekommen. (beiseite) Sogar die Ehefrau. Aber wehe, man will ihnen an den Geldbeutel.« Jetzt kann Célimare in Frieden ruhn, bei seiner jungen Frau, flankiert von seinen garstigen Schwiegereltern.

Dindon = Geprellter, ist jeder der Beteiligten: zweimal zwei gut situierte seitensprunglustige Ehepartner samt potentiellem, aber potenzbegrenztem Gefolge. Pontagnac verfolgt eine Dame in deren Haus, wo er merkt, daß sie die Frau seines alten Freunds Vatelin ist – was ihn freilich nicht bremsen kann. Vatelin wird derweil von seinem liebestollen englischen Ex-Gspusi zum Stelldichein erpreßt. Sie ist justament die Gattin eines Klienten, den Vatelin als Scheidungsanwalt vertreten soll. In kunterbunten Verwirrungen und Fehldeutungen trifft jeder auf jeden im Absteigehotel. Dort entdecken Vatelins und Pontagnacs Frauen ihre Männer in verdächtigen, allerdings schuldlos unschuldigen Lagen: in falschen Zimmern bei ungewollten Partnern. Der begehrte Rache-Akt der eifersüchtigen Damen mit einem unverheirateten Verehrer geht ebenfalls ins Leere. Der Verehrer, soeben der langen Nacht mit einer Kokotte entwunden, ist außerstande. Nichts bleibt ihnen übrig als die großzügige Versöhnungsgeste. Bis auf weiteres.

Der Raub der Sabinerinnen: so heißt die Römertragödie, die der kleinstädtische Gymnasialprofessor Gollwitz einst geschrieben und seitdem nur heimlich hervorgeholt hat. Theaterdirektor Striese, mit seiner Wanderbühne gastierend, verspricht sich

Abb. 18 Schlußtableau aus *Der Raub der Sabinerinnen* von F. und P. von Schönthan. Gruppenaufnahme aus einer Aufführung der 20er Jahre im Theater an der Josefstadt, Wien

von der Uraufführung eine Sensation. Geschmeichelt, aber auch befremdet von den rüden Praktiken der Schmiere, vor allem aber momentan waghalsig – weil seine reputationsversessene Frau gerade in Kur ist – sagt Gollwitz zu. Als sie unerwartet früh heimkehrt, müssen Strieses Person und Zweck im Haus umgefälscht werden. Die resolute Dame zieht daraus weitere, abwegige Schlüsse, die auch noch den harmlosen Schwiegersohn in grundlose Verdächte bringen. Auf dem Höhepunkt schlägt das Betrugsmanöver um in die vorläufige Katastrophe, als Frau Gollwitz gleichzeitig das Falschspiel entdeckt und erfährt, daß das Stück ausgepfiffen wurde: »Blamiert hast du dich – und uns vor der ganzen Stadt – das verzeihe ich dir nie!« Schließlich jedoch stellt sich das alte Gleichgewicht im Professorenhaushalt wieder her, wenn bekannt wird, der skandalöse Theaterabend sei doch noch zum Erfolg geworden. Strieses patente Gattin und Mitprinzipalin hat – was Frau Gollwitz vorerst nicht erfährt – einfach den Schluß der *Sabinerinnen* durch die letzten Akte eines beliebten Familienstückes ersetzt.

Die vertagte Nacht ist die Hochzeitsnacht von Emil Dobermanns – Getreidemittel en gros – weltfremdem Gelehrtenschwiegersohn. Zufall brachte ihn auf der Hochzeitsreise ins verkehrte Hotelzimmer und damit in den Ruch erotischer Nebentätigkeit. Daß er nachts darauf, wieder zuhaus und beinah rehabilitiert, erneut in die gleiche Lage gerät, verdankt er dem pfiffigeren Bräutigam von Dobermanns anderer Tochter. Der nämlich benutzt das Appartement des Gelehrten, um dort heimlich bei Sekt seine Geliebte zu verabschieden. Diese Tingeltangeldame hat es auch dem alten Dobermann angetan, der, gleichfalls zum Rendezvous ins Appartement des Schwiegersohns schlüpfend, unverhofftes Wiedersehen mit einem längst verjährten Seitensprungziel feiern kann. Lauter Männer mit echtem oder falschem Dreck am Stecken finden sich in diesem zweckentfremdeten Lokal ein und werden prompt dabei von ihren zuständigen Frauen erwischt. Nachdem nachweislich nichts geschehen ist, zudem alles in der Familie bleibt; und nachdem Dobermann auch noch seine unerbittliche Frau ihrerseits in eine trügerisch zwielichtige Lage hineingelistet hat, ist die weibliche Partei zur Aussöhnung ebenso total bereit, wie sie eben noch totalen Bruch verlangte.

Geschlechterfronten im bürgerlichen Heim

Die Geschlechterfronten beziehen ihre dramaturgische und ideologische Formel aus dem Schema der bürgerlichen Familie, das jeder Schwank als unverzichtbare und unangefochtene Spielgrundlage beansprucht. Hieraus entstehen die immer gleichen Streitigkeiten, und hierin auch finden sie ihre immer gleichen Schlichtungen. Wenn die stereotyp gestanzten Geschlechterfronten des Schwanks weithin bis heut noch vom Publikum begrüßt werden, so deshalb, weil sie trotz monströsem Schematismus nicht aus der Luft gegriffen scheinen. Als Karikatur gehen sie von Vorhandenem aus, auch wo sie sich weit davon entfernen. In mechanischer Versimpelung halten sie sich an die vorherrschende Rollen- und Ressortverteilung in der bürgerlichen Familie des 19. Jahrhunderts und damit an ihre ökonomischen Voraussetzungen. Solang die andauern, bei allen geschichtlichen und politischen Abwandlungen, können Schwänke begründetes Gelächter auslösen. Keinesfalls heißt das, Verfasser und Zuschauer von Schwänken verstünden die bürgerliche Familie als dramatisches Programm. Ihre Verkehrsformen werden nicht eigens verhandelt – wie etwa im bürgerlichen Trauerspiel oder im Rührstück des 18. Jahrhunderts. Sie sind nicht einmal voll bewußt im Spiel. Doch man rechnet damit als einer selbstverständlichen Größe, die jeder samt allem Plus und Minus aus seinem Lebensalltag ins Theater mitbringt.

Was die Geschlechterfronten gegeneinander aufbringt, geht deutlich genug aus den vier skizzierten Beispielen hervor. Jedesmal gehts um eine Kreuzung und Durchkreuzung von zulässiger und unzulässiger Sexualität. Schönthans Gymnasialprofessor Gollwitz macht da nur scheinbar eine Ausnahme. Sein Fremdgang führt zwar zu keiner Frau, doch in ebenso abschüssiges Gelände: in die fragwürdige Welt des Schmierentheaters, wo der gestandene Bürger seinen guten Ruf aufs Spiel setzt. Daß beide Gelände aneinandergrenzen, dafür steht das Foto von Frau Schauspieldirektor Striese als leichtgeschürzter schöner Helena ein. Arglos hat Striese es Gollwitz gegeben als Beleg für die klassischen Ambitionen seiner Truppe, doch der Professorengattin wird es zum Indiz für erotische Ausflüge ihres Mannes. Und dessen eigenes Verhalten gleicht denn auch ohne Abstrich dem Verhalten der heimlich liebeslustigen anderen Schwankhelden. In der Mischung aus Angst, Stolz und ungeschickter Lüsternheit sucht er sein verheimlichtes Theaterstück – er bezeichnet es gar als seine »Jugendsünde« – zu fördern und vorm bösen Zugriff der ehrbarkeitsfixierten Ehefrau zu schützen.

Alle vier Beispielschwänke führen vor: Die Männer sind hinter den Frauen her, und die Frauen sind hinter den Männern her. Es ist ganz offensichtlich ein Hinterher, kein Gegenüber. Somit kein gleichartiges und gleichgewichtiges Verhältnis, sondern eins, das den beiden Parteien ungleiche Bedingungen stellt. Je weiter das Bühnengeschehen fortschreitet, desto schroffer klaffen sie auseinander, bis sie beim fälligen Versöhnungsschluß im Interesse beider Parteien zwangsvereinigt werden. Schon hier treten beträchtliche Unterschiede zur Posse hervor. Sie sagen etwas darüber aus, wie sich das mittlere Bürgertum, wirtschaftlich erstarkt und politisch anspruchslos geworden, nurmehr fast ausschließlich mit seinen privaten Belangen befaßt. Man ersiehts aus der Sexualisierung dessen, was in der Posse als ein allgemein soziales Widerspiel zwischen zentripetalen und zentrifugalen Motiven abläuft. Solche Sexualisierung ist nur folgerichtig, wenn nicht länger das kleinbürgerliche Gesamtmilieu des jeweiligen Orts, sondern – in sozialer Verkürzung und Abkapselung – die Familie das Zentrum allen Geschehens einnimmt. Auf dem Grundriß des Familienkreises setzt der Schwank die Männer in zentrifugale, die Frauen in zentripetale Bewegung. Hierbei kommen die gegenläufigen Ziele, Gründe, Gelegenheiten, Waffen und Machtpositionen zum Vorschein. Ziele: die Männer gehen auf fremde Frauen aus, die Frauen auf die eigenen Männer; die Männer auf kurzfristige Abenteuer, die Frauen auf dauernde Sicherheit. Gründe: die Männer lechzen nach neuer Erfolgsbestätigung, die Frauen krallen sich ans Altbewährte. Gelegenheiten: die Männer, außerhalb tätig, finden Partner, Orte, Vorwände für ihre Eskapaden; die Frauen, ans Haus gebunden, sind bei ihren Gegenmaßnahmen auf Hörensagen und Indizien angewiesen. Waffen: die Männer setzen Lügen ein, die Frauen moralische Erpressung. Machtpositionen: die Männer sind materiell, die Frauen ideologisch überlegen. Wie es kommt, daß dennoch die Männer im Schwankfinale klein beigeben, wird sich noch zeigen.

Jene Potenz und diese
Der kleinere Unternehmer, der Aktieninhaber, der Arzt, der Rechtsanwalt, jeder macht eine gute Partie, um seinen Besitzstand zu festigen und auszubauen. Immaterielle Werte der Frau wie Anmut, Schönheit, Witz werden gern in Kauf genommen. Denn sie fördern, zusätzlich zum persönlichen Vergnügen, das öffentliche Ansehen, was mittelbar sich abermals auszahlt. Mit dem, was die Frau hat, geht auch das, wie sie ist, an den Ehemann. Als Ersatz für die Domestikation kommen ihr in der Familie Aufgaben zu, deren Alternativlosigkeit aufgeschönt wird durch den Glanz eines Ehrenamts: Pflege das Nachkommen, Aufsicht über Gesinde und Hausrat, Anordnung des leiblichen Wohls und des heimischen Milieus. Und als Ersatz für wirtschaftliche, rechtliche, sexuelle Unterjochung wird ihr eine Machtstellung eingeräumt. Wie der Mann den Besitz, verwaltet sie die Moral. Daß solche Zuständigkeit keinem bloßen Überbaugespinst gilt, sondern greifbarem Nutzen, folgt aus den Verkehrsformen dieser Gesellschaftsschicht überhaupt. Die Sittsamkeit aufrechterhalten heißt zugleich den Besitzstand aufrechterhalten. Materielle und sexuelle Ausschweifung verstößt mindestens gegen zwei bürgerliche Kardinaltugenden: gegen Sparsamkeit und Vertrauenswürdigkeit. Verschleudert der Hausherr Geld und Samen außer Haus, so schädigt er beides: das private Eigentum und den öffentlichen Kredit.
    Die Parallele von sexueller und monetärer Vergeudung ist den

Bühnenschwänken nicht bloß mittelbar abzulesen. Sie wird bisweilen, jedenfalls in französischen Stücken, unmittelbar angesprochen und ausgesprochen. So macht Georges Feydeau, seinen deutschen Schwankkollegen an bösem Blick weit überlegen, dem Publikum einen prickelnden Spaß daraus, solche parallele Vergeudung ausgerechnet zwischen einer verheirateten Frau und ihrem ebenfalls verheirateten Verfolger erörtern zu lassen. Das geschieht in dem schon skizzierten Stück *Le Dindon* (deutsch: *Einer muß der Dumme sein*). Mit unverfrorener Metaphorik macht hier Lucienne sich zur Anwältin aller Ehefrauen, indem sie dem aufdringlichen Pontagnac vorhält, er betrüge seine Gemahlin um Beträge, die ihr von Rechts wegen zustehen.

LUCIENNE: Das ist kein Geschäftsgebaren, mein Herr!

PONTAGNAC: Oh, oh!

LUCIENNE: Ganz und gar nicht, mein Herr! Ich bin überzeugt, Sie hätten moralische Skrupel, die persönlichen Vermögenswerte Ihrer Frau anzugreifen – aber die Werte, die Sie aus Ihrem eigenen Vermögen ihr schulden und die ihr zustehen – mit denen nehmen Sie es nicht so genau; wer hat noch nicht, wer will noch mal? Das spielt keine Rolle; davon wird verschwendet – und wer bezahlt es zum Schluß? Ihre Frau! Und das nennen Sie eine saubere Buchführung?

PONTAGNAC: Gnädige Frau, es ist bekannt, daß ich vermögend genug bin, um für den Unterhalt meiner Frau jederzeit aufkommen zu können.

LUCIENNE: Ach so! Sind Sie das?

PONTAGNAC: Sehen Sie, wenn Rothschild ...

LUCIENNE: Ja: wenn Rothschild ... aber Sie sind nicht Rothschild. Und selbst wenn Sie es einmal waren, müssen Sie, bei Ihrem Lebensstandard, langsam damit anfangen, einzusehen, daß Sie es *gewesen* sind ...

PONTAGNAC: Was wissen Sie über meine privaten Vermögensverhältnisse?

LUCIENNE: Und selbst wenn Sie es heute noch wären ... läge Ihr Vermögen in Werten fest, über die Sie, ohne Ihre Frau, nicht mehr verfügen könnten – da Sie die Nutznießung Ihrer Frau überschrieben haben.

PONTAGNAC: Gnädige Frau, wofür halten Sie mich? Ich greife nie das Kapital an. Aber es wird mir doch vergönnt sein, daß mir gelegentlich von den Zinsen einen netten Abend mache.

Außerdem habe ich dem Gesetz nach Verfügungsgewalt über mein Vermögen. So lange ich den größten Teil in Staatspapieren angelegt und gesichert habe – ist es geschäftlich durchaus vertretbar, vom verbliebenen Rest gewisse Beträge in kurzfristigen ausländischen Anleihen zu investieren.

LUCIENNE: Familienväter sollten nur mündelsichere Pfandbriefe zeichnen. (17 f.)

Weder Pontagnac noch Lucienne kommen schließlich dazu, auszuführen, worüber sie so lässig disputieren. Obwohl ständig angeknabbert, bleibt doch allemal die unausgesprochene mittelständische Verkehrsregel gewahrt, wonach familiäres Wohlverhalten kommerzielles Wohlverhalten verbürgt. Andersrum: Wer Ehen bricht, der wird auch andere Geschäftsverträge brechen.

Hieraus erklärt sich, warum die Männer in den Schwänken am Ende klein beigeben. Sie wissen, daß die Ehefrauen weniger ihre persönliche als die allgemeine Moral ihrer Klasse vertreten. Und daß der Mittelständler gut beraten ist, seinen unmoralischen Neigungen künftig nicht oder noch heimlicher nachzugehen. Seine Fleischeslust könnte ihm sonst ins eigene Fleisch schneiden, wo es am wehsten tut: beim Kapital. Der Schwankschluß, der die Geschlechterfronten zur einhelligen Phalanx plattquetscht, verkündet den endgültigen Wert. Beide Parteien, triumphierend die weibliche, zerknirscht verschmitzt die männliche, preisen das sichere eheliche Eigentum. Die halsbrecherischen Seitensprunggruben sind abgedeckt. Sie liegen zurück und außerhalb des bürgerlichen Heims. Sie sollen, so bekennen die Lippen des Hausherrn, auch fortan ausgeschlossen bleiben.

Von vornherein schon tragen die erotischen Ausflugziele der (deutschen und mancher französischen) Schwankhelden den Stempel auch von sozialem Außerhalb. Elegantere Bohème bei den Franzosen: Schauspielerinnen, Opernsängerinnen, Edelkokotten. Schmuddlige Bohème bei den Deutschen: Tingeltangeltänzerinnen, Chansonetten vom Varieté, Akrobatinnen. Jedenfalls das grelle Gegenteil der mittelständischen Ehefrauen, die allen Grund haben, ihren allzeit bereiten Antimännerpakt jenen Abenteurerinnen zu verweigern. Weder seßhaft noch standhaft, bescheren sie dem Mann Kosten statt Gewinn. Und mit ihrer mangelnden Moral geht vollends ein Mangel an feiner weiblicher Selbstbescheidung einher. Mag auch in manchen Schwänken ihr unbekümmertes Drauflos das steife Benehmen der Ehefrauen kurzfristig erschüttern – zur glucksenden Lust des Publikums –, diese Halbweltdamen werden schließlich desto strikter als unbekömmlich aus dem Verkehr gezogen.

Der Seitensprungrahmen: deutsch/französische Varianten

Die Abweichungen zwischen französischen und deutschen Schwänken sind weniger grundsätzlich als gradweis. Zunächst fällt die unterschiedliche Generationsstufe der Haupthelden auf. Während sie in den französischen Stücken zwischen 20 und 40 Jahre alt sind, sind sie in den deutschen zwischen 50 und 60. Das bringt dramaturgische und ideologische Varianten mit sich, die das bisher beschriebene Schwankschema differenzieren, ohne es zu zersplittern.

Für die weiblichen Wechseljahrgänge im deutschen Schwank, die den eigenen Männern schon abgestanden sind, erwärmt sich auch kein Unbefugter. Dagegen bieten die jüngeren, durchweg kinderlosen Ehepaare im französischen Schwank eine doppelseitige erotische Anfechtungsfläche. Hier beschränken sich denn auch die Eskapaden nicht auf die Männer. Die Ehefrauen werden mit einbezogen: als Jagdobjekt von vornherein und, daraufhin, auch als Rachesubjekt. Zwar verfechten sie die gleiche Moral wie die Gattinnen im deutschen Schwank. Nur, wo diese aus Mangel an Nachfrage die außerhäusige Erotik rückhaltlos verdammen und verfolgen, geben die französischen Ehefrauen den eigenen Neigungen nach; unter dem Vorwand, den abschweifenden Ehemann zu strafen und zur geltenden Ordnung zurückzurufen. Dabei wahren sie streng den Anschein einer nichts als reaktiven Vergeltungsexpedition. Sie brennen darauf, erst Beweise für die Untreue des Partners zu erhalten, bevor sie einen Liebhaber erhören.

Dadurch gewinnen französische Schwänke einen großzügigeren, frecheren, minder muffigen Anstrich als deutsche. Trotzdem durchbrechen sie weder die Rollenzuweisung noch das Tugendsystem der mittelständischen Familie. Einerseits nämlich landen die angestrengten Seitensprünge nur ausnahmsweise im Ziel, und zwar die der Frauen nie, die der Männer allenfalls bei Außenseiterinnen. Andrerseits bekräftigen die Begründungen und Verläufe der Abenteuer, wie auch hier der Mittelstand, um seine besonderen Lebensverhältnisse zu behaupten, den Geschlechtern entschieden Ungleiches erlaubt und ermöglicht. Daß Labiche und Feydeau der bürgerlichen Ehefrau dramatisch den Weg ebnen, wenigstens versuchsweise fehlzutreten oder fehlgetreten zu werden, bezeichnet kein Mehr an Freiheit sondern deren Mangel. Statt eines Jagdscheins zum Selberjagen erhält die Frau den Ausweis, Freiwild zu sein. Wieso?

Sachverhalt und Begriff des Cocu, des betrogenen Ehemanns, haben keine Entsprechung beim andern Geschlecht. Männer kann man zum Hahnrei machen, Frauen nicht. Hintergangene Männer ziehen Hohn auf sich, hintergangene Frauen Gleichgültigkeit oder wohlwollendes Bedauern. Jemandem Hörner aufzusetzen oder sich selber wild verzweifelt dagegen zu wehren ist ein Vorgang, den Literatur und Theater besonders in Frankreich jahrhundertelang durchgespielt haben. Nie jedoch dermaßen massiv und beharrlich wie im Bühnenschwank des 19. Jahrhunderts. Das kommt daher, daß seine besitzbürgerlichen Normen den Fall des betrogenen Ehemanns in eine weitere Dimension rücken. Vor sich und der Umwelt hat er sich als zu schwach erwiesen, einen Angriff auf sein Eigentum abzuwehren. Einer Gesellschaft, deren konkurrenzwirtschaftliche Gepflogenheiten auch ins private Leben dringen, gilt da wie dort der Gerissenere als der Bessere. Also in der Erotik wie auf dem Markt. Wer hingegen als gehörnter Ehemann Verluste hinnehmen muß, wo andere Gewinne erzielen, steht als Versager da, der nicht einmal fähig ist, seinen festen Besitz zusammenzuhalten. Just den Besitz, den ihm doch die mitgifthaltige Frau mit Amt und Siegel vermehrt und ausgebaut hat. Ihm blüht das öffentliche Urteil: Impotenz auch im Geschäft.

Als Cocu dazustehen ist also mehr als eine oberflächliche Verlegenheit. Es ist eine ebenso weitreichende wie tiefgehende Pein. Feydeau offenbart sie zumal dort, wo er die Schraube der Situationskomik dermaßen überdreht, daß die Gehirnwindungen der Betroffenen nur noch irrwitzige, aber streng folgerichtige Gedankengänge hervorbringen. So in *Champignol malgré lui* (1892). St. Florimond steigt der Frau des Malers Champignol nach, wird in ihrer Wohnung für den Ehemann gehalten und an seiner Statt zum Reservedienst eingezogen. In der Kaserne taucht obendrein der echte Champignol auf, was zu tollen Verwechslungen führt, die indes die falsche Identität nicht erschüttern können. Als nun Madame Champignol zu Besuch kommt, erntet ihr ahnungsloser Ehemann ein anzüglich bewunderndes »Ah!« seiner Kameraden bei der schlichten Bemerkung: »Sie verstehen, daß ich die Nacht lieber bei Madame Champignol verbringen werde.« Denn alle halten ihn ja für St. Florimond.

Abb. 19 *Champignol wider Willen* von Georges Feydeau. Szenenfoto aus der Aufführung des Nationaltheaters Mannheim, 1973 (Foto Eggert)

Desto wütender ist dieser selbst. Nicht so sehr, weil ihm die Dame, der er so unbequeme Opfer gebracht hat, zu entrinnen droht, sondern weil er um seinen Leumund bangt. Der Liebhaber hat Angst, man halte den andern für den Liebhaber und ihn selbst für den gehörnten Ehemann. Die Angst erzeugt verstiegenste Logik: »Ich bin dran! (beiseite) Dieser Champignol! Macht mich ja vollkommen lächerlich, der Kerl! Jetzt sieht es noch so aus, als sei ich der Betrogene! Dumm, dumm, dumm! ... Aber halt! Wer ist dumm? Ich! (er lacht) Was macht er? Er macht mich zum Gespött, sicher – aber unter seinem Namen! Das fällt ja alles auf ihn zurück! Auf Champignol! Also betrügt er sich selber! Was kümmerts mich? Nichts!« (71)

Wer den andern zum Cocu gemacht hat, kann sich umso stolzer fühlen. Zwar darf er mit keinem öffentlichen Beifall rechnen, doch weiß er sich im Einklang mit seinesgleichen. Mit der großen, halbgeheimen Liga bürgerlicher Lebemänner, die mit sogenannten Kavaliersdelikten wettmachen wollen, was ihnen zur legendären adeligen Ausschweifung fehlt. Tatsächlich schielen die französischen Schwankhelden, die dank ihrer üppigen Renten nichts zu tun haben, mit Vorliebe nach adeligen Lebensweisen und Beschäftigungen. Und da steht – nicht nur in Feydeaus *Monsieur Chasse* – die Jagd vorne an. Weniger auf wirkliches Wild als auf Frauen in fremden Revieren. Was den bürgerlichen Helden dabei schmeichelhaft quasi-feudal anmutet, ist der gern und notwendig geübte Verzicht auf bürgerliche Nutzung. Jagt er diese Frauen doch nicht aus schnöder Gewinnsucht. Anders als die eigene, die er mit Haut und Mitgift verschlungen hat, will er sie keineswegs vereinnahmen. Ihm genügt der Genuß, sie erlegt zu haben. Der feine Waidmann jagt nicht aus Hunger.

Im deutschen Schwank, wie vermerkt, bleiben Ehefrauen vor unbefugten Zugriffen bewahrt. Und zwar in beiden Generationsstufen: sowohl die ohnehin matronisierte Helden-Gattin wie deren durchweg frisch verheiratete oder frisch zu verheiratende Tochter. Die Ältere unerbittlich monumental, die Jüngere noch ungelenk und mitleidsanfällig, besetzen sie gemeinsam die Bastion der häuslichen Moral. Von daher belauern, bedrohen, überrumpeln sie das Familienhaupt, das unentwegt auf neue Sünden sinnt und vergangene verbirgt; aber auch den jugendlichen Gatten und Schwiegersohn, der ebenso regelmäßig grundlos verdächtigt wird.

Diese stereotype Situation bedenkend, stößt man erneut auf die zynisch bejahte und ausgeschlachtete Einteilung des erotischen Spielraums in der mittelständischen Familie. Letztlich ist nicht der Verdächtigte schlecht dran, sondern die Verdächtigerin. Ersatzweise rächt sich die Schwiegermutter am jungen Ehemann der Tochter dafür, daß sie vom eigenen Gatten aufs sexuelle Altenteil abgeschoben ist. Sie bezichtigt ihn dessen, was das Familienoberhaupt ihr schuldig bleibt. Der auserwählte Sündenbock ist doppelt günstig. Vorderhand höchstens Juniorpartner im Geschäft, ist er wehrlos; und als entfernter Übernächster gibt er der Rachehandlung den Anstrich von interesselosem Ordnungsvollzug. Ebenso zynisch ist die Grundlosigkeit der Verdächtigung begründet. Der Schwiegersohn hält sich vorerst noch an die eigene Gattin, solang sie jung und seine ökonomische Stellung im Haus schwach ist. Die vielseitig sekreten Dienste jedoch, die er dem Alten folgsam leistet, um ihn abzusi-

Abb. 20 *Die spanische Fliege* von Franz Arnold und Ernst Bach. Szenenfoto aus der Aufführung des Lustspielhauses Berlin, 1913 (Bildarchiv Preuss. Kulturbesitz)

chern, deuten seine Begabung als ebenso vielseitiger Nachfolger an.

Generationsverdopplung und ihr dramaturgischer Ertrag

Durch die Generationsverdopplung schaffen sich die deutschen Schwankautoren mehrere dramaturgische Vorrichtungen, um die bürgerlichen Geschlechterfronten noch schärfer herauszumodellieren. 1. Der Grundvorgang vom erotischen Ausbrecher und reumütigen Heimkehrer gewinnt, auf zwei Altersstufen durchgespielt, größere komische Reibungsfläche. Denn der Alte darf nicht können, wie er will. Und der Junge darf nicht wollen, wie er könnte. Zugleich läßt sich, ebenfalls komisch, die moralische Plattform auswalzen, auf der dem überführten alten Tunichtgut der junge reingewaschene Tunichtbös als Muster vorgehalten wird.

Daß sich dabei das Autoritätsgefälle der bürgerlichen Familie einebnet oder gar umkehrt, dieser Gefahr begegnet die 2. Vorrichtung: Der deutsche Schwankheld ist grundsätzlich Vater von Töchtern. Indem die Autoren ihm Söhne vorenthalten, ersparen sie ihm sowohl die unmittelbare Vorbildrolle als auch ernsthaftere psychologische, soziale, ökonomische Auseinandersetzungen. Der Töchterhaushalt hingegen bezeugt nochmals die mittelständische Vermarktung der Frau. Als wohlhabender Geschäftsmann hat der deutsche Schwankheld nicht zuletzt auch Töchter abzusetzen, möglichst vorteilhaft für beide Seiten. Auch dies kommt unverblümt zur Sprache – etwa in Arnolds und Bachs *Zwangseinquartierung*. Nachdem die Tochter dem Vater Geld für einen teuren Hut abgeschmeichelt hat, um damit sozusagen übern Heiratsmarkt zu schlendern, meint der alte Freund des Hauses: »Die wirst du nicht lang auf Lager behalten, da wird sich bald ein Abnehmer finden.« (7)

Die Abnehmer, die ins Haus kommen, gewinnen mitgiftige Frauen und schicken sich, vorläufig, ins kommerzielle Regiment des Schwiegervaters und ins familiäre der Schwiegermutter. Dafür bringen sie, weil unerläßlich aus ähnlich gutem Haus, ihrerseits ins eingeheiratete Geschäft einen Zuwachs an Kapital, an Tüchtigkeit oder auch an Prestige. Letzteres, wenn sie Akademiker, womöglich »reine« Wissenschaftler sind. In *Hurra, ein Junge!* ist es ein Universitätsdozent, in *Die vertagte Nacht* ein nicht näher gekennzeichneter Privatgelehrter, in *Die spanische Fliege* ist es gar ein Doktor der Assyrologie. Die klischeehafte Legierung von brotlos und weltfremd ist zweifach ergiebig. Einerseits gereicht sie dem Schwiegervater zum Statusschmuck: Sein Geschäft geht so gut, daß er sich einen reinen Kulturspinner halten kann, der keinen materiellen Gewinn abwirft – grad so wie einen Pfau, dessen Fleisch und Eier ungenießbar sind. Andrerseits befördert ein solcher Typ, der das Mißverhältnis zwischen tumbem Bücherwurm und (vermeintlich) durchtriebenem Wollüstling ausschreitet, noch den linkischsten Buchhalter im Publikum zum dankbar brüllenden Roué. Solchen Luxuseidam leistet sich freilich nur der Schwankheld, der auf mindestens einen weiteren, geschäftstüchtigen Normalschwiegersohn zurückgreifen kann.

Selbst an diesem eher unscheinbaren Randmotiv läßt sich ermessen, wie und wohin sich die Schwerpunkte des bürgerlichen Lachtheaters verlagern im Einvernehmen mit der fortentwickelten bürgerlichen Mittelschicht – von der Handwerksmoral der Posse zur Geldmoral des Schwanks. Denn der eingekaufte Prestigefaktor ›Akademiker‹ ist nichts anderes als die Schrumpfform dessen, was einmal fünfzig Jahre früher ein zentrales Motiv der Posse war: Der vorerst abgewiesene, weil normfremde

Bewerber, der sich die Braut und die Anerkennung des Milieus erobert durch eine außerordentliche, überlegene Leistung; durch sein persönliches Meisterstück, das nur dank sinnvoller Verbindung von Geistes- und Körperkräften zustande kommt. Er erntet, auf und vor der Bühne, Bewunderung. Wohingegen die akademischen Schwiegersöhne der deutschen Schwankhelden hämisches Gelächter ernten. In den Gründerjahren und danach lacht da eine Mischung aus selbstgefälligem Pragmatismus und gönnerhafter Toleranz: Es muß auch solche Absonderlinge geben, die durch unnützes Treiben sogar zu Ehren kommen – aber lebensfähig ohne unsereinen wären sie nicht.

Durch die Generationsverdopplung wird noch eine 3. dramaturgische Vorrichtung geschaffen, nämlich ein Loch zu stoßen ins Hier und Jetzt des abgeschirmten Familienkreises. Zeitlich öffnet es die saubere Gegenwart des Helden in die Tiefe einer weit zurückliegenden unsauberen Tat. Und räumlich öffnet es demnach zwangsläufig das bürgerliche Heim in die Tiefe des sozialen Abseits. Konkret: mancher deutsche Schwankheld ist nicht nur mit anerkannten Töchtern gesegnet, er schwitzt auch dem Augenblick entgegen, wo ihn das mögliche Ergebnis eines einstigen Fehltritts heimsuchen könnte. So stehen, vornehmlich bei Arnold und Bach, allerlei unbekannte oder fehlgedeutete junge Leute ins Haus, die den Helden ins Schlingern bringen. Die komische Panik, womit er sie vor seiner Frau versteckt, verleugnet, umtauft, hat wiederum ernste Gründe. Denn nicht bloß die Familienmoral ist bedroht, wenn ihr flagranter Bruch plötzlich als aufgeschossenes Fleisch und Blut im Salon vorspricht. Erst recht bedroht ist das Familienvermögen. Im erwachsenen Bastard ist der Fehltritt nicht verjährt, sondern volljährig geworden. Anspruchsvoller als jedes folgenlose Gegenwartsabenteuer zehrt er am Erbe. Glimpflich wie in allem biegt der Schwankschluß auch diese Gefahr ab.

Der Schluß ist nicht nur platt, er ist auch folgerichtig. Was die beiden Geschlechterfronten gegeneinander aufgebracht hat, kann, bei ihrer verschränkten Interessenlage, nur auf Waffenstillstand hinauslaufen. Die wuchtige Scheidungsdrohung der weiblichen Partei muß leer bleiben. Vollzogen erbrächte sie just das, wogegen die Ehefrau den ganzen Schwank lang angekämpft hat: den Verlust ihrer Hausmacht im öffentlichen Skandal.

Hintertreiber und Hintertriebene

Die Frauen wollen herauskriegen, was die Männer heimlich treiben, um zu verhindern, daß es an die Öffentlichkeit dringt. Aus dem gleichen Grund wollen die Männer verhindern, daß die Frauen es herauskriegen; denn sie setzen den Richtspruch des Ehepartners gleich mit dem der Öffentlichkeit. Indem er die Geschlechterfronten erstmals oder abermals zu Paaren treibt, gibt der Schwankschluß beiden recht. Den Frauen ganz, den Männern halb. Der befürchtete Richtspruch von Ehepartner und Öffentlichkeit ist zwar inhaltlich gleich, nicht aber in der Auswirkung. Der des Partners nämlich wird, privat, eigens zu dem Zweck gefällt, keine der ermittelten Untaten jenseits der Familienwände ruchbar werden zu lassen. Daher passiert im Schwank, ist er einmal im Gang, alles, damit nichts passiert. Daher gibts keine andere Bühnengattung – weder im Lachtheater noch im ernsten –, wo die Hauptbetroffenen sich derart abrackern, um am Ende mit raushängender Zunge eben noch den Ausgangspunkt zu erreichen. Ihre letzten Kräfte haben sie dafür eingesetzt, um sich als die gleichen in gleicher Lage wiederzufinden. Und die schreckliche Komik der Summe, die null beträgt, liegt in der Genugtuung, mit der die Betroffenen sie einstreichen. Es hat sich, so finden sie, gelohnt. Der halbherzig gewagte, dann aber kräftig bekämpfte Schaden ist abgewehrt.

Ich erinnere an die vier beispielhaften Stücke, die ich anfangs skizziert habe. Die Schwiegereltern des vielgeliebten *Célimare* dürfen nicht wissen, wie er wahrhaft zu seinen klettenhaften Freunden steht. Die mancherlei Ehepartner, die allesamt schließlich zum genasführten *Dindon*, zum kollernden Geprellten werden, dürfen voneinander nicht wissen, wer mit wem wozu da oder dort zusammentrifft. Frau Professor Gollwitz darf nicht wissen, was es mit dem »Raub der Sabinerinnen« und dem seltsamen Gast Striese auf sich hat. Die alten, neuen und vorgesehenen Gattinnen in der *Vertagten Nacht* dürfen nicht wissen, was denn Mann für Mann so unwiderstehlich zu einem bestimmten Gelehrtenappartement lockt.

Solchen und ähnlichen Zwecken gilt zunehmend aller Aktivitätswirbel der Schwankhelden. Nicht um etwas zu vollbringen, zu verrichten, zu erringen, durchzusetzen zappeln sie sich ab, sondern um zu verhüten, daß etwas über sie hereinbricht. Statt für ihren Vorteil kämpfen sie gegen ihren Nachteil. Was einmal positiver Auslöser des ganzen Geschehens war – die Lust auf eine verbotene Tat –, verliert sich alsbald beim szenischen Hin-

dernislauf über Hürden, die sie selber nehmen müssen, um sie
dem Gegner zu stellen. Abgesehen von *Célimare*, der schon von
Anfang an nur Abwehrakte vollführt, verfolgen sie über zwei
Drittel der Schwank-Wegstrecke das Ziel ihrer Lust. Doch verbleibt ihnen keine Kraft, es dann auch zu erreichen. Sie haben
sie restlos verbraucht bei den Mühen, dies Ziel vor den andern
zu verbergen, bis sie es selber nicht mehr finden. Die Untat hat
sich verflüchtigt zur Un-Tat.

Ablauf im Dreitakt

Der rhythmische Verlauf des gesamten Bühnengeschehens geht
darauf ein. Er pointiert die Vergeblichkeit der Anstrengungen,
die Rückkehr zur Ausgangslage. Schwänke ähneln (auch wenn
sie ausnahmsweise mehr als drei Akte haben) der dreiteiligen
Anlage französischer Ouvertüren: langsam – schnell – langsam.
Der erste Teil, im bürgerlichen Heim spielend, bewegt sich in
gemäßigtem Tempo. Das Abenteuer bahnt sich an; die widerstreitenden Fronten treten hervor; die besonderen Umstände
zeichnen sich ab; der Held macht sich auf.
    Im zweiten Teil jagen sich die Ereignisse, bis sie sich im Akt-
schluß überpurzeln, zum Eklat. Bedingt ist dies übereilte
Tempo durch den Ort des Lasters, wo der zweite Teil in der
Regel sich abspielt. Bei Feydeau sind es meist Absteig-Hotels
(*L'Hôtel, Dindon, Puce*) oder privat eingerichtete Liebesnester:
ausgediente Schneiderwerkstatt *(Tailleur),* geheime Zweitwoh-
nung *(Edouard, Main);* bei Arnold und Bach ebenfalls zweideu-
tige Hotels (*Weekend, Jungfrau,* hier zwischen den Akten) und
abseitige Appartements *(Nacht);* bei Labiche *(Chapeau)* eine
ganze Kette bedenklicher, weil von den harmlosen Passanten
mißverstandener Lokalitäten. Auch wo der Mittelteil der
Schwänke an keinem anrüchigen Ort spielt – oft aus Gründen
der Dekorationsersparnis –, macht sich diese Antiwelt zum sicheren bürgerlichen Wohnzimmer in der verdeckten, nachträglich reportierten Handlung geltend. Es gibt also kaum einen
Schwankhelden, der sie nicht so oder so zu durchlaufen hätte.
Für Professor Gollwitz und seine Komplizen ist es die Marter-
stätte, wo Strieses Schmierenensemble die *Sabinerinnen* zum
Skandal führt. In *Pension Schöller* ist es das Titelinstitut, das
dem naiven Provinzhelden, der auf Sensationen aus ist, als Ir-
renhaus vorgespiegelt wird. Im *Weißen Rößl* werden die
Hauptpersonen das ganze Stück über den, harmlosen, Abenteu-
ern eines alltagsfernen Urlauberhotels ausgesetzt.

Der dritte Teil, wiederum im bürgerlichen Heim, fällt auch im Tempo noch unter die Anfangsstufe zurück. Die Parteien, nach dem entscheidenden Zusammenstoß, sammeln sich; die Fronten bröckeln; Übereinkunft rückt in Sicht. Insgesamt also beschreibt der Schwank eine dreistufige Stimmungskurve. Prikkelnde Aufbruchslaune steigert sich – auf beiden Seiten – zu eifernder Siegeszuversicht, um sich aufzulösen im Tiefdruck von schaler Ernüchterung auf der männlichen Seite und von kalter Selbstgerechtigkeit auf der weiblichen.

Wo dramatische Handlung sich in wechselseitigem Hintertreiben erschöpft, kann es nicht verwundern, daß Unlust die Regel, Lust dagegen die Ausnahme ist. Und zwar nicht allein im blindlings umkreisten sexuellen Bezirk, sondern überhaupt. Schon die anfängliche Paradesituation zeigt es an. Bei heimlichen Jubelsprüngen ertappt, tarnt sich der Held, indem er unwillkürlich den Bewegungsausdruck auf Mißbehagen herumreißt. Als erstbeste Schutzfarbe muß Mißbehagen herhalten, weil es dem gewohnten Alltagsgrau am nächsten kommt.

Allerlei ungewollte Realismen

Merkwürdiger mutet es an, daß ausgerechnet Leute, denen es gut geht, solcher Regel unterworfen sind. Daß also gerade diese Erfolgsmenschen – wackere Steuermänner ihrer Wertpapiere, kleineren Betriebe, Arzt- und Anwaltspraxen – hier stets in eine hinnehmende, verteidigende, duckmäuserische Rolle gedrängt werden. Mehr noch, in eine Rolle, die ihnen das Gegenteil ihres gewohnten ökonomischen Betragens auferlegt: größtmöglicher Aufwand bei einem Geschäft, dessen größtmöglicher Verlust nur die schummelnde Schlußbilanz des Schwanks als befriedigendes, lediglich moralisches Soll verbuchen kann. Doch auch darin verhält sich der Schwank letztlich wirklichkeitsnäher, als seine Autoren es wahr wissen wollen, denn die unternehmungslustigen Lebemänner, die schon gebremst werden, ehe sie überhaupt in Schwung kommen, sind im erotischen Privatleben genausowenig freie Unternehmer wie im Geschäft. Längst hat die allgemeine wirtschaftliche Entwicklung ihr mäßiges Mittelstandskaliber überholt. Sie sind noch gefragt, aber sie werden es nicht mehr. Was auf dem Markt geschieht, geht über ihre Köpfe weg. Bei zunehmender Konzentration und Verflechtung von Industrie, Handel, Banken fallen die Entscheidungen anderswo. Noch gedeiht der Mittelstand. Jedoch nur dann, wenn er sich in den bescheidenen Kreis und in die bescheidenen Verrichtungen schickt, die ihm von außen zugemessen sind. Und nur so lang, wie keine akute Krise das wirtschaftliche Gesamtsystem befällt.

Die Schwankhelden, die sich aus ihrem engen Kreis hinausstehlen, um draußen etwas anzustellen, werden Hals über Kopf zurückgescheucht. Sie erweisen sich als Stümper auf einem Freiheitsfeld, das es ohnehin so nicht gibt, wie sie es sich simpel ausmalen: als gut versichertes Tummelgelände aus gestrigem großbürgerlichen Liberalismus und vorgestriger aristokratischer Libertinage. Ihnen ist weder möglich noch erlaubt, sich als selbständiges Subjekt hervorzutun, das aus eigenem Antrieb etwas will und erreicht. Verdonnert zum Objekt, können sie sich nur abstrampeln in vorgeprägten, ferngesteuerten Situationen, die sie nicht beherrschen. Von daher erscheint, was der Schwank so stur und abwechslungsarm zum besten gibt, keineswegs abwegig. An der immer gleichen Verhinderungshandlung im immer gleichen mittelständischen Familienkreis, die regelmäßig aufs Umsonst hinausläuft, stößt den zeitgenössischen Zuschauern ihr eigenes Unvermögen auf. Nur dermaßen überdreht und vom Helden so gleichmütig hingenommen, daß sie lachend meinen können, gar so schlimm sei es nun auch wieder nicht.

Allerdings, diese allgemeine Übereinstimmung zwischen zeitgenössischen Erfahrungen und ihrer szenischen Überzeichnung – zumal in einem geglätteten Milieu, das etwas überm sozialen Pegel des Durchschnittspublikums liegt – macht manches, aber noch lang nicht alles begreiflich. Was sie kaum erklären kann, ist die erstaunliche doppelte Haltbarkeit des Schwanks. Einmal seine technische Haltbarkeit als verfertigtes Bühnenstück; dann seine historica Haltbarkeit, die den prompten Verbrauch, für den er bestimmt war, bis heute überdauert hat. Beiden, eng zusammengehörigen, Momenten ist jetzt nachzufragen. Wie kann es gelingen, eine ergebnislose Handlung aus lauter Hintertreibungen drei Akte lang fortzuführen? Und wie kann es dabei gelingen, die Hauptperson, aber auch die Zuschauer in Dauerspannung zu halten?

Mustert man, wie der Schwank die wechselseitigen Hintertreibungen vorantreibt, so stellt sich heraus: die Maßnahmen der beiden Parteien blockieren einander nicht. Sie rufen jeweils Gegenmaßnahmen hervor, die ihrerseits wieder bei der andern Seite neue Gegenmaßnahmen auslösen. Zwar fällt am Ende das Ziel noch hinter den Start zurück. Doch auf dem Weg dorthin kommt keiner zum Verschnaufen. Ständig fällt Überraschendes vor und erzwingt unverzügliches Kontern aus dem Stegreif. Die zunehmend planlose Kurzatmigkeit des Schlagabtauschs rührt daher, daß beide Parteien sich uneigentlich verhalten. Was sie sagen, tun und unterlassen, steht unterm Zeichen der Verstellung. Da auch noch ahnungslose Dritte zwischen die Fronten geraten, allenthalben mißverstehen und mißverstanden werden, häufen und steigern sich die Anstöße argwöhnischer, ängstlicher, vorschneller Fehldeutungen und entsprechend schiefer Folgehandlungen. Bis der Hauptheld, der ungewollt die ganze, inzwischen unabsehbare Turbulenz entfachte, nicht mehr aus noch ein weiß. Er kann nurmehr nach Ruhe und Ordnung hecheln, nach Gewißheit und Übersicht. Dieser Zustand, ohnehin Richtwert des Gegners, wird ihm großzügig zugestanden.

Unentwegt also gehts hoch her. Der ergebnislose Hintertreibungslauf erlahmt nicht, noch lähmt er die Zuschauer. Er springt mit dem Helden und überschlägt sich wie beim Salto, um dort zu landen, wo er absprang. Situationskomik hält ihn in Schwung. Sie wirkt kurzfristig, im Stück und aus ihm heraus. Sie befördert keineswegs das dramatische Geschehen als Ganzes, sie stößt es ruckweise, von Mal zu Mal, aus einer schiefen Lage in die nächste und so fort. Das macht den Schwank zum Perpetuum mobile. Ununterbrochene Bewegungen ziehen Gegenbewegungen nach sich, ohne zu einem Abschluß zu kommen. Denn der Endzustand gleicht nicht nur, von außen betrachtet, dem Anfangszustand; ihm fehlt auch die Endgültigkeit. Fürs erste einigt man sich, doch das Publikum kann nicht zweifeln an der Vorläufigkeit. Die Bewegung ist nur überdeckt. Unversehens kann sie wieder durchbrechen und alles durcheinanderbringen. Stück und Publikum trennen sich daher nach dem letzten Vorhang ebenso unfertig wie nach dem ersten. Die Pause zwischen zwei Akten ist nur kürzer als die zwischen zwei Stücken. Das Finale setzt keinen Schlußpunkt. Der Schwank von heute wird dem Schwank von neulich zur Fortsetzung auf dem Weg zum nächsten. So mag die Lust am reibungslos zuverlässigen Laufwerk des Immergleichen noch wachsen durchs insgeheime Lauern des Publikums, ob denn da nicht einmal etwas ganz anderes herauskommt; ob einer mal ausschert aus dem Zwang der Serie; ob ein Held, weil alle Schwänke praktisch ein einziger Schwank sind, ein für allemal sein Glück woanders sucht als im unaufhörlich durchbebten Stillstand.

Auch hieraus läßt sich der weite Abstand zur Posse ersehen, die gerade auf Einmaligkeit versessen ist. Um so verwunderlicher erscheint die Haltbarkeit des Schwanks. Teilt er doch die glatte Widerholbarkeit und Unaufhörlichkeit mit andern seriellen Verbrauchskunststückchen zumal in unserer Zeit: vom Kriminalroman über Comics zum Fernsehwestern. Und ebenso hält er sich in seinen situationskomischen Anstrengungen an althergebrachte Muster des vorbürgerlichen Lachtheaters. Von da also kann seine gattungseigene Konsistenz nicht kommen. Der Schwank bezieht sie vielmehr aus einem zentralen Beweggrund, der den Zusammenhang aller bisher erfaßten Merkmale bestimmt. Es ist die Angst vor öffentlicher Bloßstellung. Sie geht weiter und reicht tiefer, als es auf den ersten Blick erscheinen möchte.

Bloßstellungskämpfe

Als schlimmstes Unheil, so habe ich vermerkt, gilt der Skandal. Er trifft dem Mittelstand ins Herz. Denn mit dem moralischen Kredit steht und fällt der geschäftliche. Skandal ist Alpha und Omega des Schwanks. Als drohende Gefahr lenkt er schon die ersten Schwerenöterschritte des Helden. Er verleiht ihnen zugleich mit der vollen Wucht des Wagemuts den Leisetritt der Heimlichkeit. Und als abgewendete Gefahr gibt er dem Versöhnungsschluß im nachhinein das Siegel der Notwendigkeit. Vollends auf der Zwischenstrecke zwischen Start und Ziel des dramatischen Geschehens hält der mögliche Skandal das Tun und Lassen aller Beteiligten in seinem Bann.

Damit ist der Beweggrund zwar benannt, aber nur ungenau gekennzeichnet. Wieso er eine so anhaltende Macht ausübt auf die Lebensregungen des Schwankpersonals, aber auch aufs Publikum, ihnen dabei zuzuschauen, muß vorerst fraglich bleiben, wenn man folgende Umstände bedenkt. Erstens: Der Vorgang ›moralische = geschäftliche Vernichtung‹ verläuft im Leben des dramatischen wie des zuschauenden Mittelständlers weder als gleichzeitiger noch als gleichartiger Akt. Ebenso wenig vollzieht er sich als umgehende Konsequenz, die unmittelbar sinnlich einsehbar wäre – wie etwa der umgestürzte Tisch mit Speisen, der den unartigen Zappelphilipp unter sich begräbt. Die uneigentlichen, trugbefangenen Verkehrsformen dieser sozialen Schicht erledigen ihr Opfer auf unübersichtlichen Umwegen. Zweitens: Daher bleibt, was der moralischen Existenzbedrohung die ökonomische Schlagkraft gibt, den Schwankpersonen und vielen Zuschauern unbewußt und unausgesprochen. Drittens: Die Drohung bleibt Drohung, sie erfüllt sich nicht. Und das mindert in einem Bühnengenre, das besonders rüde auf Augenscheinlichkeit pocht, die szenische Evidenz.

Besonders der letzte Punkt macht stutzig: daß der verheerende Anlaß unsichtbar ist, was zeitweilig das Publikum zweifeln läßt, ob er denn überhaupt besteht. Gerade dies trägt zur beklemmend zwiespältigen Komik der Schwankhelden bei, daß der Skandal sie nie oder allenfalls in geringem, objektiv folgenschwachem Ausmaß ereilt. Er schreckt sie bereits ab, die Ziele ihrer Lust zu erreichen. Noch ärger: er vergönnt ihnen nicht einmal, seine Katastrophe auch wirklich auszukosten. So trippeln die Schwankhelden sich wund bis zur Erschöpfung an einem Sparring, ohne je in den eigentlichen Kampfring zu dürfen. Hier gilt es nun, bei der Beurteilung des Schwanks einen naheliegenden Kurzschluß zu vermeiden: die unerkannten, überschätzten, schließlich ausbleibenden Folgen des befürchteten Skandals könnten seinen Einfluß auf Handlung und Handeln des Betroffenen drosseln. Und die schwankeigene Komik ginge darin auf, das Mißverhältnis zwischen geringfügiger Gefahr und großspuriger Abwehr einem erleichternden Gelächter auszuliefern. Wäre dem so, bliebe unerfindlich, wieso unterhaltungssüchtiges Verbrauchstheater, völlig unbesorgt, es könne damit anöden, derart hartnäckig ein und den gleichen Sachverhalt umkreist. Betrachtet man diesen Sachverhalt aus minder engem Blickwinkel als bisher, dann zeigt sich, was weiter an ihm dran ist. Öffentliche Bloßstellung schwillt im Schwank zu einem Komplex, der sich nicht einengen läßt auf die erklärte Sorge vor geschäftlichem Ruin. Die nämlich würde einige kühle, zukunftsgerichtete Bedenklichkeit voraussetzen – im Gegensatz zum kopflosen Schockgebaren der Betroffenen. Tatsächlich zittern sie weniger vor den Folgen als vorm Akt des Skandals. Angesichts dieser Bedrohung, somit im Extremfall, verhalten sie sich gerade nicht als berechnende Bürger, die nach dem Ertrag fragen.

Offenbar reicht der Komplex zurück hinter die Handlungsgegenwart, hinter das Bewußtsein und hinter die derzeitige soziale Rollenlage des Schwankhelden. Und zwar nicht lediglich bis in die dramatische Vorgeschichte, etwa zu den sogenannten Jugendsünden, sondern bis in die Vorgeschichte der bürgerlichen Klasse. Dorthin, wo Normverletzung und ihre Bestrafung bei weitem nicht so mittelbar verübt wurden wie in der Gegenwart. Offener und handgreiflicher also, Aug in Aug, auch unverzüglicher als es im 19. und 20. Jahrhundert geschieht über den papierenen Zwischenhandel von Gerichtsakten, Kontobüchern, Aktien, Zeitungen. Kurz, was den Schwankheld als atavistisches Schreckbild in Bann hält, ist der Pranger. In einer nicht nur redensartlichen, vielmehr leibhaftig durchzustehenden Buchstäblichkeit.

Sozialer Alptraum vom Pranger

Der bürgerliche Strafvollzug hat dieses Werkzeug im frühen 19. Jahrhundert endgültig eingezogen. Doch die bürgerliche Lebenspraxis im Schwank läßt erkennen, wie die Situation des Prangers alptraumhaft nachwirkt in allem, was der Held verzweifelt abzuwenden sucht. Labiche, Feydeau, Schönthan, Arnold, Bach und all die andern Schwankschreiber unterwerfen den Helden der gleichen Demütigung, die der angeprangerte Normbrecher früherer Jahrhunderte durchzustehen hatte. Die gesellschaftliche und persönlich psychische Lage dessen, der öffentlich an den Schandpfahl gefesselt wird, ist niederschmetternd. Man muß sie sich konkret ausmalen; heute, wo es derlei in gleicher Handgreiflichkeit nicht mehr gibt.

Wer am Pranger steht, ist gewaltsam aus der Gesellschaft ausgeschlossen. Aber nicht etwa eingelocht und verborgen im Kerker. Sondern ausgestellt und ausgesetzt an hervorragender Stelle den Blicken und Schmähungen der Öffentlichkeit. Das Stockeisen nötigt ihn zu reglosem Hinnehmen. Anders als in üblichen Lebenslagen kann er den Angriffen weder ausweichen noch begegnen. Seine Rolle als dingfest gemachter Einzelner, der Unrecht regelrecht verkörpert, schärft ihm ein, daß ers mit keinem gleichgewichtigen Einzelgegner zu tun hat, vielmehr mit der gesamten Gesellschaft, die korporativ und rechtskräftig ihn verpönt. Daß er aus seinem Alltagsmilieu herausgeschält ist, aus dem Umgang mit seinesgleichen, mit nächsten Menschen und Dingen, das macht ihn wehrlos und kraftlos. Was ihn sonst zutraulich umgeben hat, steht ihm jetzt kalt gegenüber. Solche Prangersituation wird im Schwank teils verinnerlicht, teils metaphorisch übersetzt, teils sinnfällig ausgespielt.

Verinnerlicht kommt sie in der Furcht vor moralischer, letztlich geschäftlicher Isolation zum Zug. Metaphorisch kommt sie im winzigen Bewegungsraum des Helden zum Zug. Wie er sich abmüht, der öffentlichen Ächtung vorzubeugen, hat sie ihn schon in den Fängen: indem er stumpf ihre Regeln und Strafen hinnimmt; und indem er, um ihr zu entgehen, sich grad so verhält, als sei er schon angekettet. So steht er bereits am Pranger, noch eh der ihn hat. Seine Abwehrbewegungen sind beschränkt aufs Kopfsenken, Weggucken, Augenschließen. Zweifellos gewinnt der Schwank seine höchste Schlagkraft dort, wo er die Prangersituation sinnfällig ausspielt. Dort bringt er sie erst voll zur Geltung durchs gleichfalls atavistisch vorbürgerliche Moment des Büßerhemds. Denn der Schwank nimmt die öffentliche Bloßstellung so scharf beim Wort, daß er den Helden auch körperlich entblößt. Das geschieht beim Eklat des zweiten Aktfinales. Nicht nur an ungehörigem Ort, in ungehöriger Gesellschaft, bei ungehörigem Treiben erwischts da den Helden. Es erwischt ihn auch noch in ungehöriger Kleidung. Zwar ist er mehr oder minder unschuldig, weil er entweder noch zu nichts kam oder weil er unabsichtlich in die zweifelhafte Lage geriet. Doch dem augenblicklichen Entsetzen, bei ihm und den andern, tut das keinen Abbruch. Dabei geht die Bloßstellung nicht so weit, daß sie ihn nackt präsentiert. Sie geht weiter. Sie präsentiert ihn in Unterhosen.

Herrn Dobermann in der *Vertagten Nacht* ertappen Frau und Tochter in fremder Umarmung und Unterkleidern, nachdem sie eben erst seinen harmlosen Schwiegersohn in gleicher Situation ertappt haben. In *Hurra – ein Junge!* macht das ausgewachsene Corpus delicti, der verheimlichte vierzigjährige Adoptivsohn des dreißigjährigen Professors, den Skandal erst augenscheinlich, als er der ehrsamen Familie im Strampelhöschen, kostümiert für den Babyball, gegenübertritt. Im *Raub der Sabinerinnen* besiegelt buchstäbliche Enthüllung, was den Damen des Hauses jetzt erst aufgeht. Striese, aus der durchgefallenen Premiere flüchtend, läßt gedankenlos den Mantel fallen und steht da im Kostüm des Römerkönigs: »Fleischfarbene Trikots, weiße Tunika mit Gürtel, nackte Arme, an den Füßen Straßenstiefel.« In Labiches *Chapeau* stolpert die halbe Hochzeitsgesellschaft, fehlgeleitet im fremden Haus, über den alten Hahnrei, der, im Nachthemd, seine Füße badet. Vollends Feydeau läßt in beinah jedem zweiten Stück den Helden – halbnackt – in unpassenden Zimmern, im Treppenhaus oder gar auf der Straße böses Aufsehen erregen. Und nirgends verfährt dieser geniale Situationsingenieur so spitzfindig wie gerade hier, wenn es gilt, jemanden durch zufällige Vorfälle von seiner reputierlichen Kleidung zu trennen, ihm alle erdenklichen Notausgänge zu verstopfen und der entrüsteten Umwelt preiszugeben.

Besonders arg wird Ferdinand de Bois d'Enghien mitgenommen, der Held von *Un fil à la patte* (deutsch: *Ein Klotz am*

Bein). Zum zweiten Aktfinale bringt ihn seine eifersüchtige, klettenhafte Geliebte Lucette in eine verzweifelte Lage. Bei seinem eigenen Hochzeitsfest, wo sie, ohne daß ers wußte, als Sängerin auftreten soll, lockt sie mit hinterlistigen Tricks erst ihn ins Hemd und zu sich aufs Sofa, dann die gesamte Gästeschar ins Zimmer. Skandal. Die Verbindung mit der begüterten Baronesse platzt. Nicht genug damit. Nachdem Bois völlig geschlagen nachhaus gewankt ist und sich ausgekleidet hat, um sich ins Bett zu verkriechen, sucht ihn Lucette nochmals heim. Beim streitbaren Hin und Her fliegt ihm die Wohnungstür vor der Nase zu. Halbnackt im Treppenhaus bleibt ihm nichts als ein Spielzeugrevolver, mit dem ihm Lucette eben noch eine Selbstmordszene vorgemimt hat. Damit kann er sich, fürs erste, des lästigen Buchhalters Bouzin erwehren und den auch noch zu seinem Ersatzmann am Pranger machen. Denn im Treppenhaus wimmelt es von feierlichen Gästen, die eine Hochzeit im obersten Stockwerk besuchen.

Bouzin (lacht): Was machen Sie denn in Unterhosen auf der Treppe?

Bois (grimmig): Was werde ich schon machen – ich freue mich meines Lebens.

Bouzin: Hä, Hä – lustig!

Bois (wütend): Finden Sie? Für Sie vielleicht – Sie sind ja angezogen. (läßt sich auf die Bank fallen, setzt sich dabei auf den Revolver) Oh! (sieht den Revolver) Oh – das ist eine Idee! (er nimmt den Revolver, versteckt ihn auf dem Rücken – geht zu Bouzin und sagt sehr freundlich) Bouzin!

Bouzin (lächelt im ins Gesicht): Monsieur Bois?

Bois: Sie könnten mir einen großen Gefallen tun.

Bouzin: Ich?

Bois (immer noch liebenswürdig): Geben Sie mir Ihre Hose!

Bouzin (lacht): Sie sind verrückt!

Bois (ändert den Ton und geht einen Schritt auf Bouzin zu): Oh ja – das bin ich. Sie sagen es: ich bin verrückt. Geben Sie mir Ihre Hose! (er richtet den Revolver auf Bouzin)

Bouzin (entsetzt): Oh, mein Gott, Monsieur Bois, ich flehe Sie an!

Bois: Schnell! Ihre Hose! Oder ich schieße!

Bouzin: Ja, Monsieur Bois. (entsetzt beginnt er, ans Treppengeländer gelehnt, seine Hose auszuziehen) Mein Gott, was für eine fürchterliche Situation! Ohne Hose, auf der Treppe, in einem fremden Haus. (124)

Ob nun auf der Straße, ob im öffentlich zugänglichen Treppenhaus, oder ob – sehr viel häufiger noch – in einem vertraulichen Zimmer mit Bett, wo die andern unversehens hereinstürzen: die lächerliche Pein des fast, nicht ganz nackten bürgerlichen Abenteurers zahlt sich doppelt aus. Erstens bescheinigt sie ihm, vor Zeugen, daß es sein Schicksal ist, halbe Sache nur zu machen oder doch auf halbem Weg sich zu verrennen. Zweitens sind männliche Dessous, namentlich die der Gründerjahre, alles andere als präsentabel: von Sockenhaltern über lange Unterhosen bis zu Hosenträgern, Ärmelgummis und Chemisetten. In solchem Aufzug von Unberufenen angetroffen, muß auch der Argloseste zusammenschrumpfen. Zu Recht oder zu Unrecht, das Büßerhemd macht ihn zum Büßer. Genau wie der Delinquent am Schandpfahl ist er hilflos, weil gesellschaftlich gehäutet. Ohne den verbürgt verbürgenden Habit fehlt ihm auch das habituelle Gebaren, mit seinesgleichen von gleich zu gleich zu verkehren. Sogar sein persönliches Gepräge, das nicht davon abzuhängen schien, ist mit der verordneten Garderobe geschwunden. Der da halbnackt erstarrt unterm jappenden Hohn und Schimpf ringsum, wird zum jämmerlichen Nichts – bis er, nach geziemendem Pausenintervall, sich erneut berappeln darf.

Daß es vorzugsweise Männer trifft, versteht sich aus ihrer Vorzugsrolle als Held auf der Bühne und als Zielpunkt im Publikum. Freilich ist, wo ein halbnackter Mann im Schwank Entrüstung auf sich zieht, eine halbnackte Frau in absehbarer Nähe. Nur, sie gerät nicht in die Situation des Prangers. Ist es, bei Feydeau, eine Gattin auf dem Rachekriegspfad, kommt sie zwar dem Theaterpublikum in Sicht, nicht aber der Öffentlichkeit innerhalb des Stücks. Und ist es eine Halbweltdame, so verliert sie keinen Ruf, sondern sie festigt ihn. Denn wer von Blößen lebt und daraus besteht, erübrigt, daß man ihn strafend bloßstelle. Trotzdem tritt, wenn der Schwank Frauen enthüllt, mehr zutag als bloßes Fleisch. Nämlich das, was man in jener Gesellschaftsschicht, die sich auf der Bühne tummelt, daraus macht.

Fassadenkunststücke

Frauenfiguren im Schwank entsprechen bis weit nach dem Ersten Weltkrieg den Modellen des späten 19. Jahrhunderts. Mißachtet wird, daß alsbald Jugendstil und Reformkleid, Rohkost, Kneippkuren und Sport den weiblichen Körper in die Länge und ins Freie gezogen haben. Allenfalls am Rand des Geschehens, ohne recht bei der Sache zu sein, billigt der Schwank

Abb. 21 *Ein Klotz am Bein* von Georges Feydeau. Szenenfoto aus der
Aufführung des Berliner Schillertheaters, 1974 (Foto Güldemeister)

jüngeren Mädchen auch schwebende oder flottforsche Gestalten zu. Aber die werden als unerheblich erachtet und kaum je
entblößt. Allgemein gelten die überkommenen Richtmaße: üppig und stattlich. Es sind die architektonischen Prachtprinzipien
der Gründerjahre, die sich nicht nur in Fleisch, sondern auch in
Stein und Stahl-Eisen-Konstruktionen bewähren, vom Bis-
marckturm bis zum Kristallpalast.

Üppig ist, was die vollwertige Frau an sich hat, aber öffentlich
nur ahnen läßt. Unausgesprochen soll sie dafür gehalten werden
dürfen. Stattlich dagegen bringt sie sich im Salon zur Geltung.
Stattlich ist das, was mit Erfolgsgespür, technischen Vorrichtungen und Selbstbeherrschung dem üppigen Fleisch abgetrotzt
ist. Plastischer Umriß, Haltung, Bewegung, Gebärde, auch
Duft noch und das Rascheln der streifenden Gewänder: dies
und noch mehr, in selbstbewußtem, aber unaufdringlichem
Einsatz, macht das gut gestellte Gegenstück zum mittelständischen Schwankhelden zur Frau von Format. Dergestalt erweist
sie sich als eine würdige, nein, würdigere Partnerin des
Schwankhelden. Die bürgerlichen Regeln von Solidität, die

diese Partnerin Schwank um Schwank beim Gatten siegreich einklagt, bestimmen die eigene körperlich-kosmetische Herrichtung schon aus Selbstschutz. Wie bei dem großen Haus, das die Dame führt und bewohnt, ist der Schein lebenswichtig, die stattliche Fassade halte, was sie verspricht: den gediegenen Bau auf gediegenem Grund. Darum wuchert die Schwankfrau nicht mit ihrem Fleisch. Sie legt es sicher und gezielt an. Ist sie hingegen schwächer ausgestattet, so weiß sie es unauffällig durch geschickte Anleihen auszugleichen.

Just dieses Fassadenprinzip ziehen die Situationen der Bloßstellung, sofern sie seriöse Frauen betreffen, in Mitleidenschaft. Das geschieht bei der fremdgängerischen Madame Beaupertuis im Wald *(Chapeau de paille d'Italie)*, während die Ehefrauen Chanal *(La main passe)* und Vatelin *(Le dindon)* in privaten beziehungsweise öffentlichen Liebesnestern aufgestöbert werden. Die Dame von Format in Unterkleid und Verlegenheit: das gibt zwar kein ganz so jämmerliches – auch kein so zentral gebrandmarktes – Bild ab wie der feine, voluntative Wollüstling, der sich in seinen Hosenträgern verfängt. Zumal weder die Dame noch ihr Dress fürs momentane Scheitern einstehen müssen. Gleichwohl ist der Schaden groß. Unversehens fällt da ein nachträglich ernüchternder Blick in die streng geheime Werkstatt des liebeskrämerischen Goldenen Schnitts.

Umgeben von allerlei hilfreichen, aber unliebenswürdigen Apparaturen, die Rumpf und Haupt nicht nur ins genormte Maß bringen, sondern auch noch Lust wecken sollen beim Bewunderer: die reputierliche Dame, in solcher Verfassung von unverhofftem Licht getroffen, ist hilfloser dran, als wenn sie nackt wäre. Ihr Inflagranti ist, zum höhnischen Überfluß, auch noch garniert mit Indizien, deren es gar nicht bedurft hätte. Mit einem Schlag kommt zum Vorschein, was nicht nur für dieses Opfer gilt, sondern für die meisten Frauen ihrer Zeit und Klasse: der Zwang samt seinen Werkzeugen, ein mangelhaftes Sein zum erotisch marktgängigen Schein zurechtzubiegen; die unzulänglichen Mittel, die der unzulänglichen Natur aufhelfen sollen, eine nachgefragte, veräußerbare Form zu gewinnen; die heillosen Bedingungen einer besitzbürgerlichen Fassade, die doch gerade unbedingten Stolz ausdrücken soll.

In dieser, aber nur in dieser Hinsicht ist die aufgestöberte derangierte Dame verwundbarer als das eigentliche Objekt des szenischen Prangers, der Mann. Denn jede weitere Szene zeigt sie und ihre sozial gleichgestellten Geschlechtsgefährtinnen wieder im Besitz der allgemeinen Anerkennung. Wohingegen am Unterhosenhelden auch im Frack noch längerer Makel klebt. Denn seine ungewollte Entblößung ist Privatpech. Der Schwankschluß dämpft es zwar zu geschäftlicher Folgenlosigkeit. Doch dem kürzlich Erwischten hängt vorläufig weiter an, daß er persönlich außerstande war, die geltenden Normen wenigstens so zu brechen, daß sie unverletzt erscheinen. Anders stehts mit der Entblößung der Frau. Hurtig muß der Schwank darüber hinwegspielen, weil sie verräterischen Einblick gab ins grundsätzliche Getriebe des gesamten Mittelstandskreises: in die Welt der Scheinheiligkeit. Diese Wunde ist schleunigst zu schließen, weil nicht nur die eine bestimmte Heldin, sondern alle daraus bluten müßten.

Solche Gefahr wehrt der Schwank auch dadurch ab, daß er die Situation der entblößten Stattlichen in eine abstraktere komödiantische Dimension verlagert. Das heißt, er übersteigert die vergeblichen Anstrengungen des Liebhabers beim Angriff auf die kosmetisch befestigte Frau ins Maßlose. Mithin so, daß hier nicht länger im weiblichen das allgemeingültige Fassadeprinzip erschüttert wird. Daher rückt eine nichts als juxige Situationsdialektik in den Vordergrund: wie da eine übergabebereite weibliche Festung sich und dem Feind die erstrebte Eroberung durch eben die Überbewaffnung verwehrt, mit der sie ihn auf sich gelenkt hat.

Zum Lachen? Zum Lachen!

Fragen wir abschließend noch einmal nach der Art und möglichen Wirkung der eigentümlichen Schwankkomik. Warum und worüber wird gelacht, wenn da immerhin tiefsitzende Ängste des spätbürgerlichen Einzel- und Zusammenlebens Ereignis werden? Und wenn nichts als Vergeblichkeitsaktionen ablaufen?

Es sieht ganz danach aus, als verschaffe der Schwank dem Publikum Gelegenheit, über sich selbst zu lachen, ohne daß es schmerzt. Der Schwankheld, der nichts auszurichten hat, wird in Lagen versetzt, die ihm über den Kopf wachsen. Dafür kann er nichts. So wenig wie der oder jener im Publikum. Der Schwankheld übernimmt sich: in Mut, Potenz, unerlaubtem Verhalten. Losgelassen in überstürzender Situationskomik, schlagen die Umstände über ihm zusammen und scheuchen ihn zurück in die Ausgangslage. Dafür kann er nichts. So wenig wie der oder jener im Publikum. Die Umstände strafen ihn, aber

nicht zu hart. Und er bereut, aber nicht so sehr, daß ers beim
nächsten Mal nicht wieder riskieren würde. Wo der Schwankheld alptraumhaft zu leiden hat – am Pranger kurzfristiger Entblößung –, geschiehts auf eine Weise, die beiden Geschlechterfronten im Publikum entgegenkommt; denen, die ihm wohlwollen, und denen, die finden, es geschehe ihm recht.

Seine Regungen und Widerfährnisse, weil dem mittelständischen und kleinbürgerlichen Spielraum des späten 19. Jahrhunderts verhaftet, sind die des Publikums. Doch die mechanische
Rotation der Dramaturgie überdreht sie derart, daß die Zuschauer beides auf einmal können: sich einfühlen und Abstand
nehmen. Sie bangen zwar mit dem Helden, weil er ihre eigenen
Lüste und Ängste auslebt. Doch sie leiden nicht mit ihm, weil
das Ausmaß seiner Lüste und Ängste so fratzenhaft erscheint,
daß man gern glaubt, lachend sich davon lösen zu können. Das
abweichende Ausmaß verleitet die Leute im Parkett zum selbst-
schützenden Trugschluß, dann, wenns am ärgsten hergeht,
handle es sich um eine andere Welt. Das schadenfrohe Gelächter ballert dabei über die eigenen Schäden hinweg.

Von der Posse zum Schwank
Posse und Schwank sind unverkennbar zweierlei. Der beträchtliche Abstand der beiden Gattungen – in Thematik, Machart,
Weltbild – gibt den Abstand derer zu erkennen, von denen sie
handeln und denen zuliebe sie gespielt werden. Beidemal ist es
die bürgerliche Mittelschicht; nur eben das eine Mal auf der
geschichtlichen Stufe vor und nach 1848, das andre Mal auf der
geschichtlichen Stufe seit den Gründerjahren. Das unverwechselbare, überschauliche Ortsmilieu der Kleingewerbetreibenden, die einander kennen und vertrauen, läßt sich nicht länger
glaubhaft als Bollwerk heraufbeschwören gegen Anonymität
und Gleichmacherei. Beides hat sich inzwischen mit dem erfolgreichen Industriekapitalismus durchgesetzt. Die sich einst
dagegen verwahrten, schicken sich drein.

Die Dramaturgie des Schwanks bekräftigt diesen Zustand.
Die dramatische Handlung, in der Posse nur Mittel, um das
eigenartige Milieu zu entfalten, ist hier eigengewichtiger Selbst-
zweck. Mensch und Ding, sozialer Raum und geschichtliche
Zeit sind ihr eingepaßt und untergeordnet. Wo alles darauf
abzielt, daß die Handlung planvoll und reibungslos abläuft; daß
sie streng nach Spannungskalkül beschleunigt und gebremst, auf
Höhepunkte und in Tiefpunkte gesteuert wird: da muß jegli-

ches, was sie vereinnahmt, standardisiert sein. So lassen sich von Schwank zu Schwank die Personen ebenso leicht austauschen wie die Wohnzimmer oder Absteigehotels, in denen sie sich ergehen. Es sind die immergleichen seitensprungsüchtigen Ehemänner; die immergleichen moralbesessenen ältlichen und liebesrachedürstigen jungen Ehefrauen; die immergleichen zimperlichen Töchter aus gutem Haus; die immergleichen ahnungslosen Dritten, die von außen in die innerfamiliären Zwiste geraten und noch mehr Verwirrung stiften.

Hier bleibt kein Raum für einen raunzenden Winkelagenten Schnoferl, einen durchtriebenen Schnorrer Datterich, einen selbstverliebt geschwätzigen Rentier Hampelmann, einen übersprudelnden Projektemacher Bullrich, mit deren eigenwilligem Gebaren die jeweilige Posse steht und fällt. Schon ihre sperrige Persönlichkeit würde den mechanischen Hergang des Schwanks behindern. Erst recht ihre Veranlagung, räsonierend zu bedenken, was sie umgibt, widersetzt sich ganz entschieden einem Geschehen, das sämtliche Beteiligte als hilflose Objekte durch eine Serie unbegriffener Situationen jagt. Alles, was den Possenpersonen Sicherheit verleiht – nachbarschaftlicher Umgang, heimische Mundart, eigenverantwortete Einrichtungen wie die Bürgerwache –, fehlt den Schwankpersonen oder tritt ihnen fremd und unzugänglich gegenüber.

Wenn der lokale Handlungsraum zum innerfamiliären zusammenschnurrt, bedeutet das zugleich eine Entpolitisierung. Das stolze Bedürfnis, wenigstens im kommunalen Bereich die eigenen Geschicke selbst in die Hand zu nehmen, ist im Schwank dahin oder buchstäblich gegenstandslos geworden. Bei Malss und Nestroy, Kalisch und Pohl wird die bürgerliche Lebenshaltung zwar komisch angekratzt, doch grundsätzlich steht sie außer Frage. Sie verkörpert sich nicht nur in den gravitätischen Vater- und Meistergestalten wie Zangler, Bürger-Capitain, Metzgermeister Knippelius, die am End den jungen Paaren den Segen geben. Sie verkörpern sich auch in den beweglichen, kecken Gestalten der jungen Generation, wie etwa Pohls Portier Lietze und seiner Putzmacherin Rosalie oder Kalischs Jude Isaac Stern oder Malss' Dichter Splitt, die mit Beharrlichkeit und Witz die erstarrten Konventionen des Milieus unterlaufen, um seine wahren Werte freizulegen. Nirgends geraten diese alten und jungen Possenhelden in ähnlich ohnmächtige und demütigende Lagen wie die gestandenen Bürger im Schwank.

Das zeigt sich zumal am Hauptmotor des Schwanks, der niedergehaltenen, aufbegehrenden und krampfhaft umstrittenen Sexualität, die zu den unentwegt durchlittenen Bloßstellungskämpfen führt. Erotik spielt in der Posse eine eher unbefangene, dabei bürgerlich sittsame Rolle. Allenfalls dann muß sie das Licht der Öffentlichkeit scheuen, wenn der Verbindung eines Liebespaars wirtschaftliche Hürden oder soziale Vorurteile im Weg stehen. So rührt sich Possenerotik in biedermeierlichem Moderato. Sie dient dem Fortbestand des kleinbürgerlichen Milieus. Demgemäß gibt sie sich in der Regel inchoativ. Das heißt, es soll erst zu etwas kommen, in allen Ehren. Erotik soll zur Familiengründung führen. Drum beschert fast jeder Possenschluß dem Publikum mehrere junge Paare, die artig in den Startlöchern zu einer rechtmäßigen Fortpflanzung hocken. Die restlose Sexualisierung der Erotik im Schwank hingegen gibt sich nicht inchoativ, sonder resultativ. Gleichgültigkeit, Langeweile, Verdruß innerhalb der Ehe bewirken lächerlich unbeholfene Ausbrüche. Drinnen ist nichts mehr zu holen. Also versucht mans auswärts und robbt dann, unverrichteter Dinge, schließlich doch wieder in den Familienschoß zurück.

Die Sexualisierung im Schwank trifft sich mit der Verplanung und Funktionalisierung der dramatischen Personen im mechanischen Ablauf des Geschehens. Beidemale macht sich Automatik geltend. Die Schwankhelden verhalten sich gegenüber sexuellen Reizen – verlockende Frauen oder lediglich Parfums und Seidenstrümpfe oder gar nur der Name eines verruchten Nachtlokals – wie die Pawlowschen Hunde, denen pünktlich aufs Glockenzeichen hin das Wasser im Mund zusammenläuft. Sie sind Marionetten ihrer abgeklemmten Triebe, wie sie, gleichermaßen, Marionetten der geltenden Moralanschauungen sind. Persönliche Selbstbestimmung geht ihnen ab, die für die Posse eben im charakteristischen Einvernehmen von Mensch und Umwelt begründet liegt. Den inneren und äußeren Widerstand jener Gattung gegen allgemeine Einebnung und Vereinnahmung durch unkontrollierte Mächte hat der Schwank aufgegeben. Er verzeichnet und karikiert nur die Auswirkungen der neuen Verkehrsformen: in seinem Bühnengeschehen, aber auch in seiner eigenen konfektionierten Machart.

Musikalisches Lachtheater:
Unterschied zur ›Posse mit Gesang‹

Die Operette bringt einen weiteren Bereich szenisch-dramatischer Künste ins Spiel: Musik als Äußerung handelnder Menschen auf der Bühne. Operettenpersonen singen nicht einfach vor sich hin, sie singen einander an. Singend geben sie Aufschluß darüber, was in ihnen vorgeht und wie sie teilnehmen am dramatischen Geschehen. Nur dann, wenn sie musikalisch aus sich herausgehen, sind sie und die Welt, in der sie sich bewegen, ganz sie selbst. Noch so viele gesprochene Szenen der Operette reichen an die gesungenen Szenen nicht heran. Ihre oft spannungsarmen Rededialoge können den Witz so wenig wie den Rausch der musikalischen Äußerungen irgend einholen.

Auch die Posse, wie oben schon angemerkt, setzt Musik ein. Couplets: worin der Einzelne, Strophe für Strophe, witzige Gedanken vorbringt zu allgemeinen Verhältnissen – am eigenen Ort oder in der weiten Welt. Quodlibets: worin Mehrere miteinander, auf umgetextete allgeläufige Melodien, ihre Auseinandersetzungen musikalisch erläutern. Anfangs- und Schlußchöre: worin alle Anwesenden, gruppiert als singendes Tableau, gleichsam die vielkehlige Schlagzeile formulieren zu dem, was alsogleich geschehen wird oder was soeben geschehen ist. So tragen Angélys, Nestroys, Kalischs und Pohls einschlägige Stücke die Gattungsbezeichnung ›Posse mit Gesang‹.

Nur, was und wie da gesungen wird, nimmt sich anders aus und hat anderes zu vollbringen als in der Operette. Für die Posse sind die Musiknummern nur vereinzelte Einschübe in einen sprach- und sprechbestimmten Raum: eben ins charakteristische Ortsmilieu, das sich mundartlich verlautbart. Wo prosaisches Alltagsleben schon den Vers als andersartig von sich absetzt, wirken sie wie gezielte Fremdkörper. Bezeichnenderweise ziehen die Couplets, als uneigentliche Äußerung, regelmäßig eine zusätzliche Rede mit sich, die das Gesungene in die gängige Umgangssprache übersetzt. Aber auch der musikalische Eigenanspruch der Possengesänge ist gering. Meist sind es anderweitig bekannte Melodien – einfach gesetzt für Schauspielerstimmen –, die nur dazu da sind, die Schlagkraft der Verse zu steigern, auf daß sie womöglich im Alltag der Zuschauer die Runde machen. Possengesänge dienen als unmittelbare Mitteilungen von der Bühne ans Parkett. Im Couplet richtet sich der

Spieler, mehr oder minder deutlich aus der Rolle tretend, ans Publikum und nicht an seine szenische Umwelt. Ebenso stehts mit Quodlibet und Chor. Auch da wendet sich die Spielergruppe nicht zueinander, sondern frontal über die Rampe zum Publikum. Die Musiknummern der Posse sind also weniger innerdramatische als publizistische Äußerungen.

Die Operette hingegen – nach dem Vorbild der Oper – läßt Singstimmen sowie Orchesterpart genau das mitteilen, was sich zwischen und in den handelnden Personen abspielt. Deren eigentlicher Umgang vollzieht sich in musikalischer Sprache. Musik ist hier kein Zusatz wie bei der ›Posse *mit* Gesang‹. Sie ist Voraussetzung dafür, daß der besondere Spielraum der Operette überhaupt entsteht. Musik schafft den Rahmen und die Grundlage dessen, was auf der Bühne geschieht. Man merkt es an dem beträchtlichen Gewicht, das zumal den Introduktionsszenen und den weit ausgebauten Finali zukommt. Also genau jenen umgreifenden musikdramatischen Grenzbezirken der einzelnen Akte wie des ganzen Stücks, die das Geschehen anreißen und zum Nonplusultra treiben; und die solchermaßen das Publikum dem strikt unalltäglichen Geschehen akklimatisieren. Unverkennbar also versetzt die Operette, wenn sie gerade nicht singen und tanzen läßt, Sprechszenen in eine durchaus musikalisch geprägte Äußerungswelt und nicht umgekehrt. Stutzt man oder tilgt man gar der Operette die Musik – was die Posse einigermaßen verträge –, dann ergibts bestenfalls einen dramatisch erschlafften Schwank.

Gegenpol zum Schwank

Die Operette ist aber nichts weniger als vertonter Schwank. Sie ist sogar so etwas wie sein Gegenpol. Das mag zunächst verwundern, weil es allerlei auffällige Berührungen und Entsprechungen zwischen den beiden Gattungen gibt. So durchlaufen sie die gleiche geschichtliche Spanne: ungefähr von Labiches frühstem Erfolgsschwank *Le Chapeau de paille d'Italie* (1852) bis zu Arnolds und Bachs *Weekend im Paradies* (1928); von Offenbachs erster abendfüllender Operette *Orphée* (1858) bis zu Künnekes *Glückliche Reise* (1932). Ferner gehen etliche, sogar besonders gelungene Operettenlibretti auf Schwänke zurück. Beispielsweise Strauß' *Fledermaus* auf *Le réveillon* von Meilhac und Halévy; Heubergers *Opernball* auf *Die rosa Dominos* von Delacour und Hennequin; Lehárs *Lustige Witwe* auf *Der Gesandtschaftsattaché* von Meilhac; und Lehárs *Cloclo* auf

Der Schrei nach dem Kinde von Engel und Horst. Und umgekehrt ist es gerade die verwirrende Operettensphäre, die manchen Schwankheld auf Abwege verlockt. Ebenso offensichtlich sind gemeinsame thematische Schwerpunkte, die auf wache oder halbwache Wünsche und Ängste der zeitgenössischen Mittelständler zurückgehen: erotische und geldliche Vermögenszwiste, die sich namentlich in der Seitenspringerei zuspitzen.

Dennoch, was die Operette zur gleichen Zeit aus dem gleichen Erfahrungsstoff macht, widerstrebt als Werk wie auch als Publikumsimpuls dem szenischen Weltbild des Schwanks. Auch sie regelt die dramatischen Abläufe planvoll und streng: doch was dabei herauskommt, ist kein Zwangsmechanismus für die Betroffenen, sondern eine schöne Bescherung. Auch sie schleudert die Personen in ein unberechenbares Geschehen: doch sie gehen nicht verstört, sondern beflügelt daraus hervor. Auch sie zwingt ihnen mitunter strapaziöses Vergeblichkeitsgefuchtel auf: doch die Personen erschöpfen sich nicht darin, sie schöpfen nur desto keckeren Hoffnungsschwung. In ihrer ganzen Veranlagung widerstrebt die Operette dem Schwank. Sie kann sich nicht abfinden mit dem, was sie gesellschaftlich vorfindet. Ihr fehlt die nüchterne Teilnahmslosigkeit, den äußeren und inneren Status quo einer zukunftslosen Mittelschicht nur noch karikierend zu bekräftigen. Die Operette rüttelt daran. Teils satirisch, teils ironisch, teils anarchisch. Satirisch angriffslustig geht sie vor, wenn sie auftrumpfenden Machtträgern – Personen wie Institutionen – mit dem Imponiergehabe zugleich den öffentlichen Anspruch untergräbt. Das reicht vom gefährlich selbstverständlichen Militarismus (General Boum in Offenbachs *Grande-Duchesse de Gérolstein*) bis zum leerlaufenden Zeremoniell überholter Rechtsprechung (Verlöbnisprozeß in Sullivans *Trial by Jury*); von lebensbedrohender Unfähigkeit ausgelaugter Dynasten (der Bourbonenkönig in Falls *Madame Pompadour*) bis zur Verquickung skrupellosen Geschäftsgebarens mit Wagnerianerei beim Wilhelminischen Großbürgertum (die Ehe- und Finanzraufereien in Oskar Straus' *Die lustigen Nibelungen*). Ironisch und selbstironisch geht die Operette vor, wenn sie die Werte, die sie eifrig verficht, aber auch die eigene Dramaturgie, die eben diese Werte szenisch in Umlauf setzt, dem Gelächter preisgibt. Ihre eigenen Werte läßt sie beispielsweise dort belachen, wo sie die sonst so geschürte, hoch auflodernde Liebesleidenschaft – biologisch und gesellschaftlich kurz gehalten – auf kleinen Flämmchen zischeln läßt zwischen zwangsverehelichten Fürstenkindern: so in den beiden ersten Akten von Lecocqs *Le petit duc.* Und ihre eigene Dramaturgie läßt sie beispielsweise dort belachen, wo die aberwitzige Zufallskonstruktion des allemal glatt aufgehenden dramatischen Geschehens in listig verwirrten Ensemblenummern zugleich vollzogen, thematisiert und infrage gestellt wird: so im kunstvoll verhaspelten Madrigal aus Sullivans *Gondoliers,* im begriffsstutzig auftrumpfenden Erkennungsseptett aus Künnekes *Vetter aus Dingsda,* im irrläufig stolpernden Bilanzquartett aus Yvains *Chanson Gitane.*

Vor allem aber geht die Operette rauschhaft anarchisch vor, wenn sie verzückte und groteske Turbulenzen, die nur der Traum sonst gewährt, in unentwegten Sing- und Tanzkapriolen entfesselt; wenn sie tolle und zärtliche Energien just bei denen wiederbelebt, die – als Einzelne wie als Klasse – vermeinen, längst allen verwegenen Nichtsnutz hinter sich zu haben; wenn sie die grau-in-graue Buchhalterei des verhockten bürgerlichen Alltags mit unbändigen Farben, Klängen, Rhythmen durcheinanderbringt. Darauf ist diese Gattung aus. Dem zynischen, ausgenüchterten Schwank erwidert sie ein ungestümes: Jetzt gehts los! Oder, laut Offenbachs Can-Can-Losung: »Feu partout, / feu partout, / lâchez tout / feu partout, / Qu'on s'élance / que l'on danse!« (*La vie parisienne*). Daß solches Ungestüm gar nicht einfältig und ungebrochen daherkommt, werden wir sehen.

Vertracktes Spiel mit dem Glück
Diese Operette mag von diesen Leuten, jene Operette von jenen Leuten handeln. Alle Operetten aber handeln vom sinnlichen Glück. Vom Glück, das die Sinne befällt und dem sie verfallen sind. Kein Sinn soll darben müssen. Die Augen weiden sich an glitzernden Lüstern und Perlenketten, an schaukelndem Hell–Dunkel, an wirbelnden Farbkarussells. Den Ohren gehen schmeichelnde Melodien und fordernde Rhythmen ein, die den ganzen Körper durchdringen, bis sie sich motorisch wiederum nach außen entladen. Duft von Puder und Parfums, von köstlichen Speisen und vom Pulverdampf hochzischenden Feuerwerks erobert die Nasen. Fingerkuppen und Fußspitzen ertasten den Stoffreiz von Seide und Samt, der weitere Leib folgt nach, taucht und versinkt in Tüllkaskaden. Getrunken wird, um trinkend den Rausch hochleben zu lassen. Und allenthalben, fort und fort wird geliebt. Nicht etwa, weil ein bestimmter

Abb. 22 *Die Dollarprinzessin* von Leo Fall. Titelblatt zum Klavierauszug, Entwurf von Othmar Fabro, 1907 (Foto Christ)

Partner, sondern weil Lieben die Liebe wert ist. Jammer, daß jener Mann nicht zu haben oder diese Frau davongegangen ist, wäre da abwegig. Mit derlei überschüssigem Jammer am Ende hat schließlich der späte Léhar die Operette erledigt. Letzter Hauch im *Land des Lächelns*: »... lächelnd trotz Weh und tausend Schmerzen / doch wie's da drin aussieht / geht niemand was an!« Léhar hat die Altersschwäche der Gattung besiegelt, als er sich aufs »Da drin«, auf die flache Tiefe kummersatter Seelen versteifte, statt bei der tiefen Oberfläche leibhaftiger Tollerei zu bleiben.

Operette wurde lächerlich, als sie nichts mehr zu lachen hatte. Das Auf und Ab ihrer Geschichte bis zur buchstäblichen Liquidation im Tränenrinnsal der endzwanziger Jahre zeigt überdeutlich: sie gedeiht nur unter der Devise, die Johann Strauß in schlendernden Dreivierteln einen Sopran verkünden läßt: »Ich liebe die Liebe / Ich lebe das Leben.« So macht sich diese Gattung alles, was die Sinne erfüllt, zu eigen. Nicht als äußeres Objekt, das in dieser oder jener einmaligen Verkörperung zu ergreifen wäre, sondern, laut Schulgrammatik, als inneres Objekt. Solchem inneren Objekt, hat man es grundsätzlich erfaßt, ist nur noch nachzukommen: die Liebe lieben, das Leben leben. Wer diese Operettenlosung beherzigt, tut es in einem doppelten Sinn, der den Gegensatz von Wunsch und Wirklichkeit, von Begehren und Ausführen, sogar von Subjekt und Objekt in schöner Illusion erlöschen läßt. Denn Liebe lieben, Leben leben, heißt beides auf einmal: sie vor sich zu haben und in sich zu haben; dorthin zu streben und schon dort zu sein. Gerade Lehár, eh er die pseudoernsten Innerlichkeiten seiner späten Zeit erklingen ließ, hat sich an diese ernsthaft unernste Auffassung vom inneren Objekt gehalten. Auch seine Personen lieben die Liebe, leben das Leben. Und: sie tanzen das Tanzen. Noch markanter womöglich als in seinen großen Bühnenstücken, von der *Lustigen Witwe* über *Zigeunerliebe* bis zu *Frasquita*, wo ausschwärmende vielköpfige und vielbeinige Ballsirenen, Csárdás-Scharen, Zigeunerbanden weite Räume durchtanzen, geschieht das in der vergleichsweise intimen Kammeroperette *Der Frühling*. Hier tanzt das Buffopaar im engen Stübchen an gegen die Wände, die sich öffnen müssen zum Frühling draußen. Vor allem aber, das Paar tanzt, geradezu demonstrativ, das Tanzen. (Nr. 3) Tonart, Tempo und Rhythmus wechselnd, springt es in elegantem Stolperschritt über aus dem Onestep in den Marsch des Refrains. Aus dem neuen in den fortdauernden alten Tanz, der denn auch im gesungenen Text die alte Devise des Johann Strauß bekräftigt: »O, ich bin so verliebt in die Liebe.«

Das innere Objekt soll nicht besessen und festgehalten, auch nicht nutzbringend verwertet und ausgeschlachtet sein. Es ist, nicht mehr und nicht weniger, im augenblicklichen Vollzug durchzukosten. Die sich im Sinn und im Namen der Operette auf der Bühne tummeln, sie hören das Hören, sie schauen das Schauen, sie spüren das Spüren, sie schmecken das Schmecken. Das ist ihr Glück.

Allerdings, es ist so einfach nicht zu haben. Obwohl Operetten das planmäßige Alltagsleben, mit dessen Stoff sie leichtfertig umspringen, aus der Bahn schleudern, wirft sich doch keine zu der szenischen Behauptung auf, jenes Glück sei jetzt eben ganz und gar zugegen. Was sie daran hindert, sind keinesfalls irgendwelche Wahrscheinlichkeitswünsche eines Publikums, das ohnehin den unscheinbaren Wahrscheinlichkeiten seines Alltags entrinnen will. Dies Publikum will vielmehr, daß auf der Bühne ständig was los ist. Gewiß scheut es den spannungslosen Eindruck singend/tanzender Menschen, die einen ganzen Theaterabend lang Glück haben. Und erst recht den verblassenden Eindruck singend/tanzender Menschen, die einen ganzen Theaterabend lang sich nach dem Glück verzehren, bis vor lauter Verzehr von ihnen selbst nichts mehr übrigbleibt.

Was aber dann? Wie die Operette mit diesen Unvereinbarkeiten fertig wird, grad darin liegt ein wichtiges Merkmal ihrer Gattung, das sie deutlich von andern Künsten abhebt. In ihrer Machart wie in ihrem verschmitzten Bild von der Welt. Die Operette vollführt, sozusagen in eckigem Rundtanz, eine Quadratur des Kreises. Sie schaffts, das Glück der Sinne heraufzubeschwören, ohne daß es ernsthaft standhalten müßte. Sie schaffts, die Ihren, die da singen und tanzen, vom Glück ergreifen zu lassen, ohne daß sie selber es hier und jetzt im Griff hätten. Das Glück ist da – als spürbarer Sog, in den es die Betroffenen reißt – und ist doch nicht verfügbar. Diese Spannung kann selbst beliebige Sujets und alberne Texte beschwingen, solang sie nur durch eine zwingend gestische Musik wieder und wieder aufgeladen werden. Es ist die Spannung zwischen unerfüllter Présence und erfüllter Absence. Ohne daß sie dauernd angesprochen würde, ist sie doch dauernd wirksam. Obendrein wird sie noch in ganz bestimmten Tanz- und Gesangsnummern ausdrücklich berufen. Immer dann, wenn wer das Hier aufs Dort, das Jetzt aufs kommende oder vergangene Einst einschwört. Das geschieht so häufig und beharrlich, daß es, vom Publikum wohl kaum eigens beachtet, zum selbstverständlichen Ausdruck operetteneigener Magie geworden ist.

Berückend saugt das Dort am Hier, das Einst am Jetzt. So öffnet sich von Mal zu Mal unerfüllte Gegenwart auf ein erfülltes Anderswo: wenn die Barkarole mit süchtigem Andante mosso »Komm in die Gondel« lagunenwärts lockt (J. Strauß, *Nacht in Venedig*); wenn aus einem Brief, ködernd zum Champagnerfest des Fürsten Orlowski, der Zofe Adele Polkatakte entgegenhüpfen und in die Beine fahren (J. Strauß, *Fledermaus*); wenn der geheimnisvolle Fremde der sizilianischen Gräfin Carlotta versichert »O daß ich doch der Räuber wäre!« und somit konditional eine Liebe entwirft, die indikativisch nimmer solchen abenteuerlichen Reiz hätte (Millöcker, *Gasparone*); wenn losstürzende Foxtrotts ermuntern und begeistern: »Komm mit / nach Madrid / denn Madrid ist ein Märchen!« oder »Komm mit nach Varašdin / solange noch die Rosen blühn!« (Künneke, *Lady Hamilton;* Kálmán, *Gräfin Mariza*). Die beiden letztgenannten Duette zeigen auf Anhieb, wie das abläuft. Die Orchesterstimmen beglaubigen, was die Singstimmen behaupten. Jetzt schon löst die Musik ein, was der Text vorerst nur verheißen kann, und was das tatsächlich eintreffende Geschehen bis auf weiteres vertagen wird. Klang und Takt schießen ein in die beiden Partner; in jenen, der lockt, wie in jenen, der sich locken läßt. Madrid, Varašdin: das Reizwort des Glücksorts fällt erst nach einem rhythmisch ausgereizten Doppelpunkt.

Indem die Duettierenden es singend und tanzend einholen, erst einer nach dem andern, dann beide mitsammen; und indem sie es, haben sies eingeholt, nur noch variierend umspielen: vereinnahmen sie für eine kurze, verzückte Weile im Reizwort schon das, was es doch nur benennt. Und damit sich der Überschwang nicht bricht am nüchternen Zweifel des Publikums, fängt Ironie ihn auf und dämpft ihn augenzwinkernd, ohne ihn doch ernsthaft zu entkräften. Besonders witzig geschieht das in Künnekes Duett. Während Lady Hamilton sich und ihn flammend am fernen Zielort ›Madrid‹ berauscht in weit ausgreifenden melodischen Bögen, unterläuft ihr Partner ›Madrid‹ mit komisch staccatierten Trippelschritten. Er steuert die Ironie bei, die als Ironie auch wiederum nicht allzu ernst genommen sein will. Melodisch zitiert er, obgleich saxophonbegleitet, die typischen Begleitschläge eines Banjospielers, der Rhythmus schafft statt Melodie. Und textlich assoziiert er, kunterbunt, alles zusammen, was dem Dutzendtouristen einfällt beim Stichwort »spanische Liebesglut«:

Augenblickliche Glücksverzückung erfaßt selbst abgebrühte Liebesroutiniers wie den verkleideten Offizier René, der sich beim Karneval in der Künstlerkneipe an eine Unbekannte herantanzt und ihr ein abgelegenes Liebesnest ausmalt: »Mein Prinzeßchen, / Du, ich weiß ein verschwiegenes Gäßchen« (Fall, *Madame Pompadour*). Die Frau, die er singend hier und jetzt einnimmt fürs glückliche Anderswo, ist unbekannterweise Madame Pompadour. Sie sucht, unbefriedigt vom König und vom höfischen Milieu, Abwechslung im allgemeinen Trubel. Das Duett führt nun vor, wie ein geübter Verführer sich einer geübten Verführerin nähert. Beide sind äußerlich und innerlich maskiert, bis dann die inneren Masken fallen und heftige Leidenschaft durchbricht. Alle bewährten Requisiten wirft René als Köder aus: vom »intimen Souper« bis zur »Wolke vorm Mond«. Lässig und zugleich drängend geschieht das – was von der Dame mit gut gespielter Verschämtheit aufgenommen wird.

Leo Fall und seine Librettisten Schanzer und Welisch entfachen die erotische Spannung im reizvollen Widerspiel von Text und Musik. Der Satzbau der lüsternen Verse – ein Satzglied läßt sich vom nächsten schmeichlerisch umschlingen – greift voraus, was leibhaftig am andern Ort erst noch einzulösen ist. Und die raffiniert verzögernden Walzerphrasen spreizen sich vorerst gegen den Satzfluß, um ihm dann nur desto willfähriger zu verfallen. Rhythmischer Vorhalt wird zu erotischem.

Wort sag' ich gleich Dir ich brech' es, denn es gibt ei - nen Eid, der es nicht ist ___, den zu bre - chen ein - fach Pflicht ist wenn kein Licht ist ___ ! Ein - mal

ER: Mein Prinzeßchen,
  Du, ich weiß ein verschwiegenes Gäßchen,
  und ein Häuschen, das reizend möbliert ist,
  wo ein Paar, wenn es sehr animiert ist,
  ungeniert ist!
SIE: Sieh mal einer!
  Du bist sehr unternehmend, mein Kleiner!
  Diese Keckheit mir das vorzuschlagen,

195

dies Betragen, könnt mich reizen,
Ja zu sagen.

ER: Ein intimes Souper, und ein Wein, ein recht schwerer,
nur ein kaltes Buffet, doch ein heißer Verehrer –
Ein entflammtes Herz,
ein galanter Scherz,
ein dichtes Rouleau und eine Wolke vorm Mond,
das wär was, wofür sich das Aufbleiben lohnt.

SIE: Wenn ich käme,
fürcht ich, daß ich zu toll mich benähme,
darum müßtest zuvor du mir schwören,
nur von mir, was erlaubt ist in Ehren,
zu begehren!

ER: Ich versprech es,
doch, mein Wort, sag ich gleich dir, ich brech es,
denn es gibt einen Eid, der es nicht ist,
den zu brechen einfach Pflicht ist!
wenn kein Licht ist (…)

Auch dort, wo das heraufbeschworene Glück nicht bevorsteht, sondern zurückliegt, ist seine Evokation stark genug, um die gegenwärtige Szene in Schwingung zu versetzen. So kann der schattenhafte Orkus-Butler Styx die launische Eurydike durchaus rühren mit seiner herbeizitierten gleißenden Vergangenheit: »Als ich noch Prinz war in Arkadien, / lebt ich in Reichtum, Glanz und Macht« (Offenbach, *Orphée*). Und die bewundernd nachgeschmeckte Ballade des Paris vom Apfelurteil auf dem Berg Ida verschafft ihm momentan in Sparta gesellschaftlichen, religiösen und erotischen Kredit, weil die Gnadensonne der drei schönsten Göttinnen merklich noch in ihm fortglimmt (Offenbach, *La belle Hélène*). Ebenso gelingt es dem betagten Lebemann Graf Basil, die junge Mädchengeneration für sich aufzubringen mit dem überwältigenden Glauben an seine überwältigenden Triumphe von einst: »Ein Löwe war ich im Salon, / im Liebeskampf ein Sieger / … Es tanzte kein anderer linksrum wie ich, / die Damenwelt raufte und riß sich um mich, / Basil hieß es dort, Basil hieß es hier, / bitte, bitte, tanzen Sie mit mir.« (Lehár, *Der Graf von Luxemburg*). Während der alte Graf à la marcia auf die Damen losgeht und sie in seine locker nachhallende Polka hineinreißt, fesselt in überspanntem Tangotakt die jugendlich überspannte Julia sich und den Geliebten an eine verklärte Frühzeit (Künneke, *Der Vetter aus Dingsda*). Sie:

Abb. 23 *Der Graf von Luxemburg* von Franz Lehár. Titelblatt zum Klavierauszug, Entwurf von Robert Sedlacek, 1909 (Foto Christ)

»Weißt du noch, / wie wir als Kinder gespielt?« Er: »Ach, das ist ja so lange, so lange schon her.« Sie: »Weißt du noch, / wie wir als Kinder gefühlt?« Er: »Ach, heute, heute fühl ich weit mehr.« Freilich, dieser vertauschte *Vetter aus Dingsda*, den sie jetzt im Arm hat, ist nicht jener von einst, den sie im Kopf hat. Denn die gemeinsame glückliche Kindheit war keine gemeinsame. Drum pocht der Geliebte, im gleichen Tangotakt, auf die Gegenwart.

Wie das letzte Beispiel stehen auch die andern Beschwörungen, ob sie nun in kommendes oder gewesenes Glück ausgreifen, unter ironischem Vorbehalt. Das steigert und bereichert noch die Spannung zwischen unerfüllter Présence und erfüllter Absence. Unentwegt beschworenes Glück der Sinne ist nicht hier, sondern dort; ist nicht jetzt, sondern einst. Und obendrein ist es, ironischerweise, nicht so ganz das, wofür die Beteiligten es halten. Fernes volles Glück, leidenschaftlich herbeigerufen, teilt sich mit im nahen halben Glück. Julia und der Geliebte halten einander umschlungen: aber unter unvereinbaren Voraussetzungen. Der alte Basil reißt die jungen Mädchen mit: aber weniger erotisch als belustigt. Prinz Paris erobert Helena: aber nicht allein dank seines götternahen Charismas, sondern auch dank Helenas ehelicher Vernachlässigung. Kaum anders ergehts den andern Operettenfiguren, von denen die Rede war.

Hier unterscheidet sich die Operette deutlich genug von den gängigen Vertröstungsweisen gleichzeitiger Konfektionskünste seit der zweiten Hälfte des 19. Jahrhunderts. Sie speisen die kleinbürgerlichen Glücksbedürfnisse ab mit ernstgenommenen Ersatzbefriedigungen: mit glanzvollen Liebesromanen in gräflichen Schlössern, die das glanzlose Privatleben der Leserin überfunkeln; mit glanzvollen Geschichtsromanen aus aufgeschönter nationaler Vergangenheit, die das glanzlose gesellschaftliche Dasein des Lesers überfunkeln; mit Salonmusik und mit gemalten oder gewebten Wandbehängen, die harmonisierte Natur in Form von »Waldesrauschen«, »Toteninsel«, »Alpenglühen« in die düsteren Wohnzimmer träufeln lassen. Diese Konfektionskünste sind einhellig und unangefochten in ihrem erhabenen Dutzendanspruch. Ihnen fehlt die ironische Brechung der Operette, ihr Spiel mit den Alltagsbedingungen eines unbedingten Glücksverlangens.

Dennoch ist das sinnliche Glück, das sie den Ihren beschert, weder ein ungedeckter Scheck noch schierer Selbstbetrug. Grad weil es augenblicklich und ungebrochen nicht zu haben ist, rührt es sich desto mächtiger in der Besessenheit derer, die es partout ersingen und ertanzen wollen. Sie sind sein lebendiger Beweis. Wo diese Besessenen das Glück verkünden, als seien sie schon davon befallen; und wo sie ihre Nächsten prompt damit infizieren – ein Duettpartner den andern, ein Solist den Chor und umgekehrt –: kann auch das Publikum kaum umhin, sich ebenfalls anstecken zu lassen. Solch epidemisches Glück spricht für sich. Es rafft seine verzückten Opfer, einzeln und mitsammen, bereits dahin, noch eh es überhaupt mit eindeutigen Symptomen um sich greift.

Musterstück der Gattung: *La vie parisienne*
Wenns eine bestimmte Operette gibt, die diese Grundspannung der ganzen Gattung prototypisch durchspielt, so ist es Offenbachs *La vie parisienne* (1866). Und wenns darin eine bestimmte Situation gibt, die diese Grundspannung auf die Spitze treibt, so ist es die Verlesung des Briefs von Baron Frascata an die Pariser Kokotte Metella. Der Brief ist einerseits ein Empfehlungsschreiben für Frascatas schwedischen Landsmann Baron Gondremark, den Metella in die Freuden des Pariser Lebens einweihen soll. Andrerseits ist er eine träumerische Rekapitulation der glücklichen Zeit, die der Schreiber selbst mit Metella verbracht hat. Von weit weg, aus dem winterlich abgestorbenen Skandinavien, fühlt er sich zurück in die Lebendigkeiten von Paris. Dabei fällt auf: die Inbrunst seiner Worte und Töne, die der Brief verlauten läßt, ist ungleich reicher und betörender als die angesprochene Frau in der angesprochenen Stadt. Die hiesige Metella und das hiesige Paris, so wie sie gegenwärtig auf der Bühne erscheinen, können niemals leibhaftig sein, was sie dem fernen Schreiber sind. Sie sind ihm inneres Objekt, vor dem das äußere, daneben gehalten, verblassen muß. Was besagt das? Entkräftung der Wirklichkeit durch den schöneren Reim, den veredelnde Erinnerung sich darauf macht? Ein solcher Befund wäre billig. Offenbach bleibt dabei nicht stehen. Er steigert noch die Spannung zwischen erfüllter Absence und unerfüllter Présence, um sie in die Gegenrichtung zu entladen. Die Kraft verklärender Erinnerung zehrt nicht nur an dem, was handgreiflich da ist, sie bekräftigt es auch. Metella, an Ort und Stelle in Paris, die zugleich Ziel und Gegenstand des Briefs ist, muß ihn persönlich vortragen. Handelnd und zugleich behandelt, übereignet sie ihr Ausdrucksvermögen einer fremden Sehnsucht, die ihr selber gilt. Ihre Stimme, ihre Mienen, ihre

Haltung und ihre Gebärden werden zum Instrumentarium der Huldigung an das, was sie verkörpert. Dabei entsteht eine weitere Spielart des inneren Objekts. Metella sehnt sich mit Frascata nach den Freuden der Sehnsucht. Und Frascata erinnert durch Metella an die Lust des Erinnerns.

Musikalisch hat Offenbach die Szene als Rondo angelegt. Strophe für Strophe umkreist es mit einer verzweifelt insistenten melodischen Spirale, was da zwischen Ferne und Nähe, Absence und Présence, Einbildungskraft und schwacher Wirklichkeit vorgeht. Mit jeder Drehung verschraubt es die zerrissenen Stadien der Zeit und des Raums: die gemeinsame Vorvergangenheit von Frascata und Metella in Paris; die getrennte Vergangenheit des Briefschreibers in Schweden; und die Pariser Gegenwart, wo das vorvergangene und das vergangene Glück jetzt eben erwachen in der lesenden Metella. Frascatas Verklärung geht auf sie über und in ihr auf. Denn was der Schreiber nur stumm erschwärmt, darf und muß die Leserin sinnlich erklingen lassen. Metella erlöst die Melodie aus dem Briefpapier in den Raum. Und die Melodie erlöst – einen glücklichen Augenblick lang – aus der Durschnittskokotte Metella das Wunderwesen, das der Schreiber in ihr erlebt zu haben träumt.

Im Brief an Metella verdichtet sich toute *La vie parisienne*. Oder, andersrum, was er als Einzelnummer anspielt, spielt die Operette insgesamt aus in bunten Ereignissen. Er ist ihr Pars pro toto. Formal und thematisch. Formal ist das ganze Stück, wie der Brief, als Rondo angelegt. Was zwischen der ersten und der letzten Szene geschieht, beschreibt keine zügige Vorwärtsbewegung, deren Ziel den Start weit hinter sich ließe. Die Beteiligten toben sich ab, um beinah dort zu landen, von wo sie ausgegangen sind. Ein Rundtanz der fröhlich Genarrten: »tout tour-ne, tour-ne, tour-ne / tout dan-ce, dan-ce, dan-ce«. Zu Beginn die Ankunft des erlebnishungrigen Paris-verzückten Schwedenpaars in Paris; am Schluß der Abschied des erlebnishungrigen Paris-skeptischen Schwedenpaars von Paris. Zu Beginn der Bruch des Pariser Freundespaars Gardefeu und Bobinet mit der unbeständigen gemeinsamen Geliebten Metella; am Schluß die Aussöhnung der beiden mit Metella. Dazwischen liegen die verwegenen Anstrengungen Gardefeus, als vermeintlicher Fremdenführer die ahnungslosen Fremden an der Nase rumzuführen. Dem schwedischen Provinzbaron ergaukelt er die snobistisch ersehnten Eß-, Trink- und Liebesgelage in auserlesener Lebewelt, vorgetäuscht durch verkleidete Domestiken und Handwerker: um ihn aus dem Weg zu räumen, wenn Gardefeu selbst sich an die Baronin heranmacht. Was bei seinem aufwendigen Intrigenspiel herauskommt, entspricht genau dem Operettenprinzip des inneren Objekts, des selbstzwecklichen Vollzugs. Die Mittel befreien sich vom Zweck, dem sie dienen sollten. Der Zweck geht leer aus. Konkret: Baron Gondremark fällt entzückt wieder und wieder auf die Maskeraden herein; nicht jedoch die Baronin auf Gardefeu.

Hier zeigt sich abermals, wie die Operette aus ähnlichen Verhältnissen andere Schlüsse und Gefühlsbeträge zieht als der Schwank. Die dramatische Kurve verläuft wie dort: Rückkehr zur Ausgangslage; Täuschung, Selbsttäuschung, Enttäuschung der Betroffenen. Nur, sie gehen hier nicht kleinlaut gebeutelt hervor. Sie können vielmehr, wie auch die Zuschauer, das Gefühl davontragen, der Aufwand habe sich gelohnt, auch wenn das erstrebte Ziel nicht erreicht worden ist. Das macht die Musik. Auch sie kann kein Ziel verfolgen, kein Endergebnis hervorbringen. Wenn sie sich samt jenen, die sie packt, in Schwung bringt und hält, ist sie und macht sie mächtig. Aber eben nur, solang sie vorhält. Sie führt zu nichts. Mithin auch zu keiner Ernüchterung wie der Schwank. Ausgesungen und ausgetanzt, hallt sie freilich nach und ermuntert, unverbraucht, zur nächsten Reprise.

Auch thematisch gibt sich Offenbachs ganzes Stück als Rondo. Sein Thema – Pariser Leben im Widerstreit von Illusion und Desillusion – wird nicht dramatisch entwickelt. Es wird durch keine Höhen und Tiefen und Engpässe geführt, um ihm eine endgültige Lösung abzugewinnen. Statt dessen wird es, wiederum spiralartig, durchvariiert. Gondremark erlebt begeistert-verwundert die Table d'hôte unter (falschen) mittelfeinen Hotelgästen. Gondremark erlebt begeistert-verwundert das Gelage im Palast des sehr feinen (falschen) Admirals. Gondremark erlebt begeistert-verwundert-ergrimmt-versöhnt das verruchte Nachtlokal der Kokotten und Rumtreiber, wo Metella ihm schließlich ihre (falsche) Freundin zuführt: die vermummte Baronin Gondremark. Genau hierin liegt der Reiz der szenischen Rotation, daß Desillusion so wenig über Illusion obsiegt wie umgekehrt. Keine hat eindeutig das letzte Wort und den letzten Ton. Weder bei denen, die begeistert und arglos von draußen hereinstolpern ins Pariser Leben wie die Gondremarks; noch bei denen, die abgebrüht darin aufgewachsen sind und es eher routiniert als spontan in Gang halten wie Gardefeu,

Bobinet, Metella und ihre plebejischen Hilfstruppen. Beide Erfahrungen werden mit gleichem Ingrimm gemacht und gefeiert: daß der Zauber des nimmermüden ekstatischen Pariser Lebens fauler Zauber ist; und daß er nichtsdestotrotz auch jene noch bezaubert, die es deutlich durchschauen und den andern einbleuen. So gerät Metalla, die ihn doch singend anstimmt und beherrscht, zunehmend in den Sog ihres unheimlich brodelnden e-Moll-Walzers, obwohl sein Text die allzu regelmäßigen Ausschweifungen mit den allzu regelmäßigen öden Ernüchterungen zynisch ausstellt. In bedrohlichen melodischen Windungen aus dunklen Tiefen ansteigend schwärzt er nicht nur an, wovon er tönt, er klingt auch selbst schwarz und nimmt ein fürs Schwarze.

Denn dieses letztmalige Rondo der ausgekochten Demimondänen erschöpft sich nicht im Sarkasmus wider jene naiven Schwärmer, die den schalen Nachgeschmack des Pariser Nachtlebens verkennen. Metella schmeckt ihm noch weiter und inständiger nach, bis er zum prickelnden Vorgeschmack wird. Sie betreibt, was durchs ganze Stück hindurch Jacques Offenbach und seine Texter Meilhac und Halévy betreiben: Aufklärung als Illumination.

Metellas Gegentyp ist die Handschuhmacherin Gabrielle. Während jene aus der Ferne Glück verheißt, verheißt diese Glück aus der Nähe. Auch durch sie ist es letztlich nicht zu haben und zu halten. Doch wie Gabrielle selber sich gibt; was sie sich aus der Umwelt und was die Umwelt sich aus ihr macht, das ist ebenso aufschlußreich wie die Figur der Metella. Aufschlußreich für diese Operette und für Operette überhaupt. Gabrielle, merkliches Vorbild der Kammerjungfer Adele in der *Fledermaus*, ist eine der reichsten Soubrettenrollen der ganzen Gattung. Ihr kapriziöser Weg durchs Stück hat weniger zu tun mit dem gestellten, verstellten und entstellten Pariser Leben der reichen Müßiggänger Gardefeu, Bobinet, Gondremark als mit

dem gelebten Pariser Leben einer arbeitstüchtigen Handwerke-
rin. Dennoch ist Gabrielle alles andere als sachgetreues Sozial-
porträt, etwa nach Art der Brüder Goncourt. Sie bewegt und
begreift sich mit der anmutigen Künstlichkeit des gewitzten
Kindes, das der Umwelt, je nach Anlaß, in gern gesehenen Rollen und Posen entgegenkommt. Nicht einmal aus schlauer Be-
rechnung, sondern aus Lust an der eigenen Gabe, kurzfristig in
einer beliebigen Haltung aufzugehen, von der es heimlich
wünscht, daß die andern sie ihm abverlangen.

Schon Gabrielles Auftrittsnummer zeugt davon: ein treuher-
ziges Ländlerduett mit dem Schuster Frick, vorgebracht als biedere Selbstvorstellung der Handwerkerstände. Da singt, so soll
man meinen wollen, der schlichte Volksmund aus Jodelkehlen;
da stampft, zugleich, der schlichte Volksfuß mit gesunden Wa-
den. Das juchzt und dreht sich fort und fort, bis sich das Paar
im deftigen Dreiachtel-Schwung erschöpft hat und, sieben
Takte lang das jeweilige Handwerksprodukt eintönig heraus-
stotternd (la botte, la botte, le gant, le gant), einen überdehnten
Anlauf nimmt. Wozu? Damit Gabrielle in einen völlig andern
musikalischen und sozialen Charakter hüpfen kann. Die Tonart
wechselt von As-Dur auf E-Dur, das Tempo von Allegro auf
Allegretto, wenn nunmehr die Dame Handschuhmacherin in
einer spritzigen Polka Liebesweisheiten zum besten gibt:

Mit zierlich gespreizten Intervallen – nicht länger ein derbes
Kind des Volks – beschwört sie die Absence feinsinnigerer Zeiten, da man noch dem plumpen Zugriff einen seelenschmäckle-

rischen Fetischismus vorzog: »Autrefois plus d'un amant / Tendre et galant / De sa maîtresse ôsait voler le gant ...« Fürnehm eingeweiht in die Flügelschläge des erotischen Weltgeists (»Autrefois«), ist Gabrielle nicht mehr, die sie anfangs war, und wird gleich in ihrer nächsten Nummer schon wieder als eine andre sich gebärden. Da spielt sie dem naiven Gondremark bei der Table d'hôte eine heroisch trauernde Offizierswitwe vor, die, wiederum unverhofft, vom Maestoso ins Allegro purzelt. Jäh befreit sie sich aus der tremolierenden Leidensschleppe ins leicht geschürzte Abschiedsträllern an jenen toten Patrioten, der droben bei den Seligen wohl besser am Platz ist als zuvor im gemeinsamen Himmelbett: »Es-tu content, mon colonel?« Schließlich ist auch ihre letzte Nummer noch Maske, durch die sie so verschmitzt hervorblinzelt, daß keiner weiß, was letztlich dran ist an der Moritat vom edlen Opfer ihrer Tugend, das die arme Frau aus dem Volk dem liebestodeswütigen reichen Mann aus Übersee erbracht hat. Die Handschuhmacherin und der Brasilianer – der alljährlich nach Paris kommt um sein Geld durchzubringen – berichten singend von Handschuhmacherin und Brasilianer in einem leiernd skandierenden weltlichen Responsorium. Das geschieht wiederum so uneigentlich, mit Gänsefüßchen garniert, daß schlechterdings unentschieden bleibt, ob die im Lied besungene Gabrielle eine Ausgeburt der singenden Gabrielle auf der Bühne ist oder umgekehrt.

Daß in der leibhaftigen Gabrielle, wie sehr und wie wenig sie sich fassen läßt, mehr vom verwirrenden Pariser Leben brodelt als in Metella, die nur Legende sein darf von Gnaden des Parisentwöhnten Baron Frascata, das bekräftigt das explodierende Finale der Operette. Stichwort: »par nos chansons et par nos cris célébrons Paris«. Gabrielle hat in diesem Rundgesang die letzte Rampenlosung, eh sie untergeht im lospreschenden Can-Can-Kollektiv. Endgültig im excessiven Lied und Schrei behauptet sich hier das innere Objekt. Die faszinierend fragwürdige Faszination der Stadt wird nicht angesungen als ein Gegenüber. Sie äußert sich in den Singenden, Schreienden, Tanzenden; sie bricht aus ihnen hervor. Was als fällige Entmythologisierung des glücksprallen Paris gestartet ist und im Lauf der Operette weiter um sich gegriffen hat, offenbart im Stimm- und Beinbacchanal des Finale nun vollends seine selber mythischen, glücksverzückten Züge. Freilich nicht einfach drauflos, sondern wiederum mehrfach gebrochen. Just so nämlich, wie es die Handschuhmacherin vormacht. Das Kollektiv, das da seine

Abb. 24 »Der Brasilianer und die Handschuhmacherin« aus *La Vie Parisienne* von Jacques Offenbach. Tondruck-Illustration aus Paul Bekker, *Jacques Offenbach*. Berlin 1909 (Musik-Bibliothek München)

echt-falsch-echte Vie parisienne herbeilebt, verhält sich grundsätzlich gleich, aber eben undeutlicher als die klar umrissene Einzelfigur Gabrielle. Es läßt sich überwältigen durch die eigene Kunstfertigkeit, die es doch selber beherrscht: wenn es gängige Rollenformeln, die man ihm von außen abverlangt, mit innerstem Leben zu erfüllen scheint.

Lachende Erbschaft der Oper

Metella, Gabrielle und erst recht die nicht ganz so ausgeprägten Figuren des Stücks wie der Lebemann Gardefeu oder der Schuster Frick, sie haben eigenen Umriß, aber keine eigene Persönlichkeit. Ihre persönliche Herkunft ist im Gang des Geschehens ebensowenig gefragt wie ihre persönlichen Gefühle und ihr weiteres persönliches Schicksal. Sie leben, einzig markanter als die andern, allgemeine Haltungen, die in ihrem Milieu gang und gäbe sind. Im Verhältnis ›Einzelfigur und Kollektiv‹ kommt beides auf einmal in den Blick: ein maßgebender Punkt der Gattung Operette; aber auch ein historischer Schnittpunkt, wo die verschiedenen Gattungen des bürgerlichen Lachtheaters – um die Mitte des 19. Jahrhunderts – zusammentreffen und auseinanderstreben. Der Punkt ist markiert durchs Ja oder Nein zur individuellen Person.

Wir haben festgestellt: Die Posse, die zu dieser Zeit allmählich ausläuft, macht sich stark für unverwechselbare Charaktere, oft bis hin zu den Nebenpersonen. Possenchararaktere bekräftigen aktiv ihre persönliche Eigenart im Austausch mit ihrer eigenartigen Umgebung. Der Schwank, der zu dieser Zeit allmählich anläuft, zeigt dagegen Stück für Stück, daß eine Person wie die andere den immergleichen Zwangsmechanismen unterliegt. Seine Figuren, hätten sie unverwechselbaren Charakter, wären gesellschaftliche und moralische Todeskandidaten. Denn was sie von draußen und drinnen überwältigt, läßt sich ohne tödliche Wunden nur verkraften, wenn man jeden individuellen Widerhaken abgeschliffen hat. Die Operette, gleichzeitig mit dem Schwank anlaufend, führt zwar persönliche Varianten vor; doch es sind Varianten einer grundsätzlich gleichen kollektiven Lebenshaltung. Wenn ihre Einzelpersonen minder gleichförmig ausfallen als die im Schwank, dann deshalb, weil ihr Lebensspielraum reichhaltiger ist als dort und somit zu verwegeneren Aktivitäten ermuntert. Es ist das vertrackte Spiel mit dem sinnlichen Glück, das alle wie jeden auf der Bühne umtreibt und immer wieder befeuert, aus sich herauszugehen. Aus einem Ich, das, wie der Schwank zeigt, längst keins mehr ist, sondern nur soziale Hülse. Sprengt man sie aber, was die Operettenpersonen unentwegt versuchen, so schlägt die Hoffnung durch, wenigstens das Gefühl von einem eigenen Ich wiederzugewinnen. Die nichts als ungefähre Hoffnung von einem und allen, sich zu finden im gemeinsamen Taumel mit den andern, denen es ebenso ergeht. Solche Sprengkraft und solchen Hoffnungswink schafft die Musik.

Was die Operette da betreibt, und wie es überhaupt zu dieser neuen Spielart des bürgerlichen Lachtheaters kommt, ist zunächst nicht so recht einzusehen. Es läßt sich jedoch erklären, wenn man in den Schnittpunkt der Bühnengattungen um 1850 auch jene einbezieht, wovon die Operette ausgegangen ist, die Oper. Für die Oper nämlich, die sich inzwischen aus ihrer vorbürgerlichen Periode fortentwickelt hat, bedeutet dieser Schnittpunkt zugleich einen Wendepunkt in der eigenen Geschichte. Und zwar genau in der gleichen Frage: Ja oder Nein zur individuellen Person.

Wenn ich jetzt dem historischen und ästhetischen Verhältnis zwischen Oper und Operette nachfrage, gehe ich von drei Behauptungen aus, die dann an Beispielen von Offenbach, Sullivan und Johann Strauß zu begründen und zu erläutern sind. Genauer als bisher soll sich dabei zeigen, woher die Eigenart der neuen Gattung kommt und worin sie besteht.

1. Die Operette setzt sich im gleichen geschichtlichen Moment durch, wo die Oper nachdrücklich ihre Personen psychologisiert, ihre Gegenstände und Verfahren individualisiert. Mit andern Zielen nimmt sie den Platz ein, den die Oper aufgibt.

2. Die Operette verzichtet auf Individualisierung und Psychologisierung. Die Konstruktion der Werke ist so schematisch wie die der alten Nummernoper. Und ihre Personen führen gerade kein eigentümliches Leben, weder äußerlich noch innerlich. Sie verkörpern überpersönliche Lebensgefühle und gesellschaftliche Haltungen.

3. Die Operette steht und fällt daher mit dem Chor. In ihm erscheint und ertönt am authentischsten, worum es ihr hauptsächlich geht. Insofern ist der Chor letztlich nicht für die Einzelpersonen da, sondern umgekehrt. Sie sind illustre und illustrierende Abspaltungen dessen, was er kollektiv darstellt. Sie haben charakteristisches Profil, aber keinen profilierten Charakter. Sie prägen sich dem Publikum ein durch einen scharfen Umriß, dem die persönliche Binnenschraffur fehlt. So spitzen sie nur zu, was sie mit dem Chor gemeinsam haben.

Die Epoche der sogenannten klassischen Operette ist die zweite Hälfte des neunzehnten Jahrhunderts. Zur selben Zeit ändert die Oper ihre bisherige Richtung. Durch ihre fortschrittlichsten Vertreter verläßt sie die alten Wege, auf denen die neue Gattung, mit andern Zielen, sich breitmacht. Sie räumt das ästhetische Arsenal, das prompt von der Operette übernommen wird, teils zu parodistischen Zwecken, teils einfach so und obenhin. Die leichte, komische Oper geht vorerst ein. Unter den gleichen Bedingungen – siehe unten – rüstet die schwere, ernste Oper um: von lockerer Nummernfolge zu durchkomponierten musikdramatischen Anlagen; von schematischen Situationen und Figuren zu unverwechselbaren Ereignissen und Charakteren; von ruckartigen Affektketten zu schlüssigen psychologischen Großkurven; von starrer Regelung der Genres und der Rollenfächer zu eigenwilligen Lösungen des Autors, die dem jeweiligen Gegenstand einzigartig gerecht werden sollen. Kurz, von Raster und Rezept zum einmaligen ästhetischen Gebilde, das sich im charakteristischen Gepräge des musikdramatischen Werks behaupten soll. Die beiden herausragenden Musikdramatiker des 19. Jahrhunderts, Wagner und Verdi, sind da Wege gegangen, die kein ernsthafter Opernkomponist nach ihnen völlig unbeachtet lassen konnte. Mit dem *Fliegenden Holländer* (1843) verwirft Wagner das Muster der schematisch gewordenen ›Großen Oper‹ nach Art Meyerbeers, an das er sich noch im *Rienzi* (1842) gehalten hat. Seitdem entwickelt er, den Ansatz der individualisierenden Opernromantik Webers und Marschners weiterführend, von Werk zu Werk eine höchst eigenartige psychologisierende Mythologie, die wenig mehr zu tun hat mit Anlage und Weltbild der alten Nummernoper. Verdi stößt erst 1867 mit *Don Carlos* zu psychologisierender Charakterdramatik vor, die er dann in den achtziger Jahren mit *Othello* und *Falstaff* zur äußersten Konsequenz treibt. Ähnliches gilt in Frankreich für Berlioz. Die Sonderentwicklung der slawischen Opern im 19. Jahrhundert kann hier außer acht bleiben, weil sie mit dem Aufkommen der Operette nichts zu tun haben.

Gegenläufig also, während die Operette behend und unverfroren, nach gängigen Schnittmustern, einem unterhaltungserpichten Publikum entgegenkommt, entfernt sich die Oper immer weiter vom unmittelbaren Marktgelüst. Ihr wachsen nicht bloß die Anstrengung und der Zeitaufwand bei jedem einzelnen Werk. Ihr wächst auch mit dem Anspruch jedes neuen Werks der Abstand zum Tagespublikum. Im gleichen Maß indes, wie die Oper ihre vormals griffigen Nummern im durchkomponierten dramatischen Fluß liquidiert, springt die Operette ein mit desto eingängigeren Nummern, die sich auf Anhieb singen und verbreiten lassen.

Aus dieser Umrüstung der ernsten Oper geht ihr Chor geschwächt hervor. Gemessen an dem Amt, das ihm bislang zukam, hat er im späteren 19. Jahrhundert immer weniger auszurichten. Mehrere Bedingungen wirken da zusammen. Technische Bedingungen: Nicht länger zur Nummer ausgebaut, büßt der Chor viel von seiner bislang scharf umrissenen, zitierbaren Schlagkraft ein. Man braucht nur Verdis und Wagners frühe Chöre mit ihren späteren zu vergleichen. Überhaupt sind einer fortschreitend durchkomponierten Oper die schlank agilen Einzel- und Ensembleszenen ungleich angemessener als wuchtige Chorblöcke, die sich dem linearen Verlauf eher querlegen. Hinzu kommen thematisch-ideologische Bedingungen: Wo sich das Interesse verlagert von öffentlichen Staatsauftrieben und Schaugeprängen, von ausladenden heroischen Handlungen auf einmalige Charaktere und deren oft innere Konflikte, da schrumpfen die Anlässe, ein chorisches Kollektiv auf die Bühne zu bringen. Zugleich entfällt, wo die Einzelperson und ihr Wechselspiel mit andern Einzelpersonen durchpsychologisiert wird, der Zwang, den Helden von außen her zu kennzeichnen: durch markante soziale, berufliche, religiöse Gruppen, denen er zugehört oder mit denen er zerworfen ist.

Tod und Auferstehung des singenden Pantalone
Noch aufschlußreicher ist der historische Treffpunkt zwischen komischer Oper und Operette. Mit dem Aufkommen der Operette versiegen die vormals üppigen Traditionen von Opera buffa und Opéra comique. Symptom für diesen Unter- und Übergang ist die Vernichtung Pantalones durch die fortgeschrittene bürgerliche Gesellschaft.

Der geprellte alte Freier ist eine Hauptfigur der Buffa seit dem frühen 18. Jahrhundert. Von Telemanns *Pimpinone* (1725) über Pergolesis *Serva Padrona* (1733) bis zu Paesiellos und Rossinis *Barbier* (1782; 1816) wird dem heiratslustigen Alten – gezwackt von Wollust oder Mitgift oder beidem – übel mitgespielt. Am Ende steht er als der Dumme da. Ihm ist abgepreßt und weggelistet, was er gern besessen hätte. Oder, schlimmer noch, er ist besessen von dem, was er um jeden Preis jetzt gern los wäre. Zum Schaden wird ihm der Spott an den Hals musiziert. Das Gelächter kennt kein Mitleid. Denn nicht die Gegenpartei, die ihn reinlegt, hat sich vergangen, sondern Pantalone selbst. An der Natur: ausschweifend als Alter zur Jungen. An der Standesregel: ausschweifend als Herr zur Magd. Am Eigentumsrecht: ausschweifend als Vormund zum Heiratsgut des Mündels. Auch die Dramaturgie gibt ihn erbarmungsloser Komik preis. Sie behandelt ihn als unverwüstliche Standardfigur, deren Innenleben zu unerheblich ist, um irgendwelche Wunden davonzutragen.

Derart unbefangene Typenkomik kommt ins Stolpern, sobald der bürgerliche Individualismus, weit zurück hinterm Schauspiel, auch in der Oper Psychologie einfordert. Donizettis *Don*

Pasquale (1843) führt so zur Krise des singenden Pantalone. Ihn verlacht man mit belegter Stimme. Die komische Intrigenmechanik verfängt sich in der unverhofften Seele des Helden, den sie da szenisch quetscht und stößt. *Pasquale* – das beklemmt die flotte Lustbarkeit – steht auf der Kippe. Halb noch ist er Watschenmann der musikalischen Commedia und halb schon leidensfähiger Charakter. Bühnengeschichtlich zeigt dieser Zwitter eine Endstation an. Denn bürgerlich verinnerlicht, kann die Oper nun nicht länger hinweggehen über solche Leichen der Komik. Wo sie es dennoch versucht, kommen zwiespältige Figuren heraus wie der innerlich und äußerlich geschundene Beckmesser in Wagners *Meistersingern* (1868). Auch Sonderfälle wie Cornelius' *Barbier von Bagdad* (1858) und Goetz' *Der Widerspenstigen Zähmung* (1874) bringen weniger ungezwungene als gewaltsame Komik auf die Bühne und bestätigen das allgemeine Verschwinden der Gattungen Buffa und Comique, die erst nach der Jahrhundertwende etwas gekünstelt wieder auftauchen: bei Wolf-Ferrari, Busoni, Richard Strauss.

Mit ihnen verschwindet auch die Schrumpffigur des heiteren Opernchors, der von jeher wenig zu bestellen hatte. Als Bauern-, Diener-, Soldaten-, Räuber- oder beliebige Festgästeschar gab er den aufgekratzten Aktschlüssen meist nur ein formelhaftes Amen drauf. Eine bunte Resonanzkörperschaft ohne eigene dramatische Haftung, die selbstlos die solistischen Umtriebe besiegelte. Und zwar dort, wo Pantalone zuhaus ist: im komischen Niemandsland zwischen persönlichen und öffentlichen Belangen. Hier hallte der Chor ebenso schematisch den schematischen Einzelereignissen nach. Den gleichförmigen Regungen der Lieb- und Sonderlinge in der Buffa sowie den gleichförmigen Vorfällen der lieb- und absonderlichen Begebenheiten in der Comique.

Was die Oper, fortschreitend, verschmäht, greift die Operette auf. Sowohl den singenden Pantalone wie den heiteren Resonanzchor. Daß und wie sie das tut, bezeugt ihre andersartigen Interessen. Sobald die Oper im Pantolone ein Ich entdeckte, brachte sie ihn um. Die Operette hingegen läßt ihn überleben, indem sie ihm alle Spuren von Persönlichkeit ausmerzt. Sie plättet ihn vollends zur seelenlosen Lachfigur. Er wird nichts als seniler Hahnrei: Menelaos in Offenbachs *Belle Hélène*, Senator Delacqua in Strauß' *Nacht in Venedig*, Barbier Scalza in Suppés *Boccaccio;* nichts als impotenter, inkompetenter Würdenträger: der peruanische Vicekönig in Offenbachs *Périchole*, der Podestà in Millöckers *Gasparone*, General Kantschukow in Suppés *Fati-nitza*, Ludwig XV. in Falls *Madame Pompadour;* nichts als überalterter Roué: Fürst Basil in Lehárs *Graf von Luxemburg*, Graf Lothar in O. Straus' *Walzertraum*, Fürst Populescu in Kálmáns *Gräfin Mariza*. Oder er ändert gar das Geschlecht: in den hartnäckig mannstollen Matronen, die Sullivan in beinah jedem Stück dem Spott aussetzt.

Die Wechselwirkung ist unverkennbar. Im gleichen Maß, wie Pantalone – stellvertretend für alle Operetten-Solisten – ver-flacht, wächst das Volumen des Chors. Wo die Solisten nicht länger wer sind, werfen sie auch keinen mehrstimmigen Schat-ten. So kann der Chor aus seiner untertänigen Resonanzstellung hervortreten. Er wird eigenständig und entwickelt besondere dramatische Energien, die der komischen Oper von jeher fremd und der ernsten Oper inzwischen überflüssig sind.

Drei Hauptrollen des Chors

Darum mag, wer der Operette übel will, sie der epigonalen Lückenbüßerei bezichtigen: Was höhere Kunst aus höherer Einsicht verworfen habe als überholt und unergiebig, darauf werfe sie sich und davon lebe sie. Und sie klammere sich nur deshalb an den Chor, um die simple Vierschrötigkeit ihrer buchstäblich charakterlosen Helden und Divas, Buffos und Soubretten und komischen Alten zu überspielen. Solche Vor-würfe wären jedoch schief. Denn die Operette verengt sich nicht nur, wenn sie kurztritt bei ihrer musikdramatischen Indi-vidualisierung. Sie macht sich auch frei und wird offen für Hal-tungen, Gruppenregungen, überpersönliche Ausgelassenheiten, die dem psychologischen Feinschliff der zeitgenössischen Oper kaum zugänglich sind. Solche Vorwürfe verkennen ferner, daß die Operette mit dem, was sie der Oper verdankt, neuartige und andersartige Bühnenereignisse hervorbringt. Denn überhaupt und zumal mit dem Chor entfacht sie Sensationen und Einsich-ten, auf die keine andere Spielart des bürgerlichen Lachtheaters sich so versteht. Wir werden alsbald sehen, wie groß, aber auch wie unerhört die Vielfalt dessen ist, dem der Chor Hand und Fuß und Stimme gibt. Singend, tanzend, schleichend und mar-schierend, fuchtelnd und fratzenschneidend. Dabei tritt er, grob gesagt, in dreierlei Rollen auf:

1. Er ist selbständiger Gruppenheld, wenn er als eigengewich-tiges, eigeninteressiertes Kollektiv sich mit den Einzelhelden oder mit anderen Gruppenhelden auseinandersetzt.

2. Er ist kompakter, hinausgelagerter Index für Einzelhelden, wenn er deren sozialen Rang, Berufsstand, persönliches Temperament oder akute Stimmung sinnfällig macht.

3. Er ist lebendes Milieu, wenn er die Einzelhelden als soziales Umfeld, als folkloristischer Ort oder auch nur als eine allgemeine Situation von Abenteuer oder Sicherheit, von Jubel oder Beklemmung umgibt.

Die folgenden Beispiele sollen veranschaulichen, wie das von Fall zu Fall vor sich geht. Und: welche Werke und welche Komponisten welche Rollen des Chors bevorzugen. Und: welche Schlüsse sich daraus ziehen lassen.

Zersungene viktorianische Heiligtümer: Arthur Sullivan
Obwohl die Hauptwerke des viktorianischen Komponisten Arthur Sullivan gut zwanzig Jahre später entstanden sind als die von Offenbach, empfiehlt sich ein Einstieg bei seinen Operetten. Denn hier dominiert der Chor in der auffälligsten Rolle: als selbständiger Gruppenheld. Der Grund dafür liegt in der besonderen satirischen Zielrichtung Sullivans und seines Librettisten Gilbert. Sie zerren bestimmte korporative Einrichtungen auf die Bühne, die das englische Publikum aus eigener Anschauung als vertraute Größe kennt. Es sind gesellschaftliche Institutionen, bei denen besonders kraß der Zwiespalt zwischen fortschreitender wirtschaftlicher Entwicklung und vergangenheitslastiger Kulturtradition ins Auge springt. Angemessenerweise kommen sie bei Sullivan mehrkehlig zum Zug. Als Gruppen, die singend und handelnd sich zur dramatischen Kollektivfigur auswachsen. Chorisch also behauptet in jeder dieser Operetten mindestens eine solche Institution den Mittelpunkt des szenischen Interesses.

So die umständliche und überformalisierte Rechtsprechung in *Trial by Jury*. So das ausgepichte Klassensystem, der maritime Patriotismus und die untaugliche Admiralität im Navigationsritual von *H. M. S. Pinafore*. So der kolonialistische Fernostkult in *The Mikado*. So die schwerfällige Betulichkeit der Polizei in *The Pirates of Penzance*. Demnach kann als Regel für Gilberts und Sullivans Musikdramaturgie gelten: Als selbständiger Gruppenheld gibt im jeweiligen Stück der Chor den Ton an und die thematische Losung aus. Schon zum Auftakt, in der Eröffnungsnummer. Er skizziert den szenischen Stimmungsort. Und indem er von Mal zu Mal eine bekannte Institution verkörpert, entwirft er dem Publikum sinnfällig die Fluchtlinien des kom-

TRIAL BY JURY

Abb. 25 *Trial by Jury* von Gilbert und Sullivan. Ausschnitt aus dem Titelblatt des ersten Klavierauszugs, London 1875 (Foto Christ)

menden Geschehens, das sich im Lauf des Gesamtstücks abspielen wird.

Zum Beispiel der Eröffnungschor von *Iolanthe, or: the Peers and the Peris* (1882). In diesem Stück gerät das britische Oberhaus in verwirrende Konflikte mit dem Reich der Feen. Satirische Pointe beim Nahkampf dieser beiden extremen, weil buchstäblichen Überbau-Institutionen: Die völlig durchformalisierten, weltfremden Parlamentarier, die das Leben nur noch als ein Bündel unerfindlicher Gesetze, Verhaltensregeln und Geschäftsordnungen verstehen, finden ihren Meister im noch verzwickteren Regelsystem der Feen. Sie werden gerade nicht – wie es zu erwarten gewesen wäre – von der harten gesellschaftlichen Wirklichkeit in die Ecke gedrängt, sondern von der metaphysischen Überwirklichkeit. Mit eigenen Waffen geschlagen, stehen sie als Stümper da auf dem Feld zeremonieller Sinnlosigkeit. Beim Eröffnungschor der Feen setzt Sullivan hinterhältig auf ein vorgefertigtes Stimmungsklischee der Musik. Er verschafft dem Publikum Zug um Zug eine schmiegsame Einfühlung und eine kalte Dusche. In zarten, wehenden Gewändern durchtrippeln Feen mit ihrem Reigen eine traumhafte Märchenlandschaft. Nicht minder filigran, feinsinnig und mendelssohnnah klingt die Weise, die sie dabei zirpen – instrumental heraufbeschworen durch Englischhorn, Horn, Oboe, überleitend in Geigenpizzikati. Doch der Text, den die holden Wesen anstimmen, entzieht ihnen schroff den schönen, märchenhaften Elfengrund. Denn, so versichern sie den Zuschauern, sie sind Elfen ohne Grund:

> If you ask the special function
> Of our never-ceasing motion,
> We reply, without compunction,
> That we haven't any notion!

> Fragt ihr nach dem Sonderzwecke
> Unsrer Dauertanzbewegung,
> sagen wir euch unumwunden:
> Wir sind gänzlich zweckentbunden!

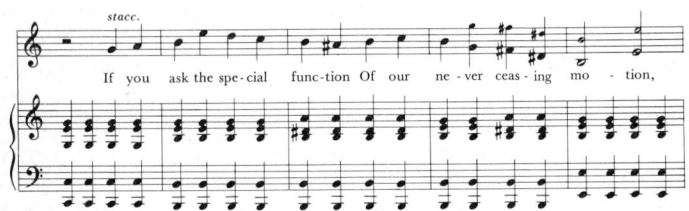

Wenn dann das chorische Gegenkollektiv hereinbricht – das gesamte Oberhaus, aufgeteilt in eine konservative und eine liberale Kolonne –, verlautet abermals schriller Zwiespalt von Wort und Ton. Die nutzlos edle Schar ausgelaugter Überzüchtlinge, die erhaben die Mittelklassen zum Kniefall beordert, stampft und paukt sich durchs arkadische Gefilde: mit einem vulgären Tsching-Bum-Marsch, der weit unterm mittelständischen Geschmackspegel poltert. Gleich vierfach unstimmig kommt es so zu schwerer ästhetischer Mesalliance:

Nun ergibt sich freilich, wenn Sullivan seine singenden Institutionen ins szenische Treffen schickt, ein grundsätzliches dramaturgisches Problem: der Widerspruch zwischen der Statik dieser Institutionen und der Dynamik dramatischen Geschehens, das ihnen abgewonnen werden soll. Denn ob Feenreich oder Oberhaus oder stumpfsinnig exerzierende Schiffsbesatzung, diese Körperschaften werden ja gerade wegen ihres steifen Pomps, ihrer unbeweglichen Statuarik, ihrer leerlaufenden, nichts ausrichtenden Spezial-Liturgie dem Gelächter ausgesetzt. Wie bringt man sie in eine dramatische Gangart, womöglich gar in heftigen szenischen Schwung? Dadurch, daß man ihre gesellschaftliche Not zur ästhetischen Tugend macht. Indem man ihnen unzumutbare Aufgaben zuschanzt; indem man sie, unpassend, mit andersartigen Körperschaften zusammenstoßen läßt; indem man sie verpflanzt an Orte und in Lagen, denen sie nicht gewachsen sind. Kurz, man zwingt sie zu unverhältnismäßigem, ungewohntem Verhalten, das sie überfordert. Dadurch kippen sie aus ihrer üblichen anmaßenden Überlegenheit, beruhend auf öffentlicher Geltung, in Hilflosigkeit. Grad so, wie wenn man eine Schildkröte auf den Rücken legt. Daraus ergeben sich immer wieder verrückte Situationen, bei denen sich die aufgebrachten Institutionen jämmerliche Blößen geben. Wenn sie wieder und wieder, obwohl von Haus aus gravitätisch in sich selbst gefestigt, zu jähen Bewegungen genötigt sind: zu reagieren und zu agieren, sich zu verteidigen und anzugreifen in einem fremden Gelände, wo sie nur ausgleiten, fallen oder sich verhaspeln können.

Was tun sauber gepflegte Londoner Bobbies, die gewohnt sind, alten Damen über die Straße zu helfen und in den Pubs höflich auf Einhaltung der Polizeistunden zu pochen, was tun sie, wenn sie in Cornwalls wilder Felsenlandschaft eine gefährliche Piratenbande unschädlich machen sollen? Auskunft gibt die große Auftrittsnummer der Polizeimannschaft in *The Pirates of Penzance* (1880). Es ist ein wortwörtlicher Auftritt, bei dem vornehmlich aufgetreten wird. Aber nur mit den Füßen; denn das Herz ist den Polizisten in die Hosen gerutscht. Räumlich und musikalisch treten sie auf der Stelle, denn jeder Schritt aus der Szene hinaus ins Felsengewirr kann die Begegnung mit den Piraten bringen. Am peinlichsten ist, daß ein junges Mädchen – die Generalstochter Mabel – so maßlos auf die Tapferkeit dieser Mannen setzt. Triumphale Bilder vom Heldentod malt sie ihnen aus, gläubig und verzückt heizt sie ihnen ein. Das komische Mißverhältnis entsteht nicht allein daraus, daß eine martialische Schar bewaffneter Uniformierter Angst hat, sondern wie sie diese Angst, halb kleinlaut, halb bombastisch, zu übertönen versucht. Vollends mißverhältnismäßig verläuft das szenische und dialogische Hin und Her zwischen dem zierlichen Mädchen und dem kolossalen Männerblock. Mit kriegerischem Tarantara-Tarantara schmettern sie sich schütteren Mut an, der ihnen umgehend durch die visionären Anstachelungen der heldischen Jungfrau wieder genommen wird.

Bei Sullivan, wie gesagt, dominiert der Chor als selbständiger Gruppenheld. Als verkörperte gesellschaftliche Institution hält er die satirische Bühnenhandlung in Gang, die ihm selber gilt. Was nicht ausschließt, daß er mitunter auch eine der beiden andern Chorrollen übernehmen kann, die ich oben genannt habe: als Index der Einzelhelden. Doch das geschieht allenfalls zusätzlich. Denn die Einzelhelden dieser Operetten, wie sehr sie sich auch auf privaten Liebes- und Ehrgeizbahnen verrennen, gedeihen nicht für sich und aus sich heraus. Sie sind selten mehr als solistische Auswüchse oder auch Ausnahmen eben der chorischen Institutionen, denen der szenische Prozeß gemacht wird.

Einzig in *The Gondoliers* (1889), wo einmal keine britischen Verhältnisse infrage stehen, wird der Chor ausschließlich zum Index der Einzelhelden. Als Pluralfigur vervielfältigt und entfaltet er, was in den beiden Gondolieri steckt, deren einer im Verdacht steht, ein verschollener Thronfolger zu sein. Kein blaublütiger Feinsinn steckt in ihnen, sondern nur lagunenplebejische Lebenslust, die von heut auf morgen alle denkbaren althergebrachten Adelsbande zertanzt, zersingt, zertrinkt. Hier also ist der Chor nicht Objekt, sondern Subjekt satirischer Ausfälle. Als übersprudelndes, knallbuntes Tarantella-Kollektiv sprengt er das ohnehin zimperliche Schranzengehege des gegnerischen Dynastikergrüppchens. Dieser Chor wächst selbst den beiden Einzelhelden Giuseppe und Marco über den Kopf, deren Stand, Temperament und proletarische Einstellung er zu indizieren hat. Für eine halbe Operettenlänge entläßt er sie aus seiner Mitte, um sie hernach – zur beiderseitigen Lust – wieder zu vereinnahmen.

Räuber und Gendarmen und andere Bürger:
Jacques Offenbach
Ohne Offenbachs Vorbild wären Sullivans Operetten nicht denkbar. Dennoch liegen die Akzente jeweils anders. Man braucht bloß zwei Chorszenen nebeneinanderzuhalten, die auf den ersten Blick überaus ähnlich erscheinen. Die schon beschriebene Auftrittsnummer der Bobbies in *The Pirates of Penzance* und die der Carabinieri in Offenbachs zehn Jahre früheren *Les brigands* (1869).

Auch in ihrem dramatischen Kontext gleichen die beiden Szenen einander zunächst. Und zwar in folgenden Punkten. Hier wie dort ist der Chor selbständiger Gruppenheld. Hier wie dort

Abb. 26 *The Pirates of Penzance* von Gilbert und Sullivan. Zeitgenössische panoramatische Titelillustration der Operette, um 1880 (Foto Christ)

verkörpert er die gleiche gesellschaftliche Institution. Hier wie dort wird das Mißverhältnis zwischen öffentlicher Geltung und tatsächlicher Verfassung komisch ausgespielt: Sullivans Polizisten haben die Hosen voll, und Offenbachs Polizisten haben einen leeren Kopf. Hier wie dort geraten sie mit einem feindlichen, gleichfalls erwartungswidrig sich verhaltenden Kollektiv aneinander, das ihnen sofort die Schau und den Rang des kollektiven Haupthelden stiehlt: mal Piraten, mal Räuber. Und in beiden Fällen schließlich mündet die dramatische Laufbahn dieser eigentlichen, titelspendenden Haupthelden – also der Wasser- und der Landbanditen – ins gleiche Finale einer polemischen gesellschaftlichen Inversion: sie werden um-institutionalisiert, ohne doch ihr Wesen zu verlieren.

Sullivans Piraten, deren überkandidelter Benehmenskodex sie um alle einträgliche Beute brachte, werden – wieder – zu Hochadligen im House of Peers. Einstmals verbannte Aristokraten, haben sie auch als wilde Outlaws ihre kostbare Sinn- und Erfolglosigkeit bewahrt. Und Offenbachs Briganten, die mit pfiffiger Strategie und Maskerade die (bereits veruntreuten) Staatsfinanzen beiseite bringen wollten, werden zu Polizisten. Wo Minister flinker und gerissener stehlen als gestandene Räuber, lohnt es nicht, die Gesellschaft von draußen zu schädigen. Das geht von drinnen viel leichter. Offenbach mit seinen Textern Meilhac und Halévy nimmt hier, grosso modo, die Pointe vorweg, auf die Brechts Drehbuch zur *Dreigroschenoper* hinausläuft: Was ist der Einbruch in eine Bank gegen die Gründung einer Bank?

In beiden Fällen also ziehen die Chöre als selbständige Gruppenhelden geißelndes Gelächter auf sich und auf die Sozietät, deren Ausgeburt sie sind. Wie und warum es bei Offenbach weiter reicht, liegt an musikalischen, szenischen und sozialgeschichtlichen Unterschieden. Schauen wir daraufhin die Auftrittsszene an. Schon die Anlage der Szene kappt der schimmernden Heimwehr boshaft die Potenz. Anders als Sullivan vergönnt Offenbach den Polizisten weder eine selbständige Nummer, noch einen Partner (wie dort die anfeuernde Generalstochter), woran sie sich wenigstens wundscheuern könnten, noch eine gewichtige melodische und sprachliche Signatur. Ihr Auftritt ist vielmehr hineingekeilt mitten ins erste Aktfinale. Und dieses Finale wird – vor und nach und sogar während der uniformierten Epiphanie – von den Briganten beherrscht. Während Sullivans Bobbies in großspurigem Marschgeschmetter, in leeren aber wohltönenden melodischen Floskeln und balladesken Schilderungen sich aufblasen dürfen, schrumpfen Offenbachs Carabinieri zusammen. Das Orchester zwar pocht mit wuchtigem Marziale auf ein stumpfsinnig feierliches Thema:

Es drückt aus und hämmert ein, was die staatlichen Ordnungshüter dem Bürger gelten: legale Gewalt, verläßliche Schlagkraft. Doch die Stimmen der Polizisten selber sind diesem offiziellen Anspruch nicht gewachsen. Sie schaffen lediglich den Takt, nicht aber die melodischen Tonschritte dessen, was der institutionelle Imperativ des Orchesters ihnen vorschreibt. Nur holprig skandierend können sie in verzweifelter Wut ihr Ungeschick hervorstoßen: »Nous arrivons – nous arrivons – nous arrivons – toujours – trop tard.« Woraufhin das harsche Obligo des Orchesters aus der Rolle hupft – mit einem höhnischen Oboenschlenker, der jedesmal das »trop tard« quittiert. Eine achselzuckende Klanggeste belustigter Fatalität: da kann man nix machen.

Dramatisch vollführt die Szene einen Interruptus. Mit jähem Wechsel von Tonart, Takt und Klang staut sie Stimmung und Stimmen der Sauforgie, die Falsacappa mit seiner Räuberbande in den Felsschlünden feiert. Doch die nehmen die Unterbrechung nicht allzu ernst. Sobald die Gestiefelten zweimal die Runde gemacht haben, ohne die Räuber zu entdecken, schaukelt sich das Fest desto ausgelassener in seine losen Dreiachtel zurück. Was hier besonders auffällt, ist das inständige Verhältnis zwischen Musikdramaturgie und szenischem Raum. Die ganze Nummer betreibt ein vertracktes, aber unmittelbar eingängiges Wechselspiel von Crescendo und Decrescendo. Und zwar eins im andern, fürs Auge wie fürs Ohr. Die trappenden Schritte der Carabinieri, zunächst kaum vernehmlich, werden lauter und lauter, während gegenläufig dazu die Reflexe der lauschenden Räuber leiser und leiser werden. Dem entspricht visuell, wie die Räuber allmählich bis auf den letzten Mann sich verstecken, während die Carabinieri auftauchen, erst hinten winzig, dann immer größer in den Vordergrund rückend, um schließlich wieder, ebenso allmählich, sich im Hintergrund zu verlieren. Der Vorgang wiederholt sich zweimal: erst sichtbar und hörbar, dann nur noch hörbar, weit weg verebbend. Dieses unheimliche An- und Abschwellen von Geräuschen und Klängen, von Körpern und Bewegungen im Raum, unterstrichen durch den Flüstergesang der Räuber, bildet eine überdimensionale Drohung, die sich schließlich in ebenso überdimensionalem Irrwitz entlädt. Dann nämlich, wenn das Publikum der umfassenden Verkehrung inne wird, die so geballt alle Alltagserfahrung auf den Kopf stellt: Das Echo geht seinem Schall voraus. Die kollektive Ursache hinkt ihrer kollektiven Folge hinterher. Und die Re-aktion der Räuber, mehr angeheitert als verschreckt, fällt übergroß schon aus, bevor die Carabinieri zu ihrer winzigen Aktion ansetzen, die dann letztlich gar keine ist. Damit beweisen die Carabinieri schlagartig, woran man mit ihnen ist – nicht nur in dieser einen Szene, sondern im gesamten Geschehen. So wenig sie den Staat vor den – zünftigen – Räubern schützen können, die da in den Felsschluchten lauern, so wenig können sie ihn vor den – unzünftigen – Räubern schützen, die als hohe Minister ihn längst ausgeraubt haben. Als martialischer Zierart sind sie an eine Front abkommandiert, die weit entfernt ist vom eigentlichen Kriegsschauplatz der Gesellschaft.

Abb. 27 *Les Brigands* von Jacques Offenbach. Lithographie von Ch. Clérice zum illustrierten Klavierauszug, Paris o. J. (Foto Christ)

Gestische und allegorische Chöre

Wie sich diese beiden Gruppenhelden aufeinander und wie sie sich jeweils oder zusammen aufs räumliche Drumherum einlassen, das ist gestische Operette, vollführt von gestischen Chören. In ihrer körperlichen Haltung und Bewegung, in den Ausdruckskurven dessen, was sie jubeln und brüllen, jauchzen und wispern: in all dem verarbeitet Offenbach kunstvoll einen sinnträchtigen Alltagsvorrat von sozialem, psychischem, physischem Gebärdenmaterial. Wodurch sich seine Chöre auch leibhaftig als selbständiger Gruppenheld beweisen. Als kollektiver Bühnenheld, der sinnfällig er selber ist und bleibt in jeder Lebenslage, die das Stück ihm zuweist. In jeder Lebenslage. Bisher war zu vermerken, wie die Räuberbande sich selbst genießt (in der Sauforgie), und wie sie auf Außenreize anspricht (beim Nahen der Polizei). Sie wirkt indes auch ihrerseits aktiv auf die Umwelt ein. Im zweiten Akt nähern sich die Banditen einem Gasthaus, um seine Insassen zu überrumpeln. Als Wolf im Schafspelz einer schier verschmachtenden Pilgergruppe, die in herzzerreißendem Latein Mitleidsbrot heischt: »caritatem, date panem«. Ein Kanon, der mit einer erbärmlichen Minimalmelodie auskommt. Mit einer aufsteigenden Flehgebärde, Stimme für Stimme weitergereicht, wund und zerknirscht, von drunten hinan, de profundis bis zum angeschluchzten Gasthausbalkon.

Dieser chorische Kanon ist auch insofern gestisch, als er sich stimmlich und räumlich zu den Adressaten emporschraubt wie eine Wendeltreppe und dabei doch sein Fundament ausbaut. Zunächst singen, ständig sich mehrend, nur Einzelmitglieder

der Bande. Dann kommen, klanglich absteigend zum Fundament, erst die Soprane, dann die Tenöre, dann die Bässe hinzu. Stufenweise also füllt sich der Raum mit Leuten und Stimmen. Bis die drastische Steigerung des Kanons erbarmungslos seine geheuchelte Flehgebärde zermalmt. Weiterhin wollen sie was, die Pilger, aber jetzt mit Gewalt. Der Wolf reckt sich, daß der Schafspelz in Fetzen fliegt.

Die Unterschiede zwischen Offenbach und Sullivan sind nun klarer zu fassen. Dabei lassen sich aus den einzelnen Beispielnummern allgemeinere Schlüsse ziehen auf die jeweilige musikalische Dramaturgie. Beide Komponisten, so war zu beobachten, setzen den Chor vorzugsweise als selbständigen Gruppenheld ein. Beide machen den Chor zum Handlanger oder zum Opfer einer turbulenten Satire. Und zwar: indem sie in ihm, an ihm und durch ihn gesellschaftliche Einrichtungen, Machtverhältnisse, Gesinnungen, Gewohnheiten derart verrücken, daß deren sonst übersehene oder überhörte Gebrechen zutage treten. Nur, bei Sullivan läuft die Satire enger, eindeutiger, mechanischer ab. Eng fixiert er den Chor auf besondere gesellschaftliche Institutionen: Polizei, Schiffsmannschaft, Gerichtshof, Oberhaus. Und eindeutig sind die zeitgenössischen Gebrechen, die Sullivan daran versinnbildlicht. An der Polizei die Fehleinschätzung bürgerlicher Selbstregulierung; an der Schiffsmannschaft das ausgepichte viktorianische Klassengefüge; an der Rechtsprechung die Verschränkung von feierlicher Form und nacktem Interessengehalt; am Oberhaus den überholten Machtanspruch der abgewirtschafteten Feudalschicht. Und mechanisch ist das Verfahren insofern, als Sullivan die Chöre fast durchweg als zwiespältige Größen auftreten läßt. Er stellt Unvereinbarkeit her zwischen Text, Musik und dramatischer Situation. Auch in seinen anderen Operetten geht es so mißverhältnismäßig zu wie bei den Bobbies in den *Pirates*. Worte der Furcht kommen in militantem Stechschritt daher, und die sie anstimmen, entschlüpfen der Aufgabe, zu der sie jetzt eben und überhaupt da sind: das Gemeinwesen vor Verbrechen zu schützen. Die Musik hält Sullivan in strenger Zucht. Sie ist allererst dazu da, den Text möglichst schlagend und kunstreich zu widerlegen. Und dieser ausgeklügelte Widerspruch zwischen Wort und Ton, Wesen und Äußerung vermittelt den satirischen Witz ans Publikum.

Solcher Witz ist weniger sinnlich als geistreich. Und die Chöre, die ihn zum Vorschein spielen, sind weniger gestische als allegorische Chöre. Singend ergehen sie sich als handelnde Gedankenbilder. Was sie besagen, trifft oft schärfer, genauer, einläßlicher als Offenbachs Spott, jedenfalls die akuten Entzündungen der Gesellschaft. Dennoch erschöpft sich das Tun und Gebaren von Sullivans Chören nicht im vordergründigen allegorischen Betrag, den sie zu entrichten haben. Jenseits dessen, was sie jeweils verkörpern, jenseits der institutionellen Schwächen, mit denen sie leibhaftig Anstoß erregen, ist jeder von ihnen lebhaftes Zeugnis einer verkehrten Welt. Sie sind grotesk auch für den, der in ihnen kaum oder überhaupt nicht die gemeinten britischen Einrichtungen erkennt. Die maßlose Unverhältnismäßigkeit, die sie offenbaren, weckt Groteskkomik auch für den Uneingeweihten. Komik also, die noch hinausreicht über die angezielten Erwartungsprellungen – wie denn das Oberhaus, die Admiralität, das oberste Gericht eigentlich zu sein hätten. Sie macht sich los vom einzelnen Angriffsobjekt, nicht jedoch von der gesamten Wirklichkeit, die es dazu macht. Diese viktorianische Wirklichkeit ist eine der formalisierten Unnatur. Just das singen und strampeln die grotesken Gruppenhelden zum Vorschein. Als zusätzlichen, reicheren, aber immer noch berechenbaren Betrag ihres allegorischen Geschäfts.

Satirisches Programm und anarchischer Überschuß
Allerdings, indem die meiste komische Energie an offizielle Körperschaften gebunden wird – ans Überritual der unergründlichen Rechtsprechung, der Wachablösung im Tower oder Buckinghampalast, des aristokratischen Ahnenkults –, bleibt nicht viel Energie für inoffizielle Regungen und Haltungen. Die britische Öffentlichkeit des 19. Jahrhunderts, geprägt durch ein besonders krasses Mißverhältnis zwischen dynastischer Tradition in der staatlichen Selbstfeier und dem geballten Handels- und Industriekapital im Börsenbetrieb der Londoner City, kommt zwar bei Gilbert und Sullivan zu angemessener Bühnenwirkung. Doch diese Angemessenheit hat zur Folge, daß sich die Dynamik der Szene auf solche Institutionen verdichtet, die schon im Alltag den Reiz einer imposanten, unwahrscheinlich widerstandsfähigen Überflüssigkeit ausüben. Ungeformte, womöglich gar unvorhergesehene kollektive Äußerungen, denen alles eingespielte Ritual abgeht, haben daneben wenig zu bestellen. Darum fehlt Sullivans Chören, was die gestischen Chöre Offenbachs, die eine minder artikulierte öffentliche Er-

fahrungswelt berufen, auszeichnet: der anarchische Überschuß.

Ein Überschuß unbändiger Lebenswut, die nicht aufgeht im satirischen Programm, sondern blindlings daraus ausbricht. Unberechenbar, wann, wohin und wozu sie sich entlädt. Sobald sie aber losgeht, sprengt sie manche vorsätzliche Wertung vom Autor wie vom Publikum: ob sie denn nun jenen, die sie packt, Glück beschert oder Untergang, Entzücken oder Überdruß, Vision oder Verblendung. Aus ihrer moralischen und politischen Mehrdeutigkeit, aus der Ladung wahrhaft nichtsnutziger Energie, die sich unmittelbarer Verwertung entzieht, gerade daraus beziehen Offenbachs Chöre viel von ihrer ungeheuren, nicht geheuren Schwungkraft. Sie faszinieren als dramatische Mischfiguren. Einerseits sind sie Subjekt und Objekt heftiger Kritik am windigen Geldbürgertum des zweiten Kaiserreichs. Es wird runtergemacht als ebenso brutale wie unproduktive Schmarotzerbande, die sich in käuflichen Lüsten und routinierten Ekstasen übers Elend ihrer ausgebeuteten Opfer hinwegcan-caniert. Andrerseits aber sind eben diese Chöre lebende Hymnen auf eben dieses besinnungslose Treiben. Wenn der anarchische Überschuß sie wirbelnd erfaßt und aus allen Sicherungen reißt, dann verliert die Lust ihre Käuflichkeit, die Ekstase ihre Routine. Unverhofft, wider besseres Wissen und scheinbar unerschöpflich entsteht dann spontanes, impulsives Entzücken. Dann frohlockt rücksichtslose Gegenwart der Sinne. Dann wird die herumgereichte Dutzend-Kokotte zur einzigen Frau der Welt. Dann werden Cancan, Walzer, Polka zu nie dagewesenen, neugeborenen Potenzen von Körper und Geist, sich über die eigene Schwerkraft hinwegzuschwingen. Dann sprengt Sexualität die grauen Schalen ziviler Beischläfrigkeit. Dann bricht in versnobt ausgelaugten Status-Genüssen wie Champagner, Trüffel, Fasan, Kaviar das ursprüngliche Aroma wieder durch.

In solchen anarchischen Momenten vergißt Offenbach, vergessen seine gestischen Chöre, vergißt auch das Publikum: daß der unbekümmerte Tanz-, Liebelei- und Verstellungswirbel der *Vie parisienne* nur das stümperhafte Betrugsspielchen einiger Miniroués und bohemisierter Kleinbürger ist, um einen reingeschneiten skandinavischen Möchtegern-Lüstling an der Nase herumzuführen; daß das ausgelassen leichtfertige und leichtgläubige Staatsvolk von Sparta, das die verlockendste aller Frauen, *La belle Hélène*, umjubelt, so abgefeimt ist wie seine holprigen Fürsten und deren glatter Störenfried Paris; daß die olympische und infernalische Can-Can-Raserei um *Orphée* die Verkommenheit dieser himmlisch und höllisch verkleideten Mittelständler nur übertollt.

Keineswegs wird damit die satirische Aktion und Passion der selbständigen Gruppenhelden hinfällig. Die sinnliche Ekstase, die den zunächst einmal angegriffenen Bürger befällt, entzieht ihn nicht der Kritik via Verklärung. Indem sie seine Beflissenheit, seine flauen Mittelmaße, seine berechnenden Gewinnsüchte herumreißt in den Gegenpol von Selbstgenuß und Selbstverschwendung, ruft sie ihm vielmehr seine andersartigen, sonst abgeklemmten Kräfte in Erinnerung. Der anarchische Überschuß schießt also nur scheinbar übers kritische Ziel hinaus. Ebenso scheinbar, wie dieses Ziel nach dem historischen Verschwinden der angepeilten Bourgeoisie unter Napoleon III. verschwunden ist. Auf längere Sicht ist und wirkt er, gerade weil er anarchisch überschießt, kritisch. Im Namen und als Rächer unterdrückter Lebendigkeit mobilisiert er im Bougeois den Menschen wider den Bourgeois. Mithin brandmarken die Chöre nochmals, aber weiter ausgreifend das, wogegen sie ansingen: die Entstellung und Verkrümmung, die das gewissenlose Geldbürgertum nicht nur denen antut, die es für sich arbeiten läßt, sondern auch sich selbst. Pendelnd zwischen ironischem Vorbehalt und unverdrossenem Zutrauen beschwört Offenbach in seinen Gruppenhelden eine untilgbare menschliche Kraft aus Witz und Lebenswut. In der halb verschämten Hoffnung, es wäre damit die Vormacht des ökonomischen Prinzips zu durchbrechen: im Zusammenleben der Leute wie in jedem Leben von diesem und jenem.

Wozu sind die Einzelhelden da?
Erneut und noch hartnäckiger stellt sich die Frage, die bereits bei Metella und Gabrielle in *La vie parisienne* auftauchte, was es denn mit den Einzelhelden auf sich hat, die Offenbach immerhin schon in den Titeln vieler seiner Operetten ankündigt. Mit der *Grande-Duchesse de Gerolstein*, die das Militär, in seinen strammsten Exemplaren, liebt. Mit *Périchole*, die aus bitterem Hunger halbwegs dem Vicekönig anheimfällt, um am Ende dann doch mit dem geliebten Peguillo die Straßen zu durchsingen. Mit dem sexuellen Vielfraß *Barbe-Bleu*, dem die vertilgten Happen – die scheintoten Gattinnen aus ihren wohnlichen Grabkammern – beklemmend wieder hochkom-

men. Mit *La belle Hélène,* die sich genießerisch vorgaukelt, Paris' Heimsuchung sei nur ein Traum: was gleichermaßen die seitenspringerischen Skrupel dämpft und die Lust steigert.

Und wie steht es mit den entsprechenden Titelhelden Sullivans? Mit dem prinzipientreuen Milchmädchen *Patience,* das sich zwischen überspannten Kunstschwärmerinnen und schweren Dragonern durchschlängelt, um einen endlich zum Normalmenschen gemauserten Edelpoeten zu erhören. Mit dem erhabenen *Mikado,* der – listig hineinmanövriert in halsbrecherische Widersprüche zwischen scharfrichterlichem Gesetz und dynastischem Bedarf – seinem pfiffigen Sohn die verweigerte Liebeslizenz geben muß. Mit *Princess Ida,* die sich in einer weiblichen Gelehrtenfestung gegen Liebe und Alltagsbanalität zu verschanzen sucht. Zu fragen also ist: Bleiben diese Einzelhelden, wo die Chöre das Rennen machen, musikdramaturgisch auf der Strecke? Die Antwort ist gespalten in Zwar und Aber. Grad so wie die Bühnenexistenz dieser Einzelhelden.

Zwar gibt es in den Operetten, die nach ihnen heißen, weit und breit keinen zweiten *Barbe-Bleu* und keine zweite *Großherzogin von Gerolstein.* Ebenso wenig lassen sich Périchole und die schöne Helena gegen andere Helden austauschen, weder innerhalb noch außerhalb ihrer Stücke. Und ebensowenig würden die Operetten vom *Mikado,* von *Patience* und von *Prinzessin Ida* es schadlos überstehen, sollten diese Helden ihre dramatische, musikalische und ideologische Stellung andern Helden räumen. Aber: Was immer sie äußern, vertreten, erleben, wird auch jenseits ihres persönlichen Umrisses im Stück chorisch massiv geäußert, vertreten und erlebt. Es sind soziale Haltungen, die auch vor, nach und neben ihnen auf der Bühne zugegen sind. Nur eben nicht im anekdotischen und beispielhaften Brennpunkt eines Einzelfalls und Einzelmenschen, worauf ein überblickbares, fortschreitendes dramatisches Geschehen schwer verzichten kann. Um das gewohnte personalisierende Verständnis von alltäglichem und dramatischem Handeln nicht zu sprengen, wird also den allgemeinen Haltungen eine besondere Biographie verpaßt. *Périchole:* das ist ein lebensgefährlich unbürgerliches Von-der-Hand-in-den-Mund-Leben. *Barbe-Bleu* und die Großherzogin: das ist, jeweils anders gewendet, die Unbekömmlichkeit gewaltsam eingetriebener Liebesleistungen. *Helena:* das ist der nicht nur ranzige Geschmack gelebter Doppelmoral. *Mikado:* das ist tödliche, aber listig zu unterlaufende Staatsmacht. *Patience* und *Prinzessin Ida:* das sind, jeweils anders gewendet, vergebliche Ausflüchte vor erotischer und gesellschaftlicher Tätlichkeit ins Sublime.

Abb. 28 *La Grande-Duchesse de Gérolstein* von Jacques Offenbach. Auftrittsnummer der Großherzogin im I. Akt. Aus einem zeitgenössischen illustrierten Klavierauszug, Paris o. J. (Foto Christ)

Es handelt sich um allgemeine Haltungen, fest- und flottge-
macht am Sonderfall. Die Einzelhelden haben zwar musikalisch
und szenisch eigene Schwerkraft. Aber sie haben kein eigenständiges soziales und psychisches Volumen. Zwar sind sie unverkennbar prominent, ragen hervor im szenischen und musikalischen Ablauf der Operette. Aber das, womit sie hervorragen
– ihre persönlichen Neigungen, ihre Haltung zur Wirklichkeit,
ihr moralischer Haushalt –, entspricht genau dem Standard, den
der Gruppenheld verkörpernd setzt. Sie besitzen also allenfalls
mehr von der gleichen Substanz. Sie besitzen es auffälliger und,
als Einzelperson, identifizierbarer. Zwar äußern sie Gefühle,
ergreifen oder bilden Partei, überwinden Hindernisse innerhalb
einer szenischen Ereignisfolge, die ihnen zuliebe irgendwelche,
meist erotischen Ziele erreicht. Doch was die Einzelhelden treiben und wohin sie gelangen im Lauf der Operette, das dient nur
dazu, allgemeinere, überpersönliche Bewandtnisse, Stimmun-
gen, Mißstände und Lustbarkeiten musizierend auf die Bühne
zu bringen. Und solches überpersönlich Allgemeine ist, wie
gezeigt, authentischer bei den Chören aufgehoben als bei den
Einzelnen.

Atmosphärische Chöre: Johann Strauß

Diesen durchgängigen Befund kann die Wiener Operette noch
etwas ergänzen und differenzieren. Zumal die dritte Rolle des
Chors, die bisher unklar geblieben ist, läßt sich von daher verdeutlichen. Ich meine: Chor als lebendes Milieu. In dieser Hinsicht drängen sich vor allem Stücke von Johann Strauß auf.
Merkwürdigerweise gerade deshalb, weil sie musikalisch reicher, musikdramatisch aber ärmer sind als die Stücke seiner
Zeit- und Ortsgenossen Suppé und Millöcker, die durchaus die
gleiche szenische Durchschlagkraft entwickeln wie Offenbach
und Sullivan. Die Schwächen in der Gesamtkonstruktion der
Straußschen Werke sind kaum zu übersehen. Anders als Suppés
Boccaccio und *Fatinitza,* als Millöckers *Gasparone* und *Bettelstudent* halten sie – mit Ausnahme der *Fledermaus* – keinen
dramatischen Spannungsbogen von Anfang bis Ende durch.
Denn Strauß achtet nicht allzu sehr darauf, scharf umrissene
szenische Parteien von einander abzusetzen und aufeinander
loszulassen, um daraus genügend Schwungkraft fürs Gesamtge-
schehen zu gewinnen. Ihm fehlt der ausgeprägte Bühnensinn
für so etwas wie das wechselvolle Dauerscharmützel zwischen
den jungen erotischen Freibeutern um *Boccaccio* und den ehrba-

Abb. 29 *Gasparone* von Karl Millöcker. Zeitgenössische Kostümskizzen nach den Original-Figurinen der Uraufführung des Theaters an der Wien am 26. Januar 1884 (Foto Christ)

ren Florentiner Handwerkern. Oder so etwas wie den verrückten Privatkrieg zwischen einem russischen Reiterregiment und den Heerscharen eines türkischen Paschas um die vielbegehrte Haremsdame *Fatinitza,* unter deren Schleiern und Röcken ein vielbegehrender Tscherkessenleutnant steckt. Oder so etwas wie die hakenschlagenden Überraschungen, die aus den zwielichtigen Rollen des *Bettelstudenten* und des Räubers *Gasparone* samt ihrem Zuchthäusler- und Schmugglergefolge hervorgehen.

Doch was die Strauß-Operetten im Ganzen beeinträchtigt, kommt zumeist ihren Teilen zugut. Andersrum: was ihren Reiz ausmacht – die schier unauslotbare Ausdrucksfülle momentaner Stimmungslagen, die kein anderer Komponist so schafft –, zehrt an ihrer weitergreifenden Strategie. Schwereloser Tanztaumel, wehmutslustige Allerweltsverbrüderung, widerständige Verführungsbereitschaft, zwinkernde Scheinheiligkeit, Lust sogar an überdrüssiger Lust: der Tiefensog solcher szenischen Augenblicke wehrt sich gegen längerfristige dramatische Fortentwicklung. Er wehrt sich dagegen, mehr zu sein und zu ergeben, als was er jetzt eben für alle Beteiligten ist. Genau hierin liegen Reichtum und Mangel von Strauß' chorischen Milieuszenen.

Vorerst freilich überwältigt der Reichtum. Wenn die *Nacht in Venedig* (1883) hereinbricht über Plätze, Treppengassen und Kanäle, wird das Publikum mittenreingeschaukelt ins Marktgewirr schnatternder Händler, freßlustiger Kunden, tratschender Flanierer. Ihren Regungen gibt der Chor Stimme. In vielerlei Lagen und Takten beschwört er das Fluidum munterer Betriebsamkeit. Er trifft und verkörpert zugleich den folkloristischen Hauptnenner des Stücks. Er entwirft seinen besonderen Zeitraum: die Lagunenstadt im Übergang vom Alltag zum Müßiggang, der sich hernach in karnevalistischer Tollerei überschlagen wird. Aus diesem umfassenden Milieu, Fleisch und Geist von seinem Fleisch und Geist, erwachsen die ersten Einzelhelden der Operette. Einer nach dem andern: der reingeschmeckte neapolitanische Makkaronikoch Pappacoda mit seinem übersprudelnden zweivierteltaktigen Selbstlob; dann das Fischermädchen Annina, das mit schmeichelnden, kapriziösen Intervallsprüngen lockt, seine Frutti di mare zu kosten. Unerschöpflich bringt so das venezianische Straßenkollektiv Held um Held ins lustige Spiel. Indem es sie entweder aus sich entläßt: wie Pappacodas Braut, die Zofe Ciboletta. Oder indem es sie von draußen in sich aufnimmt: wie des Herzogs Barbier Caramello, der seinem Herrn – erst volens, dann nolens – erotische Zulieferdienste zu leisten hat.

Damit ist das aktive Ensemble des Stücks beisammen und auf dem Sprung, ein rundum trügerisches Maskenspiel zu entfachen, in dem es zum Teil sich selber verfängt. Aus dem plebejischen Stand heraus, ständig begleitet vom chorischen Milieu, dem es entstammt. So werden Annina und die andern dem trotteligen Senator Delacqua, aber auch dem liebesdurstigen Herzog scheinbar willfahren, um sie letztlich an der Nase rumzuführen. Ihren Höhepunkt hat die vielseitige Intrige im Finale des ersten Akts. Szenisch bringt es die gondelnde Entführung der vermeintlichen Senatorsgattin Barbara durch Caramello, der ahnungslos seine geliebte Annina an den Herzog überführt; zugleich das heimliche Verschwinden der echten Barbara, die dem Herzog ebenso entschlüpft wie ihrem Gatten – in die Arme ihres Liebhabers; und zugleich noch den Karnevalsaufbruch von Pappacoda und seinen Fischerfreunden, die den Senator von dem Komplott ablenken durch ein höhnisches Geburtstagsständchen. Musikalisch entwickelt sich dieses Finale aus einer empfindsamen Serenade des Herzogs, die sich ausweitet und beschleunigt zu einem Allegro-Quartett der listigen Drahtzieher, bevor vom Hintergrund nahend die Barkarole Caramellos den lyrischen Faden wieder aufnimmt. Abermals fällt heiteres Ensemblegeplänkel ein, bis chorisch massiv die Maskenschar aufmarschiert und dem begriffsstutzigen Senator ihre huldigende Breitseite verpaßt. Es ist ein Walzer, dessen schroff staccatierte Noten an unziemliche Mandolinengriffe und kurzatmige Ruderschläge erinnern:

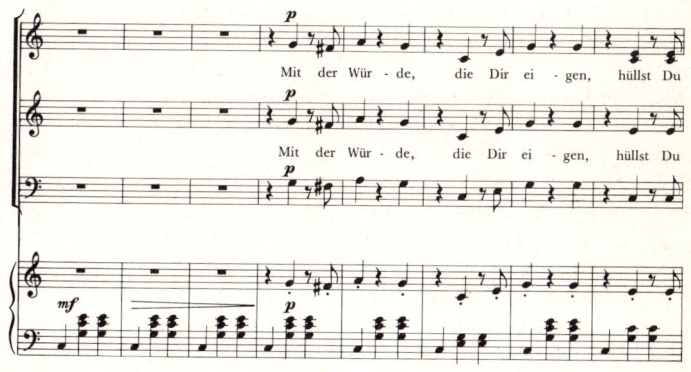

Mit der Wür - de, die Dir ei - gen, hüllst Du

Mit der Wür - de, die Dir ei - gen, hüllst Du

Im zweiten Teil geht der Walzer über in ein sämiges Legato und Dolce, das dem einfältigen Adressaten breitesten melodischen Honig ums Maul schmiert:

Mit Delaqua, der sich befriedigt vom Balkon zurückzieht, verschwindet auch die Ironie, die ihn traf. Mit einem Mal ist die Szene frei von Vorbehalt, Verstellung, Doppelbödigkeit. Arglos wird der Chor zum Organ einer nichts als beglückenden, sanft verdämmernden Nocturno-Stimmung. Er singt die Venezianische Nacht, bis auf weiteres, zur Ruh. Und wie die Wasserfläche des Kanals die Strahlen des Mondes bricht und vervielfältigt, so grundiert auch er bereichernd Caramellos Gondellied, das aus der Ferne noch nachklingt: mit dem umgetexteten, nunmehr völlig stachellosen Ständchenwalzer.

Abb. 30 *Eine Nacht in Venedig* von Johann Strauß. Holzschnitt, 1883, nach einer Zeichnung von H. Fritzmann, zur Aufführung des Neuen Friedrich-Wilhelmstädtischen Theaters in Berlin am 3. Oktober 1883 (Bildarchiv Preuss. Kulturbesitz)

Der Chor als lebendes Milieu. Überschlägt man, was er alles in diesem ersten Akt vollbringt, erscheint es schwer vorstellbar, daß dramaturgisch irgend etwas auszusetzen wäre. Seine Reichhaltigkeit ist offenkundig, wo sind seine Mängel? Sie tauchen bislang nur spurenweise auf. Und zwar in der Beliebigkeit, mit der Strauß die Funktion des Gratulationswalzers umwertet von Hohn zu lyrischer Verklärung. Einzig über den Text, ohne einen musikalischen Eingriff. Daß der Walzer, in seinem Staccato- wie seinem Legatoteil, den Situationswechsel derart unbetroffen übersteht, zeigt die Unschärfe seines Ausdrucksgehalts. Diese dramatische Beliebigkeit wirkt sich erst recht in den größeren Dimensionen dieser und fast aller andern Strauß-Operetten aus. So leiden die weiteren Akte der *Nacht in Venedig* darunter, daß die aktive Gruppe der Barbiere, Fischermädchen, Köche auf keine aktive Gegengruppe trifft, die entsprechend klare musikalische Schraffur hätte. Weder die resoluten Senatorenfrauen, die abenteuerlustig über den Herzog hereinbrechen, noch dieser selbst und sein Umkreis können den plebejischen Karnevalsstrom brechen oder in eine unvorhersehbare Richtung

235

abdrängen. Sie gehen darin unter: »*Alles* maskiert!« Das ist nicht etwa gezielt politische, sondern schlicht gleichgültige Dramaturgie von einem, dem an dramatischer, konfliktfördernder Musik wenig liegt. Was er den handelnden Personen zu singen und dem Publikum zu hören gibt, reißt sozusagen absolut mit, nicht aber relativ, bezogen aufs ganz bestimmte szenische Geschehen. So kommts, daß das anfangs so schwungvolle, überschäumende Gefälle dieser Operette zunehmend verebbt. Da und dort reißt noch ein momentan faszinierender Strudel auf. Doch es ist ohne Konsequenz, wen er und ob er überhaupt wen verschlingt. Lebendes Milieu ohne Widerstand ist auf Dauer ebenso spannungsarm wie Karneval an sich, der nichts vorfindet, was er auf den Kopf stellen könnte.

Energischer und ausdauernder schafft die *Fledermaus* (1874) die Bahn zwischen Start und Ziel der Ereignisse. Denn was beim Champagnerfest des Fürsten Orlowski explodiert, ist schon am häuslichen Herd des Ehepaars Eisenstein genügend hochkalibrig gezündet worden, um schließlich auch noch im Gefängnis nachzuknallen.

Im Grund läuft das Gleiche ab wie in der *Nacht in Venedig:* die Geschichte einer Ausschweifung, die anhebt, um sich greift und wieder zusammenschnurrt. Eisenstein will sich einen Jux machen; merkt nicht, daß andere den Jux sich mit ihm machen; und muß hernach sich selber an der Nase zupfen, auf die er gefallen ist. Daß es hier jedoch reibungsvoller und dadurch abwechslungsreicher hergeht als bei dem wuchernden Karnevalstreiben dort, dafür sorgen mehrere günstige Umstände. Vor allem bleibt die Verlaufskurve der Ereignisse ständig spürbar. Das Publikum kriegt zwanglos mit, wie eine Phase aus der andern hervorgeht. Es erlebt, daß der szenische Trubel nicht auf sich beruht. Es kann vielmehr unentwegt verfolgen, wie er Strecken zurücklegt, um mit und an den handelnden Personen fortschreitend weitere Wirkungen auszulösen. Auch die Lokalitäten fördern den Schwung des Ablaufs. Intimes Wohnzimmer, riesiger Festsaal, enges Gefängnisbüro: die Ausweitung und erneute Verengung des szenischen Raums stimuliert ein Geschehen, das bereits unter heftigem Innendruck steht. Während die turbulenten venezianischen Fastnachtsströme mehr und mehr im Außenraum zerrinnen, staut sich hier das Ungestüm zwischen den Wänden und Möbeln des Interieurs. Abermals wirkt der Chor als lebendes Milieu, das die Ausschweifungsgeschichte trägt und bestimmt. Doch diesmal ist es weniger pauschal als in

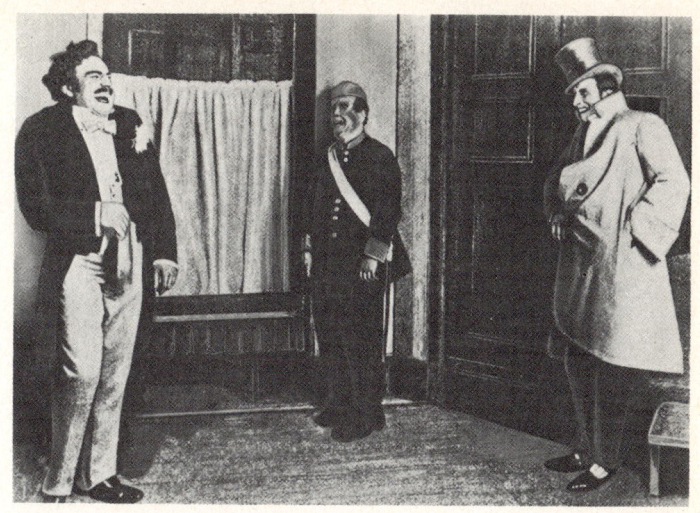

Abb. 31 »Das fidele Gefängnis«, III. Akt aus der Operette *Die Fledermaus* von Johann Strauß. Szenenbild aus der Uraufführung am 5. April 1874 im Theater an der Wien (Bildarchiv Preuss. Kulturbesitz)

der *Venezianischen Nacht.* Es fördert dramatische Gegensätze in sich und um sich, drinnen und draußen. Es ist nicht auf einmal da, gleich in der ersten Szene, wie dort das Marktgewusel. Erst muß es sich sammeln, um als Ganzes desto wuchtiger im zweiten Akt loszulegen: als Kumulation teils zügelloser, teils unbedarfter, teils nur vorgespiegelter Lebemännerei und Lebeweiberei. Als kreisendes Karussell voll Champus- und Wodkagelagen, Glücks- und Liebesspielereien, Frackschößen und Dekolletés, Walzer- und Galoppspiralen. Als hochschwappender Wellenberg trunkener Allerweltsverbrüderung: »für die Ewigkeit / immer so wie heut, / wenn wir morgen noch dran denken.«

Vorher und nachher also ist dies bewegte Milieu nirgends so kompakt zur Stelle. Auch daraus bezieht die *Fledermaus* ihre Spannung. Mit ihrer wechselvollen Geschichte einer Ausschweifung führt sie vor, wie das Milieu zustande kommt, wie es sich zusammensetzt und wie es zerfällt. Die es bilden – Adele und Alfred, Eisenstein und Orlowski, Rosalinde und Falke und wie sie alle heißen – sind jeder ein bißchen anders. Aber keiner, nicht einmal Eisenstein, zählt für sich genommen viel. Keiner tanzt weit genug aus der Reihe, um besondere Aufmerksamkeit auf sich zu ziehen. Miteinander und gegeneinander machen sie das Milieu aus, obwohl jeder insgeheim oder offen seine alleinigen Interessen verfolgt. Hierin gibt sich, betanzt und besungen, das bürgerliche Konkurrenzgetriebe zu erkennen. Auch am Ende noch, wenn die Einzelhelden, gleichsam als vorübergehend losgelassene Choristen, ins tatsächliche chorische Kollektiv wieder einscheren. Stimmt ein, stimmt ein: in den flapsigen Kompromiß, daß keinem was zu wollen sei. Denn:

»Champagner hat's verschuldet« und: »die Majestät wird anerkannt.« Der gemeinsame Schlußgesang feiert eins ums andere: Generalabsolution und Huldigung fürs Milieu durchs Milieu.

Fortentwicklung zur Tanzoperette

Auch in den weiteren fünf Jahrzehnten der Operette, zwischen 1880 und 1930, waltet das chorisch Allgemeine im noch so hervorragenden solistisch Besonderen: in einer *Fille de Madame Angot*, die aus dem Trubel der Pariser Markthallen hervorkommt (Lecocq): in einer *Mam'zelle Nitouche*, die mühelos hin und her schlüpft zwischen Klosterschule, Operettenbühne und

Offizierskasino (Hervé); in einem *Vogelhändler* Adam aus Tirol, der nicht so recht weiß, ob er aus Eifersucht oder Lüsternheit die Braut wechseln soll (Zeller); in einem arglos munteren Bauernmädchen, das jeder als wunderkräftige *Mascotte* für sich haben will (Audran); in einer mitreißend mitgiftigen *Lustigen Witwe* (Lehár); in einer herzensbezwingenden, nur vermeintlichen Blumenhändlerin *Véronique* (Messager); in einem liebes- und musikbesessenen *Zigeunerprimas* (Kálmán); in einer erbosten, widerwilligen und schließlich rückfälligen *Geschiedenen Frau* (Fall); in einem ebenso leichtsinnigen wie ehrempfindlichen Gutsbesitzer mit unberechenbarem *Polenblut* (Nedbal); in einem Pariser Lebemann, der sich himmelwärts träumt und *Là-Haut!* sich mit den leichtgeschürzten Seligen tummelt (Yvain). All die auffälligen und profilierten Hauptfiguren und all die andern ihresgleichen, die von weiteren Komponisten auf die Bühne gebracht werden – in Frankreich von Planquette und Ganne, von Terrasse und Christiné; in Österreich und Deutschland von Oskar Straus und Granichstaedten, Künneke und Goetze und später dann auch in Italien von Pietri, Costa und Ranzato –: sie sind für sich genommen wenig ohne ihr singendes, springendes Milieu, dem sie von Fall zu Fall zum persönlichen Agenten werden.

Die Fortentwicklung der Gattung bringt, um die Jahrhundertwende, die ›Tanzoperette‹ hervor. Was etliche zeitgenössische Kritiker als Verfall einer vormals wertvollen Gattung beklagen; der gleichen Gattung immerhin, die in ihrer sogenannten klassischen Frühzeit den gleichen Schimpf aus gleicher Warte einzustecken hatte. Tanzoperette besagt quantitativ, daß kaum eine Solo- oder Gruppennummer gesungen wird, die nicht wenigstens im Nachspiel auch noch betanzt würde. Es besagt aber auch qualitativ, daß entscheidende Drehpunkte, Höhepunkte und Zielpunkte des musikdramatischen Geschehens durch Tanzsituationen zum Ausdruck kommen. Bedenkt man, wie entschieden der Handlungsraum, worin die Operette ihr vertracktes Spiel mit dem Glück entfacht, sich abhebt von den Alltagsbedingungen, erscheinen solche tänzerischen Schwerpunkte grundsätzlich gattungsgemäß. Vorausgesetzt: was, wie und wann hier getanzt wird, hat eine begründete, unersetzbare Funktion im Zusammenhang der Bühnenereignisse.

Mehrerlei trägt zu dieser fortschreitenden Vertanzung der Operette bei. Zunächst einmal der aufsehenerregende Import neuer Gesellschaftstänze aus Nord- und Südamerika schon etliche Jahre vorm Ersten Weltkrieg. Teils vermehren sie den mitteleuropäischen Bestand, teils verdrängen sie ihn. Die Operette, seit je modebewußt, stellt sich darauf ein. Geradezu programmatisch führt sie in entsprechenden Nummern den jeweiligen Tanz nicht nur vor, sie spricht darin auch seine Qualitäten eigens an. Seltener, indem sie Stimmung macht fürs alte Wahre: »Ein Walzer muß es sein,/ nur ein Walzer ganz allein!« (Fall, *Die Rose von Stambul,* 1915). Häufiger, indem sie das neue Aufregende anpreist: »Shim-my / Shim-my, / Il mondo va così / chi sta chi va si sa / che o-gnun dan-zar vor-rà« (Costa, *Scugnizza,* 1922), »Fräulein, bitte, wolln Sie Shimmy tanzen? / Shimmy, Shimmy ist der Clou vom Ganzen« (Kálmán, *Bajadere,* 1921), »Tan-go, / lorsque tu nous tiens / C'est fini, l'on peut bien / Dire: Adieu, sagesse...« (Christiné, *Dédé,* 1921). Kálmán entfesselt gar in seiner *Herzogin von Chicago* (1928) einen folgenreichen ideologischen Kampf zwischen altadeliger europäischer Lebensart und – neureicher – amerikanischer Lebensart im Tanzring: Csárdás gegen Charleston. (Ein Parallelfall, übrigens, zu Kreneks zwei Jahre früherer Oper *Johnny spielt auf,* die den schwarzen Jazzbandgeiger über den verinnerlichten »seriösen« Komponisten Max triumphieren läßt). Auch kommerzielle Anstöße tragen zur Tanzoperette bei. Pointierte Tanznummern, die nicht nur im Takt, sondern auch im Text ihr Markenzeichen hervorkehren, haben Aussicht, über die Bühne hinauszudringen und weiteres Geld einzuspielen: in öffentlichen Lokalen und über Schallplatten auch privat. Solche äußeren Gründe sind freilich nicht alles. Auch innerhalb der Gattung führen erweiterte Tanzszenen zu Umgewichtungen. Der abgehobene Spielraum der Operette und der Umgang ihrer Personen miteinander entfernt sich noch mehr von der Alltagsrede – und damit auch vom historischen Standort der Posse. Sprachlicher Verkehr zwischen Einzelnen verlagert sich zusehends in eine Richtung, wo die Individualität in musikalischen Bewegungen verschwindet, die jeder mit allen teilt. Dies wiederum wäre eine Annäherung der Operette an den Schwank, wäre nicht Tanzrausch der beglückende Zustand, der da gesucht und gefunden wird.

Gewiß greift das chorische Kollektiv nun bis zum Irrwitz von den Stimmen auch auf die Beine über. Und die heimischen Walzer, Quadrillen, Polkas, Galopps strecken und stauchen sich schier veitstänzerisch zu exotischen Onesteps und Foxtrotts, Tangos und Paso dobles, Javas und Shimmies. Das Prinzip der

Operette geht dabei nicht zuschanden. Im Gegenteil. Es pocht, synkopisch, auf seine schöne Unpersönlichkeit. In klassischen Operetten verfallen die Einzelhelden nur teilweise, nämlich singend, dem chorisch Allgemeinen. Hier tun sies ganz. In voller Leibhaftigkeit. Allen aufspielend, schafft der Tanz zugleich anonyme Lust und anonyme Norm. Einmaligen Charakter zeigen, das kann hier nur heißen: den andern voran, rückhaltloser noch sich einzulassen in diese namenlose Turbulenz. Wenn Lehárs und Falls, Yvains und Künnekes Helden ihre Körper drehen, ihre Schritte und Sprünge setzen, wenn sie den Raum durchgleiten, sich dem Partner und der übrigen Tanzrunde zuwenden – folgen sie dem umfassenden Anstoß eines überpersönlichen Rhythmus'- und Figurenkanons.

Einzig dieser Walzer oder Foxtrott, so wills die Illusion der Operette, erschließt, wie dem Helden und der Heldin jetzt eben zumut ist: just so, nur eben heftiger als den andern drumherum, die der Tanz gleichfalls gepackt hat. Dem Selbstvergessenen, den Tanz aus seinen verzweckten Alltagsbewegungen herausreißt, zergeht auch die Selbständigkeit des Partners. Der dramatische Ablauf der Operette behauptet zwar, der und kein andrer Partner müsse es sein. Rhythmus und Choreographie hingegen schnellen gleichgültig darüber hinweg. Jeder und jede passen bestens zu jeder und jedem, soweit sie nur bereit sind, aufzugehen im gemeinsamen Tanzrausch.

Daß es so mit ihnen steht, bekräftigt eine sinnfällige Situation, ohne die keine Tanzoperette auskommt. Und zwar die formelhafte Nummer: Einzeldame mit Herrengruppe beziehungsweise Einzelherr mit Damengruppe. Sie begegnet entweder als Ensembleszene (Quartett, Quintett, Sextett) oder als Solo mit Chor. Ob die Glawari vor den Mitgiftjägern (Lehárs *Lustige Witwe*) oder die emanzipierte Gonda beim tänzerischen Blindekuhspiel mit ihren Verehrern (Falls *Geschiedene Frau*), ob die trinkfeste Herzogin Anna unter ihren Offizieren (Goetzes *Adrienne*) oder der Bildhauer Phidias inmitten seiner leckeren Modelle (Christinés *Phi-Phi*), ob der himmelwärts geträumte Pariser Bürger Evariste, umtrippelt von Petrus' dekolletiertem Engelreigen (Yvains *Là-Haut!*) oder die spanische Tänzerin Dolores vor E.T.A. Hoffmanns Saufkumpanen bei Luther und Wegner (Künnekes *Lockende Flamme*): das singende, tanzende Gegenüber von maskulinem Singular und femininem Plural oder umgekehrt bezeugt allemal, daß ebenso viele auserwählt wie berufen sind. Die umschwärmte, angesungene Schar der

»Mädis vom Chantant«, der »kleinen Mäderln im Trikot«, der »Zippel-Zappel-Grisetten« ist und bleibt eine geballte Ladung. Sie gibt am Ende nur eine der Ihren von sich, um sie einem aus der Gegengruppe zu überlassen. Als Summa der gemeinsamen Eigenschaften, die mit der entsprechenden Gegensumma verrechnet wird: mit dem lässigsten der Flanierer, dem schneidigsten der Husaren, dem gerissensten der Hazardeure, dem linkisch scheuesten der Liebhaber.

Unbeschwert gesichtslose, weil vielgesichtige Partnerschaft. Was diese formelhafte Situation bedeutet, treibt Emmerich Kálmán mit Nr. 8a der *Bajadere* (1921) ins seltsam rührende Extrem. Die kokette Marietta, die immer wieder zwischen Ehemann und Verehrer schaukelt und aus beiden das Beste macht, wird von einem ganzen Stoßtrupp feuriger Tänzer bedrängt. Sie winkt ab. Aus eigenen Stücken hat sie schon einen Tanzkavalier erkoren. Einen, der nicht ihr, sondern dem sie nahetreten will beim gemeinsamen Foxtrott. Halb kindlich, halb lasziv umgurrt und lockt sie ihn, stellt ihm das Bein in lustigen Synkopen, damit er hereinschlittert in die prickelnden Vierviertelschritte, die sie setzt. Er kann nicht widerstehen. Denn Mariettas Verführungsstimme kommt nicht allein, sie wird unterstützt von drängenden Orchesterstimmen, die den Foxtrott zugleich machen und einfordern. Wo Marietta zieht, stößt das Orchester. Wo sie in Kurven gleitet, hüpft und verhält es, je nachdem. Er kann nicht anders, er tanzt mit ihr:

Erste Pointe der Nummer: Mariettas Partner ist eine Puppe. »Aus feinstem Samt sind deine Kleider, / nur leider / ist das Herzchen bei dir / aus bunter Wolle und Papier.« Hierauf erst fällt der Chor der abgeblitzten, eingeschnappten Tänzer bekräftigend ein. Höhnisch, weil sie mit Fleisch und Blut aufwarten können. Zu früh gehöhnt; denn die zweite Pointe, nunmehr vom Chor stumm heruntergeschluckt, lautet: »Wie du hat mancher Tanzkavalier / die allerschönsten Kleider, / doch leider / ist das Herz wie bei dir / aus Wolle und Papier.« Marietta bleibt bei dem, den sie gewählt hat. Wo bei lebendigen Partnern einer so uneigenartig ist wie der andre, hält man sich besser an die Puppe. Die ist operettenhafte Un-Person und, für den Augenblick, einmalig. Ihr läßt sich mehr zumuten und entnehmen als einem Helden, der sich lauthals ein »Ich« anschmettert. Bis der nächste Chor kommt und ihn in die Schranken singt.

Kollektiv in anderer Gestalt: *Der Vetter aus Dingsda* und *Ta Bouche*

Maßgebend, so habe ich dargelegt, trägt die besondere Rolle des Chors – und seine jeweiligen Sonderrollen – zur Gattungsform der Operette bei und zu dem Weltbild, das sie auf die Bühne bringt. Wenn dem so ist, dann stellt sich die Frage, was es denn mit jenen Werken auf sich hat, in denen wenig oder überhaupt kein Chor vorkommt. Zum Beispiel: Künnekes *Vetter aus Dingsda*, Benatzkys *Bezauberndes Fräulein*, Messagers *Amour masqué*, Yvains *Ta bouche*. Es sind zwar seltene Ausnahmen; aber immerhin, es gibt sie, und niemand wird behaupten, sie seien abartige Außenseiterwerke.

Werfen wir einen Blick auf die populärste, auch international meist gespielte dieser Operetten, auf den *Vetter aus Dingsda* (1921). Dabei läßt sich rasch ersehen, es zählt nicht nur die leibhaftige Anwesenheit und dramatische Wirksamkeit des Chors; es zählt gleichermaßen das chorische Prinzip. Auch dort ist es am Werk, wo es sich nicht regelrecht verkörpert. Die musikdramatische Gesamtanlage des *Vetters* zeigt es an: die Art der Personen, ihre Wechselbeziehungen und ihr Handlungsraum. Ein leibhaftiger Chor hätte hier kaum etwas auszurichten. Er wäre szenischer Überschuß. Denn die überpersönlichen Haltungen, die er einnehmen und äußern könnte, sind greifbar vertreten in just den Einzelpersonen, die hier das Geschehen miteinander austragen.

Abb. 32 *Der Vetter aus Dingsda* von Eduard Künneke. Titelblatt zum
Klavierauszug, Entwurf von L. Kainer, Berlin 1921 (Foto Christ)

Schauplatz von Anfang bis Ende ist ein abgelegenes Schlöß-
chen um 1920. Die schöne, noch unmündige Erbin Julia hat im
Herzen und, wie sie glaubt, auch im fernen Batavia einen idea-
len Geliebten: Vetter Roderich, dem sie sich als Kind verlobte
und seit Jahren schwärmerisch verbunden fühlt. Daneben hat
sie einen hartnäckigen, tölpelhaften Bewerber Egon, dem ihr
Geld lieb ist. Hierüber wacht indes ihr gleichfalls geldgebener
Onkel und gefräßiger Vor-Mund Josse nebst gutmütiger Ehefrau Wimpel, die Julia das Leben versauern würden, hätte sie
nicht die kecke Freundin Hannchen bei sich. Ein Fremder
kommt ins Schloß und am nächsten Tag noch ein zweiter. Der
erste verliebt sich in Julia. Sobald man ihn, fälschlich, als Roderich erkennt, fällt sie ihm entzückt in die Arme. Sobald er aber,
wenig später, den Irrtum ausräumt, jagt sie ihn entrüstet davon.
Der zweite Fremde gewinnt auf Anhieb Hannchen. Er ist
der echte Roderich, der die einstige Kinderliebe nicht ernst genommen hat. Julia, jetzt dankbar enttäuscht, kommt auf den
Fortgejagten zurück. Zum Ärger des mitgifterpichten Egon.
Und zur Freude des Onkels Josse. Denn Julias endgülti-
ger Verlobter gibt sich als sein Neffe August zu erkennen,
dem er seit je das schöne Mädchen und Vermögen zugedacht
hat.

Einmaligen Charakter hat keiner der sieben (mit den Dienern
neun) Beteiligten. Und was zwischen ihnen an Liebeshindernis-
sen und Liebesfördernissen abläuft, hebt geradezu hervor, daß
der nächste Beste der beste Nächste ist. Das gilt für die gefühls-
geladene Julia letztlich nicht minder als für ihre umstandslose
Freundin. Diesem Hannchen fällt gar – angekündigt durch ein
forsches Hupensignal, das sich prompt zu einem herzhaften
Ländlerduett auswächst – der ersehnte unbekannte Mann fürs
Leben per Auto in den Schoß. Dem entspricht Künnekes gewitzte Musikdramaturgie. Planvoll zielt sie auf szenische Situationen und kaum auf persönliche Äußerungen. Es gibt nur zwei
Solonummern. Und die haben weniger zu tun mit dem Charakter dessen, der da singt, als mit formelhaften Haltungen, die er
gerade einnimmt: Julias teils rührend, teils belustigend som-
nambuler Auftrittswalzer »Strahlender Mond«; und die bur-
schikose Schmetterarie des ersten Fremden, mit der er, in unge-
stümem Paso-doble-Takt, die Launen der Frauen genauso von
sich abschüttelt wie den Regen, in den ihn Julia geschickt hat.
Alle andern musikalischen Einzelregungen gehen auf im spannungsvollen Miteinander und Gegeneinander von musikali-

schen Gruppenregungen. In sehr bewegten, gestisch ausdrucks-
starken Ensemblenummern, die sich jeweils zwanglos entwik-
keln aus handfesten Begebenheiten: Plänkelei am Frühstückstisch; Überreichung und Zurückweisung eines Blumenstraußes;
Ankunft eines Autos; Jagd auf einen mutmaßlichen Raubmör-
der; augenrollender Bericht übers wilde Leben im Urwald von
Batavia.

Diese Ensembleszenen wären undramatisch, verfolgte nicht
jeder Einzelne darin seine eigene, ganz bestimmte Bahn, mal
parallel zu den andern, mal gegenläufig, mal die andern über-
kreuzend. Seine Bahn ist jedoch keine, die sein einmaliger Charakter steuert, sondern sein vielmaliger Typus: hier die überspannte Liebende, dort der vermeintliche Abenteurer; hier
der eigensüchtige Freßsack, dort die rührselige Alte. Und was
diese Typen vorbringen, wenn sie singend, tanzend und ge-
stikulierend einander näherkommen oder sich entfernen,
entspringt abermals einem durchaus überpersönlichen Verhalten.

Auch hier also triumphiert, ohne daß ein Chor zur Stelle
wäre, das chorische Prinzip. Nicht anders als im großen vielköpfigen und vielbeinigen Strudel der *Vie parisienne* oder der
Ballsirenen in der *Lustigen Witwe* spielt es denen, die das Kollektiv je und je vertreten, das Glück der Sinne nicht nur zu,
sondern auch vor. Denn auch für Künneke und seine Librettisten Haller und Rideamus ist bei diesem Spiel Ironie unentbehrlich:

Ganz unverhofft kommt oft das Glück,
Wähnst du es fern, so ist es nah!
Du denkst voll Sehnsucht sein zurück,
Und plötzlich, plötzlich ist es da!

So sinnt und singt, erfüllt von Julia, der Fremde am andern
Morgen vor sich hin, einsam im stillen Park am Frühstückstisch. Doch er darf nicht fortsinnen und fortsingen. Ganz unverhofft fährt ihm das Unglück dazwischen in Gestalt des pol-
ternden Onkels, der den Hausfriedensbrecher hochnotpeinlich
verhört. Die Ironie steigert sich. Denn Onkel Josses angriffs-
wütiger Frage, wer der Kerl denn sei und woher er komme,
wird nichts als die träumerische Antwort zuteil:

Tempo di Valse — I. Fremder
Ganz un-ver-hofft kommt oft das Glück, wähnst du es fern, so ist es nah.

Künneke relativiert den Glücksanspruch der Operette, indem er eine gegebene Einzelsituation, beispielsweise die Überraschung am Frühstückstisch, ironisch auslotet. Dabei verbleibt er innerhalb des dramatischen Geschehens. Er wahrt die szenische Illusion, das, was da passiert, passiere wie von selbst. Fast zur gleichen Zeit ironisiert nun in Frankreich Maurice Yvain – mit seinen Textern Mirande und Willemetz – die Operette en bloc. In *Ta bouche* (1922) hält er sich nicht nur, gattungsgemäß, an die ausgemachte Unpersönlichkeit des Personals, er macht sie geradezu zum Thema. Er stellt sie komisch aus und gibt sie zu bedenken.

Im Lauf von drei Jahren, an drei verschiedenen, aber gleichartigen Badeorten mit Spielcasino: heiraten, trennen, verloben sich, heiraten, trennen, verloben sich drei Damen und drei Herren. Die Baronesse heiratet ihren Kammerdiener, weil er im Roulette gewinnt; gibt ihn wieder auf, weil sie ihren Titel wiederhaben will; heiratet ... Monsieur du Pas de Vis heiratet seine Kammerfrau, weil sie geerbt hat; gibt sie wieder auf, weil ...;

nähert sich der Baronesse, weil... Der Kammerdiener heiratet die Kammerfrau, weil sie zum vierten Mal geerbt hat. Eva, die Tochter der Baronesse, verlobt sich mit Bastien, dem Sohn von Monsieur du Pas de Vis; dem aber gibt der Vater eine reiche Frau; die aber betrügt ihn; er aber kommt auf Eva zurück, die inzwischen ... Am Ende kann der junge Mann bei allen außer bei sich selbst um Evas Hand anhalten; denn jeder war mal oder ist gerade ihr Vater oder ihre Mutter. Liebe ist zwar auch im Spiel, wie sie der Titel aufruft, der zärtlich »Deinen Mund« anflüstert – aber mehr noch Geld und Prestige. Musikalisch gipfelt dieses Hin und Her, Kreuz und Quer in einem grotesken Quartett. Sein klobig einförmiger Rhythmus widerlegt den hochnäsigen Gestus der Melodik genauso wie den verzwickt verschlungenen Stimmsatz. Wieso? Die Beteiligten in dieser gesungenen Zwischenbilanz des zweiten Akts kennen einander längst, reihum, vom letzten Jahr im letzten Strandbad. Sie sind jedoch, artigkeitshalber, gehalten, sich einander vorzustellen, weil die Namens- und Verwandtschaftsverhältnisse mittlerweile anders liegen. Sinnigerweise finden sie erneut im dritten Akt – musikalisch deckungsgleich bei völlig verändertem Text – zum nämlichen Quartett zusammen.

com - me mon duc

il me re - luqu'

que le duc est un duc

Pas Pas Pas Pas

Yvains geometrisches Herzensspielchen verbindet witzige Gesellschaftskritik mit ebenso witziger Kritik an den Möglichkeiten und Grenzen der Operette. Denn es bietet nicht allein ein kombinatorisches Kunststück von Liebes- und Geldumlauf im engsten Kreis; es zeigt auch an, was alles sich aus einem (für Pariser Privattheater gerade noch erschwinglichen) knappen Rollen- und Kulissenbestand herausholen läßt. So ist *Ta bouche* zwar immer noch Operette, aber eine nach dem Sündenfall der Selbstreflexion. Von Offenbach bis Oskar Straus, von Sullivan bis Leo Fall kreuzt die Gattung Rausch mit Satire, Glückstaumel mit parodistischer Angriffslust. Nur, während sonst sich der Spott nach außen richtet – auf gesellschaftliche Machtträger; auf Mythologie und Religion; auf edle, altbewährte Bühnengattungen wie Tragödie und Oper –, richtet er sich hier jetzt auch nach innen: auf ästhetische Voraussetzungen der Operette, auf ihre dramaturgischen Regeln und Verlegenheiten.

Zwei Momente fallen da besonders auf: die Art und Rolle des Chors sowie die Art und Rolle des Titelwalzers »Ta bouche«.

Der Chor ist geschrumpft auf drei Tratschdamen, die red- und singselig jeden Fortgang der dramatischen Handlung begleiten. Schnüffelnd und weitertragend tun sie kund, was immer der jeweilige Schauplatz an pikanten Ereignissen bietet. Einerseits ist dieses Trio ein Zerrbild des antiken Tragödienchors, der einst als wahrnehmende, sprechende, wertende, aber nimmer eingreifende Öffentlichkeit Stellung nahm zu den schrecklichen Taten und Leiden Medeas oder Antigones, Orests oder Philoktets. Andrerseits ist es ein Zerrbild des üblichen Operettenchors, mit dem es zwar die Unpersönlichkeit, nicht aber die aktive Schwungkraft teilt. Mögen die drei noch soviel Senf dazugeben, sie haben doch nichts von der Wurst, um die es geht. Dafür haben sie, dank ihrer Autoren, die Macht der Ironie. So daß sie den jungen Bastien, der im dritten Akt wissen will, was los ist, abwimmeln können mit dem Bescheid, sie hätten es soeben schon dem Publikum mitgeteilt, und er könne ja, wenns ihm unbedingt darum zu tun sei, am nächsten Abend etwas früher auf die Bühne kommen.

Auch der Titelwalzer betreibt kritische Eigenparodie der Operette. Sogar in mehreren Richtungen. Zunächst einmal setzt er fort, was in der Tradition der Operette häufig vorkommt: daß ein bestimmtes leitmotivisches Lied mehr ist und ausrichtet, als die subjektive Äußerung irgendeiner Person in irgendeiner Situation; daß es vielmehr objektiv mitspielt im Geschehen, indem es Handlungen auslöst oder zu einem Ziel bringt. So, gleichfalls titelspendend, in Offenbachs *Fortunios Lied,* dessen erotische Wunderkraft dem einst damit siegreichen, inzwischen vertrockneten Advokaten Fortunio die schöne Frau eroberte und hernach, aus dem Mund seines jungen Angestellten, die gleiche Wirkung tut. So die rührende Ballade vom »Merryman and his Maid« in Sullivans *The Yeomen of the Guard,* womit der liebeskranke Jahrmarktsgaukler sein eigenes Schicksal erst nur ahnungsvoll anspielt und schließlich besiegelt. So das sehnsuchtsvolle Lied des lebensmüden Millionärs in Millöckers *Armem Jonathan,* verabredet zwischen ihm und seinem Vertragspartner als Signal zum gemeinsamen Selbstmord, der indes immer wieder abgewendet werden kann.

Yvains Titelwalzer spielt gleichfalls als handlungsfördernde, übersubjektive Größe mit. Nur eben von vornherein mit ironischen, selbstironischen Gänsefüßchen. Er kommt nicht aus den Personen hervor, sondern von außen auf sie zu. Im ersten Akt vom Casino-Orchester gespielt, erregt er den Ärger von Bastien, dem die ständig gedudelte Melodie samt dem albernen Text von »Ta bouche« auf die Nerven geht. Darüber kommt er mit Eva ins Gespräch, die anders dazu steht. Und eh er sich versieht, ist er mit ihr im Sog des Lieds: die beiden singen nicht mehr über, sie singen selber »Ta bouche«. Und halten sich auch noch daran, Mund an Mund. Im zweiten Akt ist das Lied heruntergekommen auf die Drehorgel. Im dritten ist es vergangen und verschwunden. Wäre sein Verfall lediglich ein musikalisch-symbolischer Gradmesser dafür, daß auch zwischen Eva und Bastien das erotische Spiel sich ausleiert und entleert von Akt zu Akt – was solchermaßen nicht zutrifft –, dann bliebe »Ta bouche« noch ganz im Rahmen der Leitlieder von Offenbach bis Millöcker. Doch Yvains Ironie packt auch hier grundsätzlicher zu. Sie trifft, eins im andern, die fiktionale Verfassung der Operette und ihren zeitgenössischen Zustand. Sie weist darauf hin, daß in den zwanziger Jahren musikalische Handlungen und Äußerungen auf der Bühne längst nicht mehr so selbstverständlich gelten und herzustellen sind wie noch vorm Ersten Weltkrieg. Wenn der Titelwalzer bereits in aller Munde ist und vom Casino-Orchester erst einmal den handelnden Personen nahegebracht werden muß; und wenn sie ihn erst einmal erörtern, bevor sie in ihn einstimmen: dann offenbaren sich Motivationszwänge von Operettenmachern, ihre Personen überhaupt mit Fug und Recht singen zu lassen. Lässig spielt Yvain die zeitgenössischen Selbstzweifel der Gattung aus, die anderswo aufwendig überspielt werden, indem man – streng im Rahmen der Fiktion – einzelne Musiker oder ganze Orchester auf die Bühne hinaufdramatisiert: zum Beispiel in Kálmáns *Gräfin Mariza* und *Herzogin von Chicago,* in Granichstaedtens *Orlow* und in Oskar Straus' *Königin.*

Zugleich belegen, überdeutlich, der Weg und das Schicksal des Titelwalzers im Stück, wie innerästhetische und kommerzielle Bedingungen zusammenwirken. Die ironische Selbstkritik gilt der Entwicklung zur Schlager-Operette, die der musikalischen Nummer möglichst wenig situationsverbindliche, szenisch dramatische Leistung abverlangt, damit sie sich desto besser aus dem Werkzusammenhang herauslösen und als selbständiges Allerweltsliedchen auf dem Plattenmarkt weiterverwerten läßt. So zeigt *Ta bouche,* unter anderm, wie »Ta bouche« von Akt zu Akt verschlissen wird, bis nichts mehr davon übrigbleibt. Ein galgenhumoristischer Wink an die ganze Gattung Operette, die weiterhin zwar noch eifrigen Zulauf hatte, aber nur noch wenige Werke hervorbrachte, die dem Verschleiß widerstanden.

Abb. 33 *Die Herzogin von Chicago* von Emmerich Kálmán. Titelblatt
zum Klavierauszug, Leipzig/Wien/New York 1928 (Foto Christ)

Wer, so wie ich hier, über bürgerliches Lachtheater schreibt, handelt selber etwas komisch. Nach Art jener Bühnen- und Zirkusclowns, die Unbeholfenheit mit Anmaßung verquicken. Denn er maßt sich an und rackert sich ab, andern Leuten zu erläutern, worüber und warum sie lachen, wenn sie den gleichen oder ähnlichen Veranstaltungen beiwohnen, die er da beschreibt. Überdies unterstellt er noch, auch das Publikum der letzten fünf Generationen habe im großen Ganzen ebenso gelacht, weil sich die Anstöße zum Lachen innerhalb der bürgerlichen Epoche zwischen damals und heute nicht grundlegend verändert haben.

Dabei kann er nicht herbeigaukeln, was zwangsläufig fehlt. Die ideale Voraussetzung nämlich, daß ganz bestimmte szenische Ereignisse, Figuren und Abläufe, die zum Lachen sind, sozusagen mit gleichen Augen und Ohren aufgenommen werden – vom Autor dieses Buchs wie von seinen Lesern wie von den einstigen Zuschauern. Daß man, übereinstimmend oder strittig, sich auf gemeinsames, wenn auch noch so unterschiedlich ausgelegtes Anschauungs-Material berufen könnte: dieser ideale Fall läßt sich nicht herstellen. So kommt, wer szenische Hergänge beschreibt oder sie aus dramatischen Texten herausliest, schwerlich drumherum, Bühneneindrücke zu suggerieren. Nicht ständig, aber streckenweise beschwört er die sinnliche Erfahrung herauf, die man angesichts der beschriebenen Stücke im Theater hat oder auch nur haben könnte, während sie tatsächlich nur als Möglichkeit in den Textvorlagen stecken. Auch wenn, wie hier, Textzitate und Notenzitate die deutende Beschreibung abstützen, können sie gerade beim ausgemacht *un*literarischen Lachtheater den Mangel an anschaulicher Präsenz nicht wettmachen.

Wenigstens im nachhinein ist dieser heikle, aber unvermeidliche Umstand hervorzuheben. Er sollte dem Leser vollauf bewußt sein. Und er sollte ihn anstacheln, aufgrund der eigenen Erfahrungen mit komischem Theater all das kritisch zu überprüfen, was in diesem Buch dargelegt wird. Somit auch das, was hier noch einmal kurz zusammengefaßt werden soll.

Erstens: Leute zum Lachen zu bringen – und zwar nicht beliebig im Alltag, sondern gezielt, auf ästhetischem Weg –, dazu ist das Theater eher geeignet als andere Künste. Denn es spricht die Sinne des Publikums unmittelbar an durch leibhaftig vergegenwärtigte Vorgänge.

Zweitens: Probleme von öffentlichem Belang, die jahrhundertelang dem ernsten Theater vorbehalten waren, gehen im bürgerlichen Zeitalter ins Lachtheater ein. Denn das Lachtheater – beweglicher und alltagsnäher als die traditionelle Tragödie, die von jeher auf erhabene Einzelhelden festgelegt ist – kann sich auf die zeitgenössischen kollektiven Erschütterungen einlassen.

Diese beiden Befunde standen am Anfang meiner Skizze vom bürgerlichen Lachtheater. Sie waren nicht nur zu begründen, sie haben auch die Richtung gewiesen, wie vorzugehen sei. Sie haben nahegelegt, die erfolgreich gespielten komischen Bühnenwerke und Bühnengattungen jenen Lustspieltexten vorzuziehen, die mehr mit Literatur als mit Theater zu tun haben. Ferner haben sie nahegelegt, nicht bloß darauf zu achten, was das Lachtheater zur Sprache bringt, sondern mehr noch darauf, was es zu sehen gibt. Auf sinnfällige, keineswegs begriffliche Zusammenhänge, wie sie die Formel von Störenfried und Kollektiv nachdrücklich vorführt. Auf sprechende Ereignisse: wie das Nötigen zu Speis und Trank in Kotzebues *Kleinstädtern;* wie Domestikation und Rauswurf in Bäuerles *Bürger in Wien;* wie die Schreckensstarre des korrupten Klüngels am Ende von Gogols *Revisor;* wie das soziale Treppensteigen und Kleiderwechseln in Nestroys *Talisman;* wie das Duell der ahnungslosen Nebenbuhler mit dem Liebespfand einer halben Brezel in Malss' *Tivoli;* wie der Hausfriedensbruch aus Liebe in Niebergalls *Des Burschen Heimkehr;* wie die befremdende Umkehrung gewohnter Größenverhältnisse in den Hauptfiguren von Majakowskijs *Wanze,* Dürrenmatts *Alter Dame* und Fos *Anarchisten.* Auf sprechende Ereignisse aber auch dort, wo sie zum Gepräge ganzer Gattungen beitragen: wie die komisch asynchronen Abläufe und die räumlich-sprachlichen Deplacierungen in der Posse; wie die zwanghaften Entblößungsszenen im Schwank; wie das halb verzückte, halb ironische Spiel mit dem Glück von anderswo in der Operette. Hier wie da wie dort Sinnbilder als Schaubilder, die prompt ihren Sinn offenbaren, sobald man nur sich vorbehaltlos aufs Hinschauen einläßt.

Schließlich haben die beiden Anfangsbefunde – methodisch – nahegelegt, den geschichtlichen Spielraum des bürgerlichen Lachtheaters sowohl in einem thematischen Längsschnitt als auch in mehreren Gattungsquerschnitten zu durchmessen. In wechselseitiger Ergänzung kam so das eine wie das andere in den Blick: einerseits die charakteristische Eigenart und geschichtliche Nuance bestimmter Bühnenstücke (die besondere Abwandlung der Störenfriedformel bei Synge etwa im Unterschied zu Kotzebue); andrerseits die übergreifenden Züge (die Gemeinsamkeit aller zugehörigen Bühnenstücke zur Gattung ›Schwank‹ oder zur Gattung ›Operette‹).

Aus der deutenden Beschreibung einzelner Stücke und Gattungen ist hervorgegangen, wie heftig sich das bürgerliche Lachtheater – im Gegensatz zum gleichzeitigen ernsten Theater – auf die kollektiven Umwälzungen der Epoche einläßt. Das geschieht zunächst einmal durchaus bewußt, mit programmatischen Zielen. So, wenn Kotzebue den verhockten Provinzialismus seines Kleinstadtmodells Krähwinkel satirisch ausstellt. Oder wenn Synge die Mythengier und Heldensucht seiner irischen Dörfler brandmarkt, die einen Totschlag in der Ferne als große Tat, einen Totschlag in der Nähe als schmutziges Verbrechen erachten. Noch aufschlußreicher schienen mir die inoffiziellen Anzeichen einer unausgesprochenen Betroffenheit. Da äußern sich, kaum bewußt für Autor und Publikum, kollektive Verstörungen, die erst von heute her, aus größerem historischen Abstand, einigermaßen treffend einzuschätzen sind. So, wenn Kotzebue in und mit seinen Krähwinklern sehr viel mehr anrührt, als er vorhat: eine durchweg zwiespältige psychosoziale Verfassung im deutschen Kleinbürgertum um 1800 – und nicht bloß das abartige Gebaren einer Zwerggemeinde, die zu unerheblich ist, um einen weiten Gesichtskreis zu haben. Oder wenn Synge, ebenso unabsichtlich, den scharfen Anachronismus zwischen rückständigem Agrarleben und fortgeschrittenem Konkurrenztreiben an ein und demselben Ort schrecklich komisch aufbrechen läßt.

Solche bewußten und unbewußten Impulse, mit gesamtgesellschaftlichen Umwälzungen fertig zu werden, unter mehr oder minder befreiendem Gelächter, waren allenthalben auszumachen. Je und je anders, von Stück zu Stück, von Gattung zu Gattung. Undeutlich blieb indes, ob sich dabei auch durchgängige Tendenzen abzeichnen, die nicht nur für dieses Stück oder jene Gattung gelten, sondern fürs bürgerliche Lachtheater insgesamt. Ob es so etwas gibt wie einen gemeinsamen Schwerpunkt, der all das Vielerlei verbindet, das hier unter dieser Kennmarke versammelt und erörtert wurde. Worin also treffen sich so unterschiedliche Autoren wie Nestroy und Lehár; so unterschiedliche Gattungen wie Posse und Schwank; so unterschiedliche Lebensbereiche wie Frankfurt am Main um 1820 (Carl Malss), russische Provinz um 1830 (Nikolai Gogol), Irland um 1900 (John M. Synge), Italien um 1970 (Dario Fo)?

Wie unvereinbar diese Namen, Sachen und Orte auch erscheinen mögen, ihnen ist eine tiefgreifende gesellschaftliche Erfahrung gemeinsam, die ins Zentrum aller Spielarten des bürgerlichen Lachtheaters dringt. Es ist der Schwund der einmaligen Persönlichkeit im 19. und 20. Jahrhundert.

Unverwechselbare Individualität, persönliche Selbstentfaltung: diesen Lebensentwurf, woran wir heute noch hängen, hat überhaupt erst die bürgerliche Klasse als gemeinverbindlichen Wert aufgebracht. Den Epochen davor war die Auffassung fremd, daß einer einzig das sein soll, was er selbst aus sich gemacht hat; auf eigenen Beinen, aus eigenem Stand heraus, kraft eigener Tüchtigkeit. Also gerade nicht aufgrund der Vorrechte einer traditionsreichen Adelsfamilie, der er durch Geburt zugehört; oder aufgrund höherer Huld, weil er ein Günstling des Herrschers oder, mythisch, ein Liebling der Götter ist. Persönliche Leistung, persönliches Glücksverlangen, persönliche Partnerschaft in Liebe und Familie, das sind radikal neuartige Bestrebungen, die das Bürgertum dem herrschenden Feudalabsolutismus als umstürzlerische Alternative entgegenhält. Dieser antiaristokratische Entwurf hat sich freilich nur beschränkt verwirklichen lassen. Er stieß zunächst auf die Schranken des Ancien régime, das der bürgerlichen Klasse und dem bürgerlichen Einzelnen verwehrte, im öffentlichen Leben aus sich herauszugehen: in Frankreich bis 1789 und danach erneut in der Restaurationszeit; in Deutschland, Österreich, Rußland sogar bis zum Ende des Ersten Weltkriegs. Sein radikales Programm der persönlichen Selbstentfaltung stieß aber auch dort auf Schranken, wo das Bürgertum mehr und mehr machen konnte, was es wollte: im Wirtschaftsleben. Die private Aneignung dessen, was gesellschaftlich produziert wird, führte immer schmerzlicher zu dem Ergebnis: Nur eine kleine Minderheit der Bevölkerung ist in der Lage, die eigene Person unbehindert zu entfalten. Und zwar dadurch, daß sie eine große Mehrheit, die ihre Arbeitskraft verkaufen muß, in ihrer persönlichen Entfaltung hemmt. Fortschreitender Industriekapitalismus, der, so wars ursprünglich erhofft, einer freien Entwicklung von allen und jedem zugute kommen könnte, bewegt sich und die meisten Betroffenen gerade in die Gegenrichtung. Fort vom individuellen Tun, von individueller Lebensführung, von individuellen Arbeitsprodukten – hin zu genormtem, gesichtslosem Einerlei.

Diese grundlegende Erfahrung, die sich seit dem späten 19. Jahrhundert verschärft, macht dem Bürgertum zu schaffen. Zumal der kleinbürgerlichen Mehrheit, die darunter leidet, ohne daraus zu gewinnen. Von daher lassen sich die durchgängigen Tendenzen des bürgerlichen Lachtheaters erklären. Nicht nur die einzelnen Bühnenstücke, die wir von Fall zu Fall betrachtet haben, auch die übergreifende Formel vom Störenfried sowie die neu entstandenen Gattungen Posse, Schwank und Operette sind zentral betroffen vom Problem der schwindenden Individualität. Seis, daß sie die einmalige, unverwechselbare Lebensführung apologetisch behaupten; seis, daß sie ihren Schwund beklagen, bejubeln oder lediglich verzeichnen: allemal ist es diese Mitte, um die der komische Wirbel des bürgerlichen Lachtheaters kreist. Man ersehnt oder fürchtet die Einmaligkeit. Man sucht sie durchzusetzen oder zu unterdrücken. Man erschleicht, erzwingt oder verheimlicht sie. Man erklärt sie für möglich oder unmöglich, für unentbehrlich oder überflüssig. In jedem Fall ist man darauf fixiert. Unter diesem Gesichtspunkt also rücken die verschiedenen Spielarten des bürgerlichen Lachtheaters in eine gemeinsame Fluchtlinie.

Die Formel von Kollektiv und Störenfried

Ihr massiver Einsatz seit der Revolution von 1789 sollte jeden stutzig machen, der sich mit Theater und Literatur befaßt. Was es damit auf sich hat, habe ich so gedeutet: Das komische Widerspiel zwischen Störenfried und aufgestörtem Kollektiv dient dem bürgerlichen Lachtheater als sinnfälliges Klärungsmodell für inner- und überpersönliche Erschütterungen. Konkret, für die wirtschaftlichen und politischen Umwälzungen innerhalb der Gesamtgesellschaft; aber auch innerhalb der bürgerlichen Klasse selber, die sich da vom Theater belustigen läßt. Dabei wird der einzelne Störenfried und das, was er auslöst, zur griffigen Ersatz-Instanz für andersartige Kräfte in der geschichtlichen Wirklichkeit. Die tatsächlichen Kämpfe zwischen Klasse und Klasse – Bürgertum gegen Adel; Bürgertum gegen Proletariat; industrielle und finanzielle Großbourgeoisie gegen Kleingewerbetreibende – schrumpfen aufs szenisch und ideologisch verkraftbare Kleinformat. Sie erscheinen als Zwist zwischen irritierendem Einzelnen und Gruppe. Dabei ist der Einzelne mehr Reizauslöser als eigenständiges Individuum.

Allerdings, je mehr der Störenfried sich dann in der zweiten Hälfte des 19. Jahrhunderts zum unverwechselbaren Charakter auswächst, desto schwieriger wirds dem Kollektiv, nach den Störungen zur Tagesordnung des Status quo zurückzukehren. Beim Höhepunkt der Formel, in Synges *Playboy*, steht, wenn der Schlußvorhang fällt, das irische Dorf belämmert und hilflos da. Wie zuvor schon Ostrowskijs korrupte Moskauer Bürgerschaft muß es einsehen: Nicht der außenseiterische Störenfried war der Wurm, den man mit einer gründlichen Wurmkur loswerden kann. Der Wurm steckt in den Verhältnissen des Kollektivs selbst. Andrerseits muß der Störenfried einsehen, daß er im so beschaffenen Kollektiv seine Individualität nicht wahren kann. Entweder muß er seine eigene Persönlichkeit aufgeben, oder er muß sich davonmachen. Bei Synge schlägt er einen außerordentlichen Wanderweg ein, der nur Ausweg sein kann für einen Außenseiter. Der Gesamtgesellschaft kann er indes schwerlich zum Wegweiser werden.

Danach, hat man einmal die wahren gesellschaftlichen Antriebskräfte ausgemacht, wird der Störenfried folgerichtig entpsychologisiert. Er ist nicht mehr bürgerliche Persönlichkeit, sondern sinnbildliche Personifikation der Kräfte, die das Kollektiv bedrücken (Majakowskij, Dürrenmatt) oder der Kräfte, die es aus den Angeln heben müßten (Fo).

Posse

Auch hier wird individuelle Eigenart zum maßgeblichen Streitwert des Zusammenlebens. Sie bestimmt: das Gepräge der Stadt, in der und von der die Posse handelt; die persönlichen und geschäftlichen Beziehungen im engen Umkreis von Nachbarschaft und Kundschaft; die hier nur gesprochene, von kleinauf herzlich vertraute Mundart. Die Posse setzt aufs einmalig Charakteristische des kleinbürgerlichen lokalen Alltags aus Gründen der sozialen Selbstverteidigung. Sie schirmt sich ab gegen die Lebensferne der abgelebten Aristokratie und mehr noch gegen die anonymisierenden, entfremdenden Auswirkungen des neuartigen finanziellen und industriellen Verkehrs. Daß selbst in ihrer eigenen behüteten Enklave die hochgewertete Persönlichkeit des Einzelnen nicht ungeschoren bestehen darf, war mehrfach zu vermerken. Vor allen am streng eingeforderten kleinbürgerlichen Tugendsystem, das immer wieder die Unzufriedenen zum Ausbrechen und hernach wieder zum kleinlauten Einscheren bringt. Stichwort: Einen Jux will er sich machen. Um die Eigenart als lokale Gemeinde nach außen gegen kapitalistische Gleichmacherei zu wahren, muß die lokale Gemeinde nach innen die Eigenart ihrer einzelnen Mitglieder stutzen. Sinnfälligster Ausdruck dieser Zwiespältigkeit ist das Leitmotiv der persönlichen Bewährung. Der junge Liebhaber, der dem handwerklichen Schwiegervater nicht paßt, weil er einen geistigen Beruf ausübt, wird annehmbar durch eine körperliche Heldentat (Rettung aus dem Feuer, aus dem reißenden Strom, vor einem wilden Hund usf.). Sie hat das Gewicht und die Konsequenz eines zünftigen Meisterstücks. In ihr bekräftigt sich beides: die individuelle Tüchtigkeit dessen, der sich damit Eingang ins Milieu und Anerkennung erwirbt; aber auch der überindividuelle Normzwang, der just solche und keine andere Leistung erheischt.

Schwank

Er setzt sich erst in der zweiten Hälfte des 19. Jahrhunderts durch. Also zu einer Zeit, wo die nivellierenden Mächte, gegen die sich die Posse wehrte, noch weiter erstarkt sind. Diese minder engagierte Bühnengattung sucht gar nicht mehr zu retten, was ohnehin verloren scheint. Sie setzt das schiere Gegenteil individueller Charaktere in dramatischen Umlauf. Was die Schwankpersonen tun und erleiden, läßt keinerlei persönliche Nuancen erkennen; in ihrem gestanzten Innenleben so wenig wie in dem gestanzten Schicksal, das sie ereilt. Sie haben die immergleichen Situationen zu durchleben. Der Schwank läßt sie ihre komischen Vergeblichkeitsaktionen auf eine Weise vollführen, daß von unverwechselbarem Profil, hätten sie überhaupt etwas davon, nichts sich durchsetzen kann. Was auf der Bühne abläuft, ist ein mechanisches Betreiben und Abwehren innerhalb eines ebenso mechanischen Geschehens, das keiner der Un-Helden zu überschauen oder gar zu meistern vermag. Die Ausbruchsversuche in der Posse, die danach trachten, innerhalb einer eigenartigen Gemeinde auch für den Einzelnen ein eigenartiges Leben zu ertrotzen, verlieren im Schwank ihren Sinn. Denn hier gibts weder eine eigenartige Gemeinde noch einen eigenartigen Einzelnen. Die stereotype Seitenspringerei – aus dem Schoß der Familie und wieder zurück – wird vielmehr ganz schematisch getätigt. Sie ist so konventionell wie die Konventionen, gegen die sie verstößt.

Operette

Sie reibt sich am gleichen gesellschaftlichen Zustand, den der Schwank mit zynischer Leidenschaftslosigkeit noch übermechanisiert. Hier wie dort herrscht das uneigenartige Verhalten einer mittelständischen Allerweltsschicht, die sich in Paris kaum anders gebärdet als in Wien, in Berlin kaum anders als in London. Nur, die Operette macht aus dem Verlust der Individualität eine Tugend und eine Chance für ungebundene Glückszustände. Sie merkt und läßt das Publikum merken, daß die angestrengte Eigenwilligkeit eines Einzelgängers innerhalb eines zunehmend gleichgerichteten Gemeinwesens schwer erträglich ist. Nicht nur für die andern, auch für den Einzelgänger selbst. Darum sind individuelle Charaktere hier gar nicht erst zugelassen. Weder in der extremen Rolle eines Außenseiters, noch in der gängigen Rolle eines oder mehrerer besonderer Haupthelden. Wer als Hauptheld in der Operette handelt, handelt so, wie im Grund alle handeln oder doch so, wie die Gruppe, der er zugehört. Einzig dadurch gewinnt er eigenen Umriß, daß er besser und auffälliger das betreibt, was alle betreiben. Er liebt wie sie, aber feuriger; er ist korrupt wie sie, aber gerissener; er reitet wie sie, aber schneller; er tanzt wie sie, aber schwungvoller. Eigenart in dieser Gattung ist somit eine Sache des Perfektionsgrads.

Wenn nun die Operette den allgemeinen Befund des Konformismus dramaturgisch und weltanschaulich positiv auslegt, so geschieht das in doppelter Hinsicht. Einerseits geht sie satirisch vor gegen bestimmte Auswüchse der zeitgenössischen Gesellschaft. Und die verkörpern sich, wo sie beispielhaft sein sollen, gerade nicht individuell, sondern kollektiv. Musikdramaturgisch heißt das, in chorischen Gruppen, die überpersönliche Einrichtungen und Haltungen auf der Bühne verkörpern: Militarismus, Bürokratie, Standesdünkel, neureiche Großmannssucht. Andrerseits nimmt sich die Operette, abermals chorisch, jener kollektiven Rauschzustände an, die der bürgerliche Alltag insgesamt und in jedem Einzelfall verpönt oder unterdrückt. So entfesselt sie Exzesse der unbekümmerten Selbstverschwendung. Diese heiteren Ausschweifungen des Tanzens, Liebens, Trinkens, karnevalistischen Tollens bäumen sich auf gegen den Ingrimm materieller und ideeller Selbstzucht. Ihr kollektiver Schwung reißt den Einzelnen aus seiner allzu privaten, nützlichkeitserpichten Eigen-Süchtigkeit. In kurzfristigen, trunkenen Verbrüderungswellen erlöst sie ihn aus seiner üblichen Ver-

kapselung, wo er Gewinne nur erzielt, wenn er die andern be-
argwöhnt und übervorteilt. Die momentane Eintracht in der
Vielstimmigkeit der Champagner-Rondos, der wirbelnden
Walzer und Cancans verkünden: so könnt es sein, aber so ist es
nicht.

Dergestalt springt das Lachtheater um mit den Krisen des
Individuums in der fortgeschrittenen bürgerlichen Gesellschaft.
Es läßt sich auf das ein, was dem bürgerlichen Individualismus
in die Quere kommt. Im Guten wie im Bösen. Auf ihre gewit-
zigt vierschrötige Art zerrt so die komische Bühne gewichtige
kollektive Mängel, aber auch ebenso gewichtige kollektive
Kräfte ans Licht. Und die sind nicht minder bemerkenswert als
das, was zur gleichen Zeit feinfühlig anspruchsvolle Tragödien
und Romane den Seelennöten außergewöhnlicher Einzelcha-
raktere abgewinnen.

TEXTMATERIAL

Hier wird das Textmaterial aufgeführt, von dem in den einzelnen Kapiteln ausgegangen wurde. Dabei erscheinen auch zusätzliche Titel, die oben nicht eigens angesprochen sind. Sie markieren den umfangreicheren Materialbestand der Vorarbeiten, der in der eher exemplarischen Darstellung des Buchs keinen Platz gefunden hat. Die Anordnung ist alphabetisch, bei den Autoren wie bei ihren Werken. Bestimmte Textausgaben und Klavierauszüge sind nur bei den Werken angegeben, die ausführlich und mit größeren Zitatpartien erörtert wurden. Bei Schwänken und Operetten sind die Texte in der Regel nicht im Buchhandel, sondern nur als Aufführungsmaterial über (die genannten) Bühnenverlage zu haben. Das Jahr der Uraufführung, soweit es zu ermitteln war, steht in Klammer hinter dem Werktitel.

Abkürzungen: B = Bühnenmanuskript, L = Libretto, K = Klavierauszug

Kollektiv und Störenfried

Ernst BARLACH, *Der arme Vetter* (1919). Adolf BÄUERLE, *Die Bürger in Wien* (1813, in: *Das Wiener Volkstheater.* Hrsg. von G. Herbig, Leipzig 1960); *Die falsche Primadonna* (1818, in: *Deutsch-Österreichische Klassiker.* Hrsg. von O. Rommel, Bd. 23, Wien o. J.). Pierre de BEAUMARCHAIS, *La folle journée ou Le mariage de Figaro* (1784). Ulrich BECHER und Peter PRESES, *Der Bockerer* (1950). Bertolt BRECHT, *Mann ist Mann* (1926). Pierre CORNEILLE, *Le menteur* (1643). Friedrich DÜRRENMATT, *Der Besuch der alten Dame* (1956, in: *Komödien.* Bd. 1, Zürich 1957). Dario FO, *Zufälliger Tod eines Anarchisten* (1971, übers. von P. Chotjewitz, Berlin 1978). Nikolay GOGOL, *Der Revisor* (1836, übers. von G. Schwarz, in: *Sämtliche Dramen.* München o. J.). Carlo GOLDONI, *Il bugiardo* (1750). Witold GOMBROWICZ, *Yvonne, Prinzessin von Burgund* (1935/1957, übers. von H. Kunstmann, Frankfurt/Main 1964). Alexander GRIBOJEDOW, *Verstand schafft Leiden* (1824). Walter HASENCLEVER, *Ein besserer Herr* (1927). Fritz HOCHWÄLDER, *Der Himbeerpflücker* (1965). Eugène JONESCO, *Jacques ou la soumission* (1955). Paul KORNFELD, *Kilian oder Die gelbe Rose* (1923). August von KOTZEBUE, *Die deutschen Kleinstädter* (1803, in: *Komedia.* Hrsg. von H. Schumacher, Berlin 1964). Wladimir MAJAKOWSKIJ, *Die Wanze* (1929, übers. von H. Huppert, in: Stücke. 2. Aufl., Berlin 1967). MOLIÈRE, *Le Misanthrope* (1666); *Tartuffe* (1664). Slawomir MROZEK, *Tango* (1965). Johann Nepomuk NESTROY, *Freiheit in Krähwinkel* (1848, in: *Gesammelte Werke.* Bd. 5, hrsg. von O. Rommel, Wien 1962); *Einen Jux will er sich machen* (1842); *Das Mädl aus der Vorstadt oder Ehrlich währt am längsten* (1841); *Der Talisman* (1840, sämtlich a. a. O., Bd. 3). Ernst Elias NIEBERGALL, *Datterich* (1841, in: *Komedia.* Hrsg. von V. Klotz, Berlin 1963). Alexander OSTROWSKIJ, *Eine Dummheit macht auch der Gescheiteste* (1868, übers. von J. von Günther, in: *Dramatische Werke,* Berlin/Ost 1950. Jules ROMAIN, *Knock ou Le triomphe de la médecine* (1923). William SHAKESPEARE, *The merry wives of Windsor* (1598). Carl STERNHEIM, *Bürger Schippel* (1912). John M. SYNGE, *The Playboy of the Western World* (1907, in: Collected Plays. London 1952, übers. von Peter Hacks in: *Der Held der westlichen Welt und andere Stücke.* Frankfurt/Main 1967). TIRSO DE MOLINA, *El Burlador de Sevilla y Convidado de Piedra* (1617). Anton TSCHECHOW, *Platónow* (postum 1923). Lope de VEGA, *El caballero del miralgo* (1708). Roger VITRAC, *Victor ou Les enfants au pouvoir* (1928). Frank WEDEKIND, *Der Marquis von Keith* (1900). Friedrich WOLF, *Die Jungens von Mons* (1931).

Lokalpossen

Louis ANGÉLY, *Das Fest der Handwerker* (1828, in: *Das Berliner Lokalstück.* Hrsg. von G. Hermann, Berlin 1920); *Die Reise auf gemeinschaftliche Kosten* (1830, Leipzig 1910); *Die Schneider-Mamselles; Sieben Mädchen in Uniform* (Leipzig o. J.). Adolf BÄUERLE, *Die Bürger in Wien* (1813, in: *Das Wiener Volkstheater.* Hrsg. von G. Herbig, Leipzig 1960); *Der Fiaker als Marquis* (1816); *Die schlimme Lisel* (1823). Josef Alois GLEICH, *Herr Josef und Frau Baberl* (1826); *Die weißen Hüte* (1817); *Die Musikanten am Hohen Markt* (1815, in: Deutsch-Österreichische Klassikerbibliothek, Bd. 16, hrsg. von O. Rommel, Wien o. J.); *Die alte und die neue Schlagbrücke* (1819). Karl von HOLTEI, *Die Berliner in Wien* (1826); *Dreiunddreißig Minuten in Grüneberg oder Der halbe Weg* (1838, Leipzig o. J.). David KALISCH, *Der Aktienbudiker* (Zensurexemplar des theaterwiss. Instituts der FU/Berlin); *Otto Bellmann* (in: Kalisch, *Lustige Werke.* Bd. 1–5, Berlin 1850); *Berlin bei Nacht* (1849, Mskr. des theaterwiss. Instituts der FU/Berlin); *Doktor Peschke, oder Kleine Herren* (in: Kalisch, *Lustige Werke*); *Gräfin Guste oder Ein gebildeter Hausknecht, des Werkes zweiter Teil* (ebd.); *Ein gebildeter Hausknecht oder Verfehlte Prüfung* (Leipzig o. J.); *Haussegen, oder Berlin wird Weltstadt* (in: Kalisch, *Lustige Werke*); *Einer von unsere Leut* (Leipzig o. J.); *Einmalhunderttausend Taler* (1847, in: *Das Berliner Lokalstück.* Hrsg. von G. Hermann, Berlin 1920); *Junger Zunder – alter Plunder* (1850, in: Kalisch, *Lustige Werke*). Carl MALSS, *Die Entführung oder Der alte Bürger-Capitain* (1821. Dieses und die weiteren Stücke in: Malss, *Volkstheater in Frankfurter Mundart.* 2. verm. Aufl., Frankfurt/Main 1850); *Herr Hampelmann im Eilwagen* (1833); *Herr Hampelmann sucht Logis* (1834); *Die Landpartie nach Königstein* 1832); *Das Stelldichein im Tivoli oder Schuster und Schneider als Nebenbuhler* (1821). Karl MEISL, *Abenteuer eines echten Schals in Wien* (1820); *Die Frauen Gevatterinnen in Wien* (1826). Johann Nepomuk NESTROY, *Eisenbahnheiraten oder Wien, Neustadt, Brünn* (1844, in: *Ges. Werke.* Bd. 6, hrsg. von O. Rommel, Wien 1962); *Zu ebener Erde und erster Stock oder Die Launen des Glückes* (1835, ebd. Bd. 2); *Die verhängnisvolle Faschingsnacht* (1839, ebd. Bd. 3); *Einen Jux will er sich machen* (1842, ebd. Bd. 3); *Das Mädl aus der Vorstadt oder Ehrlich währt am längsten* (1841, ebd. Bd. 3); *Tritschtratsch* (1833, ebd. Bd. 2); *Umsonst!* (1862, ebd. Bd. 6); *Eine Wohnung ist zu vermieten in der Stadt …* (1837, ebd. Bd. 2). Ernst Elias NIEBERGALL, *Des Burschen Heimkehr oder Der tolle Hund* (1837, Darmstadt 1961); *Datterich* (1862, Erstdruck 1841; in: *Komedia.* Hrsg. von V. Klotz, Berlin 1963). Emil POHL, *Eine leichte Person* (1864, Leipzig o. J.); *Unruhige Zeiten oder Lietze's Memoiren* (1862, Leipzig o. J.). Friedrich Theodor VISCHER, *Nicht I a* (Stuttgart 1884). Julius von VOSS, *Damenhüte im Theater.* H. WILKEN und O. JUSTINUS, *Kyritz-Pyritz* (Leipzig o. J.).

Schwänke

Franz ARNOLD und Ernst BACH, *Die spanische Fliege* (1913); *Der wahre Jakob* (1924); *Hurra – ein Junge!* (1926); *Die schwebende Jungfrau* (1915, B: Ahn und Simrock, Berlin 1915); *Die vertagte Nacht* (1924, B: Bloch, Berlin o. J.); *Weekend im Paradies* (1928, B: Bloch, Berlin o. J.); *Zwangseinquartierung* (1920, B: Ahn und Simrock, Berlin o. J.). Oscar BLUMENTHAL und Gustav KADELBURG, *Großstadtluft* (1890); *Im weißen Rößl* (1897); *Die Tür ins Freie* (1908). Georges COURTELINE, *Boubouroche* (1893). Georges FEYDEAU, *Champignol malgré lui* (1892, B: *Champignol wider Willen.* Übers. von F. K. Wittich. B: Ahn und Simrock, Berlin 1972); *Chat en poche* (1888); *La dame de chez Maxim* (1899); *Le dindon* (1896, B: *Einer muß der Dumme sein.* Übers. von Ch. Regnier, Ahn und Simrock, Berlin 1968); *Un fil à la patte* (1894, B: *Ein Klotz am Bein.* Übers. von

Ch. Regnier, Ahn und Simrock, Berlin 1967); *L'hôtel du Libre-Echange* (1894); *La main passe!* (1904, B: *Der Nächste bitte!* Übers. von Ch. Regnier, Ahn und Simrock, Berlin 1973); *Le mariage de Barillon* (1890); *Monsieur Chasse* (1892); *Occupe-toi d'Amélie* (1908); *La puce à l'oreille* (1907); *Le système Ribadier* (1892). Gustav KADELBURG und Rudolf PRESBER, *Der wunde Punkt* (1909). Eugène Labiche, *Célimare le bien-aimé* (1863, in: *Théâtre de Labiche*. Bd. 3, Paris 1971. B: *Alle lieben Célimare*. Übers. von B. Wilms, Drei Masken, München 1970); *Le chapeau de paille d'Italie* (1851, ebd. Bd. 1); *Un pied dans le crime* (1866, ebd. Bd. 2); *Le voyage de M. Perrichon* (1860, ebd. Bd. 2). Carl LAUFFS, *Ein toller Einfall* (1886); *Pension Schöller* (1889). Franz und Paul von SCHÖN-THAN, *Der Raub der Sabinerinnen* (1884, B: Bloch, Berlin o. J.). Brandon THO-MAS, *Charley's Aunt* (1892).

Komische Oper

Adolphe ADAM, *Wenn ich König wär* (1852); *Der Postillon von Lonjumeau* (1836). Daniel François Esprit AUBER, *Der schwarze Domino* (1837); *Fra Dia-volo* (1830); *Des Teufels Anteil* (1843). François Adrien BOIELDIEU, *Die weiße Dame* (1825); *Der Kalif von Bagdad* (1800); *Johann von Paris* (1812). Ferruccio BUSONI, *Arlecchino* (1917). Domenico CIMAROSA, *Die heimliche Ehe* (1792). Peter CORNELIUS, *Der Barbier von Bagdad* (1858). Gaetano DONIZETTI, *Don Pasquale* (1843). Hermann Goetz, *Der Widerspenstigen Zähmung* (1874). Wolf-gang Amadeus MOZART, *Cosí fan tutte* (1790); *Die Entführung aus dem Serail* (1782); *Figaros Hochzeit* (1786). Otto NICOLAI, *Die lustigen Weiber von Wind-sor* (1849). Albert LORTZING, *Der Wildschütz* (1842); *Zar und Zimmermann* (1837). Giovanni PAESIELLO, *Der Barbier von Sevilla* (1782). Giovanni Battista PERGOLESI, *Die Magd als Herrin* (1733). Gioacchino ROSSINI, *Der Barbier von Sevilla* (1816); *Cenerentola* (1817); *Die Italienerin in Algier* (1813). Richard STRAUSS, *Ariadne auf Naxos* (1916); *Der Rosenkavalier* (1911). Georg Philipp TELEMANN, *Pimpinone* (1725). Richard WAGNER, *Die Meistersinger von Nürn-berg* (1868). Ermano WOLF-FERRARI, *Die neugierigen Frauen* (1903); *Die vier Grobiane* (1906).

Operette

Edmond AUDRAN, *La mascotte* (1880, K+L: Choudens, Paris o. J.); *La poupée* (1896). Ralph BENATZKY, *Bezauberndes Fräulein* (1933). Henri CHRISTINÉ, *Phi-Phi* (1918, K+L: Salabert, Paris 1919). Mario COSTA, *Scugnizza* (1922). Leo FALL, *Die Dollarprinzessin* (1907); *Die geschiedene Frau* (1908, K+L: Doblin-ger, Wien 1908); *Madame Pompadour* (1922, K+L: Drei Masken, Berlin 1922). Louis GANNE, *Les saltimbanques* (1899). Walter W. GOETZE, *Adrienne* (1926, K+L: 2. Fassung, Neuer Theater Verlag, Berlin 1936); *Der goldene Pierrot* (1934). Bruno GRANICHSTAEDTEN, *Der Orlow* (1925, K+L: Edition Bristol, Wien 1925). Florimond HERVÉ, *Mam'zelle Nitouche* (1883, K+L: Ménestrel, Paris o. J.). Richard HEUBERGER, *Der Opernball* (1898). Emmerich KÁLMÁN, *Die Bajadere* (1921, K+L: Drei Masken, Berlin 1921); *Gräfin Mariza* (1924, K+L: Karczag, Wien 1924); *Die Herzogin von Chicago* (1928, K+L: Karczag, Wien 1928). Eduard KÜNNEKE, *Die lockende Flamme* (1933, K+L: Allegro, Berlin 1934); *Lady Hamilton* (1926, K+L: Arcadia, Berlin 1926); *Der Vetter aus Dingsda* (1921, K+L: Drei Masken, Berlin 1921). Franz LEHÁR, *Cloclo* (1924, K+L: Drei Masken, Berlin 1924); *Frühling (1922, K+L: Glocken, Wien 1922); Der Graf von Luxemburg* (1909, K+L: Karczag, Wien 1909); *Das Land des Lächelns* (1929, K+L: Glocken, Wien 1929/37); *Die lustige Witwe* (1905, K+L: Doblinger, Leipzig o. J.). Charles LECOCQ, *Le petit duc* (1878, K+L: Brandus, Paris o. J.); *La fille de Madame Angot* (1873, K+L: Bote u. Bock, Berlin o. J.);

Giroflé-Girofla (1874). Karl MILLÖCKER, *Der Bettelstudent* (1882, K + L: Cranz, Leipzig o. J.); *Gasparone* (1884, K + L: Cranz, Leipzig o. J.); *Der arme Jonathan* (1890, K + L: Cranz, Leipzig o. J.). Oskar NEDBAL, *Polenblut* (1913, K + L: Doblinger, Leipzig 1916). Jacques OFFENBACH, *Barbe-Bleu* (1866, K + L: Gérard, Paris o. J.); *Les Brigands* (1869, K + L: Tallandier, Paris o. J.); *La chanson de Fortunio* (1861, K + L: Heugel, Paris o. J.); *La Grande-Duchesse de Gérolstein* (1867, K + L: Joubert, Paris o. J.); *La belle Hélène* (1864, K + L: Bote u. Bock, Berlin o. J.); *Orphée aux enfers* (1858); *La Périchole* (1868, K + L: Brandus u. Dufour, Paris o. J.); *La vie parisienne* (1866, K + L: Bote u. Bock, Berlin o. J.). Giuseppe PIETRI, *Addio Giovanezza* (1915); *Acqua cheta* (1920). Robert PLANQUETTE, *Les cloches de Corneville* (1877). Virgilio RANZATO, *Il paese dei campanelli* (1923); *Cin-Ci-Là* (1925). Oscar STRAUS, *Die Königin* (1926, K + L: Edition Bristol, Wien 1926); *Die lustigen Nibelungen* (1904, K + L: Bloch, Berlin 1904); *Ein Walzertraum* (1907, K + L: Doblinger, Leipzig 1907). Johann STRAUSS, *Die Fledermaus* (1874, K + L: Peters, Leipzig o. J.); *Der Karneval in Rom* (1873); *Eine Nacht in Venedig* (1883, K + L: Cranz, Leipzig o. J.). Arthur Seymour SULLIVAN, *The Gondoliers* (1889. Dies und alle weiteren Operetten K: Chappell, London o. J., + L in: Savoy Operas Macmillan, London 1963); *Iolanthe* (1882); *The Mikado* (1885); *Patience* (1881); *H. M. S. Pinafore* (1878); *The Pirates of Penzance* (1880); *Princess Ida* (1884); *Trial by Jury* (1875); *The Yeomen of the Guard* (1888). Franz von SUPPÉ: *Boccaccio* (1879, K + L: Cranz, Leipzig o. J.); *Die schöne Galathee* (1865); *Fatinitza* (1876, K + L: Cranz, Leipzig o. J.). Claude TERRASSE, *Le Sire de Vergy* (1903); *Les travaux d'Hercule* (1901). Maurice YVAIN, *Ta bouche* (1922, K + L: Salabert, Paris 1922); *Là-haut!* (1923, K + L: Salabert, Paris 1923); *Chanson gitane* (1946). Carl ZELLER, *Der Vogelhändler* (1891).

FACHLITERATUR (Auswahl)

F. BRUYAS, *Histoire de l'opérette en France 1855–1965*. Lyon 1974. H. DENKLER, *Restauration und Revolution. Politische Tendenzen im deutschen Drama zwischen Wiener Kongreß und Märzrevolution*. München 1973. J. HEIN (Hrsg.), *Das deutsche Volksstück im 19. und 20. Jahrhundert*. Düsseldorf 1973. W. HINCK, *Das deutsche Lustspiel des 17. und 18. Jahrhunderts und die italienische Komödie*. Stuttgart 1965. K. HOLL, *Geschichte des deutschen Lustspiels*. Leipzig 1923. G. HUGHES, *Composers of Operetta*. London 1962. O. KELLER, *Die Operette in ihrer geschichtlichen Entwicklung*. Leipzig 1926. V. KLOTZ, *Dramaturgie des Publikums*. Wie Bühne und Publikum aufeinander eingehen, insbesondere bei Raimund, Büchner, Wedekind, Horváth, Gatti u. im politischen Agitationstheater. München 1976. S. KRACAUER, *Pariser Leben. Jacques Offenbach u. seine Zeit*. München 1962. K. KRAUS, *Offenbach-Renaissance*. In: *Vor der Walpurgisnacht*. München 1971, S. 195–202; ders., *Grimassen über Kultur und Bühne*. In: *Ausgewählte Werke*. Bd. 1, München 1971, S. 203–216. M. LUBBOCK und D. EWEN, *The Complete Book of Light Opera*. London 1962. E. J. MAY, *Wiener Volkskomödie und Vormärz*. Berlin 1975. C. MEYER, *Alt-Berliner politisches Volkstheater (1848–50)*. In: Die Schaubühne. Hrsg. von C. Niessen, Bd. 40, Einstetten 1951. O. SCHNEIDEREIT, *Operette A–Z. Ein Streifzug durch die Welt der Operette und des Musicals*. Berlin 1975. O. ROMMEL, *Die alt-wiener Volkskomödie*. Wien 1952. R. WARNING, *Elemente einer Pragmasemiotik der Komödie*. In: *Poetik und Hermeneutik*. Bd. 7, hrsg. v. W. Preisendanz u. R. Warning, München 1976, S. 279–333. E. Wendt, *Als der Wahn-*

sinn laufen lernte. Über den Dramatiker Georges Feydeau. In: Programmheft der Staatlichen Schauspielbühnen Berlins, Spielzeit 1973/74, Heft 29. A. WILLIAMSON, *Gilbert & Sullivan Opera. A new Assessment.* London 1953. B. WILMS, *Der Schwank. Dramaturgie u. Theatereffekte. Deutsches Trivialtheater 1880–1930.* Phil. Diss. Berlin 1969.

NACHBEMERKUNG

Bürgerliches Lachtheater reicht weit – zeitlich, räumlich, auch ästhetisch. Und es ist vielfältig. Zudem kann man, soweit ich sehe, von keinen Vorarbeiten ausgehen, die sich dem Gesamtkomplex gewidmet hätten. Es ging bisher immer nur um Teilaspekte. Hierzu sind in der Bibliographie einige Titel aufgeführt. Will man indes das Gebiet als Ganzes fassen, kann es, auf heutigem Kenntnisstand und auf zweihundertsechzig Seiten, nur über exemplarische Stichproben geschehen. Das ist hier versucht worden. Nicht verhehlen läßt sich, was alles fehlt, zum Beispiel Vaudeville und Boulevardkomödie; Zarzuela und Musical; Volksstück, soweit es komisch ist; Lokalposse, soweit sie niederdeutsch ist (was ich leider nicht verstehe). Solche Lücken wurden bewußt in Kauf genommen. Einmal, weil ich mich auf einigen dieser Gebiete kaum auskenne. Andrerseits, weil ich vermute, daß dabei keine grundsätzlich anderen Aspekte zum Vorschein gekommen wären. Hauptsächlich aber, weil es mir allemal ergiebiger erscheint, wenige, doch bezeichnende Züge gründlich zu erfassen, als möglichst viele nur obenhin.

Eingegangen in dieses Buch sind folgende Vorstudien, die ich stark erweitert, umgearbeitet und in eine gemeinsame Perspektive gerückt habe: *Diagnostische Bemerkungen zum Bühnenschwank.* In: *Trivialtheater.* Hrsg. von A. Rucktäschel und H. D. Zimmermann, München 1976, S. 205–30; *Die schöne Unpersönlichkeit der Operette. Skizze zu einem Gattungsporträt.* In: Akzente 2 (1977), S. 136–58; *Wer lacht zuletzt? Der Störenfried als brisante Komödienformel zwischen den bürgerlichen Revolutionen.* In: *Wien und Europa zwischen den Revolutionen 1789–1848.* 15. Wiener Europagespräch 1977. Das Kapitel über die Lokalposse sowie die Anfangs- und Schlußkapitel wurden neu geschrieben.

Herzlich bedanke ich mich bei: Horst Enders, Arno Paul und Karin Plate, die mir rare Possentexte besorgt haben; Joachim

Bark, Aiga Klotz und Liesel Landzettel, die das Manuskript kritisch gelesen und glossiert haben; Thomas Michael Mayer für die Korrektur zweifelhafter Daten; Ursula Paysan, die allerlei Schreibarbeit zu bewältigen hatte; Gabriele Unterzaucher, die im Verlag das Geschriebene ungemein sorgsam betreut hat; Bildarchiv Preußischer Kulturbesitz Berlin, Bildarchiv der Österreichischen Nationalbibliothek Wien und Münchner Theatermuseum, wo ich überall rasche Hilfe fand beim Beschaffen von Illustrationen.

Personenregister

Titelregister

Volker Klotz im Carl Hanser Verlag

Abenteuer-Romane

Sue, Dumas, Ferry, Retcliffe, May, Verne. 1979. 232 Seiten.
Abenteuerliteratur ist fast so alt wie Literatur überhaupt. Volker
Klotz, der sie selbst seit über dreißig Jahren liest, untersucht am
Beispiel der Romane von Eugen Sue, Alexandre Dumas, Gabriel
Ferry, John Retcliffe, Jules Verne und Karl May die immerwähren-
de Faszination der Abenteuerromane. Sein Buch ist das erste,
das dem Abenteuerroman gleichermaßen historisch und ästhe-
tisch gerecht zu werden sucht.

Die erzählte Stadt

Ein Sujet als Herausforderung des Romans von Lesage bis
Döblin. 1969. 576 Seiten mit 9 Seiten Abbildungen.
»Diese Sammlung beispielhaft gründlicher und durchdachter
Einzelanalysen stellt zugleich die für jeden Romanleser geradezu spannende Geschichte dar: wie die Gattung Roman einen
neuen Gegenstand entdeckt, sich an ihn herantastet, ihn ganz
zu begreifen versucht, aber um so radikaler von diesem Gegenstand verändert wird, je weiter sie sich mit ihm einläßt.« ›Hessi-
scher Rundfunk‹

Dramaturgie des Publikums

Wie Bühne und Publikum aufeinander eingehen, insbesondere
bei Raimund, Büchner, Wedekind, Horváth, Gatti und im politischen Agitationstheater. 1976. 380 Seiten.
»Klotz verfällt nie in rein literaturwissenschaftliche Textkritik,
sondern betreibt kritische Produktions- und Produktanalyse in
Hinblick auf den Zuschauer und seine gesellschaftliche Situation. So wird Theater als lebendiger Prozeß begriffen, Dramaturgie als Publikumsdramaturgie.« ›Maske und Kothurn‹

Geschlossene und offene Form im Drama

9. Auflage 1978. 264 Seiten.
»Nicht sein geringstes Verdienst besteht darin, daß das Buch an-
leitet, statt zu bevormunden, daß es der eigenen Arbeit des
Lesers die Richtung weist, statt sie zu erübrigen.« ›Mitteilungen
des deutschen Germanistenverbandes‹

Musik zum Anschauen

dtv-Atlas
zur
Musik

Tafeln und Texte

Systematischer Teil
Historischer Teil: Von den
Anfängen bis zur Renaissance

Band 1

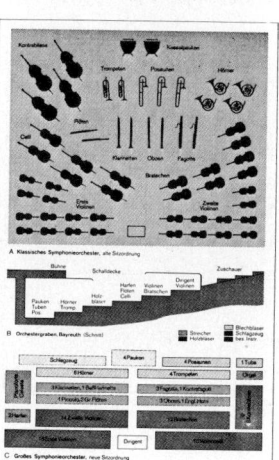

Ulrich Michels:
dtv-Atlas zur Musik
Tafeln und Texte
Graphiker: Gunther Vogel
Originalausgabe
Band 1 / 3022

Der dtv-Atlas zur Musik ist
ein zweibändiges Werk mit
Notenbeispielen und Erläute-
rungen auf Farbtafeln und in
ausführlichen Texten.

Aus dem Inhalt des ersten
Bandes:

Systematischer Teil: Musik-
wissenschaft, Akustik, Gehör,
Instrumentenkunde, Musik-
lehre (u. a. Harmonielehre,
Generalbaß, Zwölftontechnik),
Gattungen und Formen.

Historischer Teil: Antike Hoch-
kulturen (Mesopotamien,
China, Griechenland), Spät-
antike und frühes Mittelalter,
Mittelalter, Renaissance
(Vokal- und Instrumentalmusik
der verschiedenen Länder).
Literatur- und Quellenver-
zeichnis. Register.

Band 2 in Vorbereitung

Gemeinsame Ausgabe
dtv / Bärenreiter

dtv Atlas

dtv-Atlas zur deutschen Sprache

Tafeln und Texte

Mit Mundartkarten

Werner König:
dtv-Atlas zur deutschen Sprache
Graphiker: H.-J. Paul
Mit 138 Farbtafeln
Originalausgabe
3025

Aus dem Inhalt:

Einführung: Sprache, Text, Satz, Wort, Laut, Bedeutung, Sprache und Weltbild, Schrift.

Geschichte der deutschen Sprache: Indogermanisch. Alt-, Mittel- und Neuhochdeutsch.

Sprachstatistik. Entwicklungstendenzen. Sprache und Politik. Namenkunde. Sprachsoziologie.

Mundarten: Sprachgeographie, Phonologie, Morphologie.

Wortschatzkarten: Junge, Mädchen, Schnupfen, klein, gestern, warten, Kohl, Mütze, Sahne, Tomate, Stecknadel u. v. a.

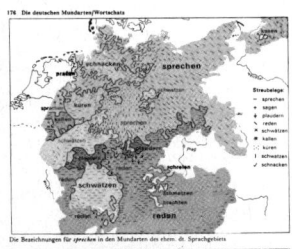

Die Bezeichnungen für *sprechen* in den Mundarten des dt. Sprachgebiets

Die Bezeichnungen für *sich freuen* in den Mundarten des ehem. dt. Sprachgebiets